Verena Schepers
Wohnungsmodernisierung des Vermieters
in Deutschland und Frankreich

Praxis und Theorie des Bau- und Immobilienrechts

Verena Schepers

Wohnungsmodernisierung des Vermieters in Deutschland und Frankreich

14

DER JURISTISCHE VERLAG
lexxion
BERLIN

Rainer Schröder (Hrsg.)

Bibliografische Information der Deutschen Nationalbibliothek

Die Deutsche Nationalbibliothek verzeichnet diese Publikation in der Deutschen Nationalbibliografie; detaillierte bibliografische Daten sind im Internet über http://dnb.d-nb.de abrufbar.

ISBN: Print 978-3-869 65-002-9
E-Book 978-3-869 65-003-6

www.lexxion.de

Umschlag: Christiane Tozman
Satz: typossatz GmbH, Berlin

Vorwort

Diese Arbeit lag der Juristischen Fakultät der Humboldt-Universität zu Berlin im Wintersemester 2008/2009 als Dissertation vor. Literatur und Rechtsprechung konnten bis Anfang 2009 berücksichtigt werden.

Meinem Doktorvater, Herrn Prof. Dr. Rainer Schröder, gilt mein besonderer Dank für die Betreuung und Förderung dieser Arbeit. Ebenfalls Dank sagen möchte ich Herrn Prof. a. D. Dr. Hans-Peter Benöhr, der die Mühen der Zweitkorrektur auf sich genommen hat.

Schließlich bedanke ich mich auch bei all jenen, die mich anderweitig bei der Entstehung dieser Arbeit unterstützt haben. Gewidmet ist das Buch meinen Eltern.

Berlin, im Juli 2009
Verena Schepers

Inhalt

Abkürzungsverzeichnis

a. A.	andere Ansicht
a. E.	am Ende
Abs.	Absatz
AG	Amtsgericht
Art. / Artt.	Article/Artikel (sing.), Articles/Artikel (pl.)
BauGB	Bundesbaugesetzbuch
BayObLG	Bayerisches Oberstes Landesgericht (bis 1.7.2006)
BGB	Bürgerliches Gesetzbuch
BGBl.	Bundesgesetzblatt (Teile I, II, III)
BGH	Bundesgerichtshof
BMVBS	Bundesministerium für Verkehr, Bau und Stadtentwicklung
BR-Drs.	Bundesratsdrucksache
bspw.	beispielsweise
BT-Drs.	Bundestagsdrucksache
Bull. civ.	Bulletin des arrêts des chambres civiles de la Cour de cassation
BVerfG	Bundesverfassungsgericht
BVerwG	Bundesverwaltungsgericht
bzgl.	bezüglich
bzw.	beziehungsweise
C.	Code
ca.	circa
CA	Cour d'Appel
Cass. civ.	Arrêt de la Cour de cassation, chambre civile
Cass. com.	Arrêt de la Cour de cassation, chambre civile, section commerciale
CCH	Code de la construction et de l'habitation, Dalloz
C. Civ.	Code civil , Dalloz
C. Com.	Code de commerce, Dalloz
C. Rur.	Code rural bzw. Code rural et forestier, Dalloz
C. Urb.	Code de l'urbanisme, Dalloz
D.	Receuil Dalloz
Défrénois	Repertoire du notariat Défrénois
d. h.	das heißt

D.P.	Receuil périodique et critique mensuel, Dalloz, Receuil Dalloz/Sirey
DWW	Zeitschrift Deutsche Wohnungswirtschaft
EnEV	Energieeinsparverordnung
etc.	et cetera
f./ff.	folgende/r / mehrere fortfolgende
Fasc.	Fascicule
FAZ	Frankfurter Allgemeine Zeitung
Fn	Fußnote
Gaz. Pal.	Gazette du Palais
GE	Das Grundeigentum
grds.	grundsätzlich
GuG	Grundstücksmarkt und Grundstückswert
Halbs.	Halbsatz
HeizKVO	Heizkostenverordnung
h. M.	herrschende Meinung
H.L.M.	Habitations à loyer modéré
i.d.F.	in der Fassung
Inf. rap.	Informations rapides
INSEE	Institut national de la statistique et des études économiques
i. Ü.	im Übrigen
JCl. civ.	Juris-classeur civil
J.C.P.	Juris-classeur périodique (La Semaine Juridique)
JO	Journal Officiel
KG	Kammergericht Berlin
L.	Loi/Partie législative du Code
LG	Landgericht
Loyers et copr.	Loyers et copropriеté
MDR	Monatsschrift für Deutsches Recht
Mio.	Millionen
MHRG / MHG	Gesetz zur Regelung der Miethöhe vom 18.12.1974
m. Verw. a.	mit Verweis auf
m.w.N.	mit weiteren Nachweisen
NJOZ	Neue Juristische Online-Zeitschrift
NJW	Neue Juristische Wochenschrift
NJW-RR	NJW-Rechtsprechungs-Report Zivilrecht
Nr.	Nummer
n. v.	nicht veröffentlicht

NZM	Neue Zeitschrift für Miet- und Wohnungsrecht
o. ä.	oder ähnlich
OLG	Oberlandesgericht
R.	Partie réglementaire du Code
Rapp.	Rapport
RDC	Revue des contrats
RD imm.	Revue de droit immobilier
RE vom	Rechtsentscheid vom
Rev. loyers	Revue des loyers
RG	Reichsgericht
RGBl.	Reichsgesetzblatt (Teil I)
Rn.	Randnummer
Rspr.	Rechtsprechung
RTD civ.	Revue trimestrielle de droit civil
S.	Seite/Satz
s. o.	siehe oben
Somm.	Sommaire
StGB	Strafgesetzbuch
stg. Rspr.	ständige Rechtsprechung
str.	strittig
TGI	Tribunal de Grande Instance/ Jugement d'un tribunal de grande instance
TI	Tribunal d'Instance/ Jugement d'un tribunal d'instance
u. a.	unter anderem
umstr.	umstritten
usw.	und so weiter
v. a.	vor allem
vgl.	vergleiche
WiStrG	Wirtschaftsstrafgesetz
WM/ WuM	Zeitschrift Wohnungswirtschaft und Mietrecht
z. B.	zum Beispiel
ZGB	Zivilgesetzbuch
ZgS	Zeitschrift für die gesamte Staatswissenschaft
Ziff.	Ziffer
zit. n.	zitiert nach
ZMR	Zeitschrift für Miet- und Raumrecht
z. T.	zum Teil

Einleitung

Mehr als 90 % der deutschen Mieter
halten Investitionen in den Wohnungsbestand
für notwendig; doch eine höhere Miete
als Folge dieser Investitionen würden (freiwillig)
nicht mehr als 5 % der Mieter akzeptieren.[1]

Ein Haus oder eine Wohnung ist immer eine große, oft die größte Investition im Leben eines Menschen. Vor allem die Wohnraummiete erfüllt als typisiertes Rechtsverhältnis eine wichtige ökonomische und soziale Funktion: Stellt die Vermietung für den vermietenden Eigentümer in erster Linie eine Kapitalnutzung dar, ist sie für den Mieter das Mittel, um sich mit begrenztem Kapitalaufwand gegen eine regelmäßige Vergütung den Gebrauch an der Mietsache zu verschaffen. Wegen der besonderen Bedeutung der Wohnung für das häusliche Leben, für die Privatsphäre des Einzelnen, aber auch die wirtschaftliche Existenz, greifen die Rechtsverhältnisse regelmäßig tief und nachhaltig in den Daseinsbereich der Vertragsparteien ein.

Die Erhaltung und Verbesserung von Wohnraum ist für gutes und gesundes Wohnen, Leben und Arbeiten unverzichtbar. Gerade bei älteren Gebäuden haben Modernisierungsmaßnahmen eine erhebliche praktische Relevanz. Auf dem privaten Vermietungsmarkt sind es die privaten Grund-, Haus- und Wohnungseigentümer, die hierfür ihren Beitrag leisten müssen. Sie stellen damit die Weichen für attraktives Wohnen und Arbeiten.

Dass auf einem übersättigten Wohnungsmarkt, wie er hierzulande in vielen Regionen vorzufinden ist, stabile Vermietungen und zahlungskräftige Mieter häufig zur seltenen Kundschaft geworden sind, verwundert zunächst nicht. Vor allem dort, wo das Wohnraumangebot die Nachfrage übersteigt, sind attraktive Angebote erforderlich. Qualitativ gut ausgestatteter Wohnraum kann diese Funktion auf dem Weg zu mehr Kundenorientierung erfüllen. Denn Kundenzufriedenheit ist der sicherste Weg zu stabilen Erträgen.

Eine Wohnungsmodernisierung gibt es aber nicht zum Nulltarif. Für Vermieter ist wirtschaftliches Handeln zwingende Voraussetzung, um Gewinne zu erzielen und wettbewerbsfähig zu bleiben. Aus der Sicht der am Mietvertrag Be-

---

1 Nach einer repräsentativen Umfrage der GfK-Marktforschung im Auftrag des VdW Bayern (2007), abgedruckt in: Beilage zu DWW, Heft 1-2 2008, Haus & Grund-Report 3/2007, S. 3.

teiligten ist vor diesem Hintergrund die Ausgestaltung der Rechtslage von essentieller Bedeutung.

A. Problemstellung

Modernisierungsmaßnahmen können ein Mietverhältnis empfindlich stören. Sie können Unstimmigkeiten hervorrufen und letztlich zu dessen Beendigung führen. Mit den Bauarbeiten gehen nicht selten wochenlanger Baulärm, Gerüstarbeiten, Schmutz, Staubansammlungen, eingeschränkter Komfort, optische Beeinträchtigungen und teil- oder zeitweise sogar die völlige Unbewohnbarkeit der Wohnung einher. Das Streitpotential kann also enorm sein, insbesondere bei größeren Vermietungseinheiten.

Soll die langfristig vermietete Immobilie modernisiert werden, entstehen rechtliche Probleme. Jede bauliche Veränderung der Mietsache bringt eine Änderung ihres bisherigen Zustands mit sich. Der Gegenstand des Mietvertrages, nämlich die Mietwohnung, wird umgestaltet und es stellt sich die Frage, ob Mieter diesen neuen Zustand hinnehmen müssen. Auch stellt sich die Frage, warum ein Vermieter überhaupt modernisieren sollte, wenn er für seine Investition nicht auch eine Refinanzierung erreichen kann.

Der Gesetzgeber hat sich dieses Problems angenommen und mietrechtliche Rahmenbedingungen geschaffen. Er hat die Rechte und Pflichten der Mietvertragsparteien definiert und so Einfluss auf die Zulässigkeit und den Ablauf einer einseitig durchgeführten Wohnungsmodernisierung im laufenden Mietverhältnis genommen. Auf diese Weise entfaltet das Wohnraummietrecht als zwischen den Parteien geltendes Schuldrecht direkte und indirekte Wirkungen auf die Modernisierungstätigkeit.

Die vorliegende Arbeit beschränkt sich nicht auf die bloße Darstellung der Rechtslage, wie sie der bundesdeutsche Gesetzgeber geschaffen hat, sondern stellt eine rechtsvergleichende Untersuchung dar, die einen Blick über die nationalen Grenzen hinweg in das europäische Nachbarland Frankreich wagt. Dabei sind Deutschland[2] und Frankreich[3] nicht nur Nachbarstaaten. Sie haben als einstige Kriegsgegner eine gemeinsame Vergangenheit und als die beiden bevölkerungsreichsten Mitgliedsländer der Europäischen Union auch eine gemeinsame Zukunft.

---

2 Als Vertreter des deutschen Rechtskreises.

3 Als Vertreter des romanischen Rechtskreises.

Wie das Mietrecht die private[4] Modernisierungstätigkeit steuert, ist im Übrigen längst kein rein nationales Thema mehr. Gebäudesanierungen sind inzwischen auch international in der Diskussion und fester Bestandteil der europäischen Agenda. Anschaulich wird dies nicht nur an der Richtlinie der Europäischen Gemeinschaften zur Umsetzung des Gebäudeenergieausweises[5], die europaweit für Aufsehen gesorgt hat und hierzulande Eingang in die §§ 16 ff. der Energieeinsparverordnung[6] und in Frankreich in die Artikel L.134-1 ff. CCH[7] des privaten Baugesetzbuchs gefunden hat. Auch seit am 8./9.3.2007 der Europäische Rat der Staats- und Regierungschefs auf dem Frühjahrsgipfel in Brüssel eine europäische „Integrierte Klimaschutz- und Energiepolitik" beschlossen hat, sind Gebäudesanierungen verstärkt in den Fokus der nationalen und internationalen Debatte gerückt.[8] Kern dieser europäischen Klimaschutzpolitik ist u. a. die Feststellung, dass Immobilien einen wesentlichen Anteil an der Erwärmung des Weltklimas haben, da sie einer der größten Verursacher von Kohlenstoffdioxid sind.[9] Es ist vor diesem Hintergrund ausdrückliches Ziel der nationalen und internationalen Politik, Gebäudeeigentümer zum sparsamen Umgang mit Energie und zur verstärkten Durchführung von (energetischen[10]) Sanierungsmaßnahmen anzuhalten.[11] Die Thematik ruft – folgerichtig – gerade in jüngster Zeit auch wieder Kritiker auf den Plan. Im Zuge der politischen Debatte wird diskutiert, ob das geltende Mietrecht einer Reform bedarf, um die Modernisierungstätigkeit im Wohngebäudebestand stärker anzukurbeln.[12] Vor diesem Hinter-

---

4 Gemeint sind frei finanzierte Modernisierungsarbeiten in Abgrenzung zur öffentlich veranlassten Investition im Rahmen eines staatlichen Wohnungsbauprogramms.

5 Richtlinie 2002/91/EG vom 16.12.2002 über die Gesamtenergieeffizienz von Gebäuden.

6 EnEV 2007 vom 24.7.2007, BGBl. I S. 1519 ff. Das Zweite-Änderungs-Gesetz zum EnEG ebnete den Weg für den Gebäudeenergieausweis; die EnEV findet ihre Ermächtigungsgrundlage in § 5a Satz 1 EnEG (BGBl. I Nr. 56 S. 2682, Neufassung in der Bekanntmachung vom 1.9.2005, BGBl. I S. 2684).

7 Durch Art. 41-II des Gesetzes L.2004-1343 vom 9.12.2004.

8 Die Schlussfolgerungen des Gipfels sind als Dokument 7224/1/07 REV 1 online im Internet einsehbar unter: http://europa.eu/european-council/index_de.htm.

9 Vgl. zur Umsetzung in der Bundesrepublik Deutschland: *„Integriertes Klima- und Energieprogramm"* der Bundesregierung (2007).

10 Unter „energetischer Sanierung" wird im politischen Kontext eine bauliche Maßnahme verstanden, die nachhaltig Energieeinsparungen bewirkt; vgl. ausführlicher Kap. 1.III.

11 Vgl. *„Integriertes Klima- und Energieprogramm"* der Bundesregierung (2007), Pkt. 11: „Das geltende Mietrecht enthält zwar Anreize zur Durchführung von Energieeinsparungsmaßnahmen, gleichwohl bestehen hier weitere ungenutzte Potentiale."

12 Dazu am Ende Kap. 4.C.6.

grund zeigt sich, dass die Modernisierung vermieteter Wohnungen aktueller ist denn je.

Ein Vergleich mit dem französischen Modernisierungsmietrecht bietet sich an, um herauszufinden, welche Regelungsinstrumente die französische Rechtsordnung bereit hält, um Modernisierungsmaßnahmen des Vermieters im Wohnraummietverhältnis zu ermöglichen.

Dem vorliegenden Vergleich kommt dabei zu Gute, dass sich in der deutschsprachigen Literatur bisher nur wenige Werke ausführlich dem französischen Privatrecht widmen, und eine noch geringere Anzahl unter ihnen dem Miet- oder Wohnraummietrecht.[13] Zum Zeitpunkt der Erstellung dieser Arbeit existiert kein Werk, das sich ausführlich den baulichen Wertverbesserungsmaßnahmen im französischen Wohnraummietverhältnis widmet.

Die Untersuchung soll klären, ob das französische Wohnraummietrecht zu den von Vermietern initiierten Modernisierungsmaßnahmen ähnliche oder sogar bessere Regelungsinstrumente enthält, die uns Vorbild und Anregung für eine Änderung des BGB sein könnten. Der Vergleich soll auch zeigen, wie beide Länder die Investitionstätigkeit privater Vermieter durch die Formulierung rechtlicher und wirtschaftlicher Anreize beeinflussen und fördern, und welcher Mittel sie sich bedienen, um vorhandene Hemmnisse abbauen. Dies führt nicht nur zu einem allgemein tieferen Verständnis vom Sinn und Zweck des Schuldrechts, sondern fördert auch im Besonderen das Verständnis von schuldrechtlichen, wirtschaftlichen und politischen Zusammenhängen. Jeder Vergleich hat damit auch Bedeutung für die laufende Verbesserung des eigenen Rechts.[14]

B. Bereichsabgrenzung

Mit der Umgrenzung der Untersuchung auf die „Wohnungsmodernisierung des Vermieters“ ist ein Rahmen abgesteckt worden, der inhaltlich zunächst ausschließlich auf Wohnraummietverhältnisse zielt. Auf rechtliche Erwägungen in Bezug auf Räume, die nicht oder jedenfalls nach dem vertraglichen Zweck nicht überwiegend zu Wohnräumen genutzt werden, d. h. Geschäftsräume[15], wird zur Eingrenzung des Themas verzichtet. Zwar sind zahlreiche Vorschriften des

---

13 Systematische Darstellungen finden sich bei *Ferid/Sonnenberger, Sonnenberger/Autexier, Hübner/Constantinesco, Schmitz-Schlär* und *Pfleiderer.*

14 *Zweigert/Kötz*, S. 14 ff. (33).

15 Sogenannte „Überwiegenstheorie“, BGH, Urteil vom 16.3.1986 – VIII ZR 60/85, GE 1986, 697 (699).

Wohnraummietrechts auch auf Geschäftsraummietverhältnisse anwendbar[16], doch ergeben sich größere Unterschiede im Hinblick auf das französische Wohn- und Geschäftsraummietrecht, das weitgehend Mietsonderrecht ist[17]; eine umfassende Darstellung würde den Rahmen dieser Untersuchung sprengen.

Die Darstellung beschränkt sich auf den privaten und freien Mietwohnsektor. Sie berührt somit ausschließlich preisfreie Wohnraummietverhältnisse.[18] Die Normen des öffentlichen Wohnungsrechts, die in Deutschland und Frankreich der Preisbindung unterliegen, sollen zur sinnvollen Eingrenzung des Themas dagegen außer Acht gelassen werden.[19]

Auch eine umfassende Erörterung der vielschichtigen denkbaren Konstellationen, die sich aus einer vom Mieter durchgeführten Verbesserung der Mietsache ergeben können, erfolgt nicht. Auf diese Weise soll den Regelungen, die das Mietrecht den vom Vermieter als Eigentümer durchgeführten Modernisierungsmaßnahmen widmet, in dem gebotenen Umfang Rechnung getragen werden.[20]

Die Ausführungen dieser Untersuchung unterstellen positiv, dass ein Vermieter immer auch berechtigt ist Modernisierungen durchzuführen. Insofern soll von dem „vermietenden Eigentümer" ausgegangen werden. Die Untersuchung zielt vorrangig auf den privaten Anbieter, der auf dem Wohnungsmarkt entweder als Amateuranbieter Wohnungen zur Vermietung anbietet, oder die mit seinem Hausbesitz verbundenen Verwaltungsaufgaben einem Makler oder Haus-verwalter übertragen hat, d. h. nur die Vermietung selbst von einem

---

16 Mit Ausnahme der Mieterhöhungsmöglichkeit des § 559 BGB; ein entsprechender Verweis fehlt nämlich in § 578 Abs. 2, Abs. 1 BGB.

17 Die „Vermietung zum Zwecke kaufmännischer, industrieller oder künstlerischer Tätigkeiten" wurde vor dem Hintergrund der Sonderstellung des „ fonds de commerce" (kaufmännisches Geschäft) im französischen Mietrecht schon früh gesondert geregelt. Eine erste Regelung fand sich im Dekret Nr. 53-960 vom 30.9.1953. Großteile dieser Regelungen wurden im Jahr 2000 in den neuen Code de Commerce übernommen, vgl. Artt. L.145-1 ff. C.Com.

18 Preisfreier Wohnraum unterliegt nicht der Preisbindung durch Normen des öffentlichen Wohnungsrechts. Bei der Preisbindung unterliegendem Wohnraum kann kein höheres Entgelt gefordert werden, als zur Deckung laufender Aufwendungen erforderlich ist (Kostenmiete); dies ist bspw. bei öffentlich gefördertem Wohnraum (vgl. WoBauG, WoBindG), bei den sogenannten Sozialwohnungen des Ersten Förderweges oder bei steuerbegünstigten Wohnungen des Zweiten Förderweges (§§ 88 ff. WoBauG) der Fall.

19 Der soziale Wohnungsbau „Habitation à loyer modéré (HLM)", ist in Frankreich gesondert im Code de la Construction geregelt, vgl. Livre IV, Artt. L. 411 und 441 ff. CCH. Weitere Regelungen finden sich in den Sondergesetzen L.78-621 und dem Dekret 78-622, beide vom 31.5.1978.

20 Vgl. Kap. 3 F. Es erfolgt keine Darstellung der in vielerlei Hinsicht denkbaren Kombinationen zwischen einer Vermieter- und einer Mietermodernisierung.

Dienstleistungsbetrieb ausüben lässt. Eine weitere Differenzierung zwischen Vermieter und Eigentümer und/oder Hausverwaltung erfolgt der Einfachheit halber nicht.

C. Gang der Untersuchung

Die vorliegende Arbeit stellt einen Rechtsvergleich dar. Die Rechtsvergleichung lebt nicht vom bloßen Vergleich oder der unkommentierten Nebeneinanderstellung von Rechtsordnungen oder Rechtssystemen allein, sondern erfordert vielmehr die kritische Wertung der durch den Vergleich gewonnenen Ergebnisse.[21]

Damit ist der Rechtsvergleichung ihre Vorgehensweise aufgezeigt: Sie soll die Rechtsordnungen aus dem Blickwinkel ihrer Funktionalität darstellen, sie vergleichen und die Erkenntnisse im Anschluss kritisch würdigen.[22] Die vorliegende Arbeit folgt diesem Aufbau und gliedert sich in insgesamt fünf Kapitel:

Nach einem einleitenden *ersten Kapitel,* das die mit einer Wohnungsmodernisierung einher gehenden ökonomischen Grundlagen und Motive der Beteiligten darstellt, um die Notwendigkeit von Modernisierungsmaßnahmen aufzuzeigen, widmet sich das *zweite Kapitel* den Begrifflichkeiten. Der Vergleich der mietrechtlichen Modernisierungsbegriffe kann eine erste Feststellung darüber getroffen werden, welche Ziele die Gesetzgeber mit einer Regelung von Modernisierungsmaßnahmen im Wohnraummietverhältnis verfolgen.

Das *dritte Kapitel* widmet sich ausführlich der geltenden Rechtslage und analysiert detailliert die Rechte und Pflichten der Vertragsparteien bei einer Wohnungsmodernisierung im laufenden Mietverhältnis. Dabei orientiert sich das Kapitel in seiner Gliederung an dem typischen chronologischen Ablauf: In insgesamt sechs Unterkapiteln wird die Rechtslage anhand des Gesetzes und der Rechtsprechung analysiert, angefangen von der Zulässigkeit, der Planbarkeit und der Ankündigung, über die Duldung bis hin zum Abschluss der Modernisierungsmaßnahmen und den Folgen für das Vertragsverhältnis. Die Gliederung in Unterkapitel ermöglicht eine besonders enge Gegenüberstellung und damit

21 *Zweigert/Kötz*, S. 46 ff.

22 Ein solcher methodischer Ausgangspunkt wurde zuerst von Max Salomon in seinem rechtsphilosophischen System (vgl. Grundlegung der Rechtsphilosophie, 2. Auflage Basel 1925, S. 26 ff.) vorgeschlagen; ihm folgten, wenn auch im Einzelnen abweichend, u. a. Von Hippel, Zur Gesetzmäßigkeit juristischer Systembildung, 1930, S. 6 ff.; Engisch, Die Einheit der Rechtsordnung, Heidelberg 1935, S. 30–32; Viehweg, Topik und Jurisprudenz, München 1953, S. 68–71.

eine besonders enge Vergleichbarkeit. Es erfolgt auch eine knappe Darstellung der Rechtslage bei vom Mieter durchgeführten Modernisierungsmaßnahmen, um in dem gebotenen Umfang auf vorhandene Unterschiede zwischen beiden Rechtsordnungen eingehen zu können.

Das *vierte Kapitel* untersucht schließlich, losgelöst von der Zweiparteienstellung des Schuldrechts, die Bedeutung staatlicher Einflussnahme auf die Modernisierungstätigkeit. Es zeigt anhand zweier völlig konträrer Systeme, die einander gegenübergestellt werden, die Auswirkungen staatlichen Einflusses auf die Investitionsbereitschaft für den jeweiligen Mietwohnungsbestand. Auf der einen Seite dieses Vergleichs steht das so genannte „marktorientierte System", dem Deutschland und Frankreich angehören. Beide Länder folgen einem demokratischen und vom Gedanken des sozialen Wohnraummietrechts geprägten wirtschaftlichen und politischen System, bei dem auf die private Investitionsbereitschaft auch eher über wirtschaftliche Erwägungen Einfluss genommen wird. Auf der anderen Seite steht das so genannte „zwangswirtschaftliche System", bei dem der Staat kaum Rücksicht auf wirtschaftliche Erwägungen oder ein natürliches Gewinnstreben des Einzelnen nimmt, sondern zur Planerfüllung eine Vergesellschaftung aller Güter anstrebt und so die Modernisierungstätigkeit lenkt. Diesem Modell folgte das mit dem friedlichen Umbruch im Jahr 1989 gescheiterte sozialistische System der ehemaligen DDR.[23]

Die Untersuchung endet im *fünften Kapitel* mit der Beantwortung der Frage, inwiefern die durch den Rechtsvergleich gewonnenen Erkenntnisse Anregung für eine mögliche Änderung des BGB sein können.

D. Anwendbares Wohnraummietrecht

I. Bürgerliches Gesetzbuch

Hierzulande sind die für bauliche Veränderungen des Vermieters relevanten Vorschriften einheitlich im BGB geregelt.[24] Das BGB löste im Jahr 1900 den fran-

---

23 Das nicht nur politisch, sondern auch hinsichtlich einer Förderung der Modernisierungstätigkeit auf dem Mietwohnungsmarkt gescheiterte System wurde auch gerade deshalb ausgewählt, weil ihm seine geschichtliche Entwicklung zu Gute kommt: Das Wohnraummietrecht der DDR existiert inzwischen seit fast 20 Jahren nicht mehr, so dass ein Vergleich im Rahmen dieser Untersuchung unabhängig von dem Behauptungs- oder Rechtfertigungskampf eines Staates erfolgen kann.

24 Das Bürgerliche Gesetzbuch, erstmals verkündet am 18.8.1896, RGBl. I (Nr. 21), S. 195 ff.; BGBl. III, Nr. 400-2, i.d.F. der Bekanntmachung vom 2.1.2002, BGBl. I S. 42, 2909; BGBl. I (2003) S. 738.

zösischen Code Civil dort, wo dieser im Deutschen Reich noch galt, ab.[25] Die zuletzt[26] verschachtelte Struktur des Mietrechts mit dem Grundfall einer Miete von Sachen, sowie Spezialfällen der Miete von Grundstücken, Räumen, Wohnräumen, möblierten Wohnräumen und Wohnräumen zu nur vorübergehendem Gebrauch wurde durch das Mietrechtsreformgesetz aus dem Jahre 2001[27] zugunsten eines neuen Aufbaus aufgegeben. Im Zuge dieser Reform wurde ein eigener Abschnitt für die Wohnraummiete eingeführt, der in seinem Aufbau dem typischen Verlauf eines Mietverhältnisses von der Begründung bis zur Beendigung bzw. Kündigung folgt.[28] Zahlreiche Regelungen außerhalb des BGB, wie die Vorschriften des Gesetzes über die Regelung der Miethöhe (MHRG) wurden dabei in das BGB integriert, so dass seitdem die verschiedenen anwendbaren Normen nicht mehr zusammengesucht werden müssen. Der systematischen Stellung innerhalb des „Besonderen Schuldrechts" folgend bleiben die Vorschriften des „Allgemeinen Schuldrechts" bzw. des „Allgemeinen Teils" des BGB allerdings ergänzend anwendbar.

Die Vorschriften zur Wohnungsmodernisierung finden sich im mietrechtlichen Teil des BGB in den §§ 554 und 559 ff. BGB.

II. Code Civil und Mietsondergesetze

Seinen Ursprung findet das französische Wohnraummietrecht zwar im historischen Code Civil vom 21.3.1804.[29] Bei den mietvertraglichen Bestimmungen zeigt sich allerdings deutlich, dass er vom so genannten „gemeinen Recht" ge-

25 Der Code Civil galt auch nach der Niederlage Napoleons noch in vielen deutschen Gebieten fort, so insbesondere am linken Rheinufer, im linksrheinischen und bergischen preußischen Rheinland, in der bayerischen Pfalz, in Rheinhessen, im hessen-homburgischen Meisenheim, im oldenburgischen Fürstentum Birkenfeld, im sachsen-coburg-saalfeldischen Fürstentum Lichtenberg, in Baden als „Badisches Landrecht", sowie ab 1871 auch im Reichsland Elsass-Lothringen.

26 BT-Drs. 7/2629, S. 8325.

27 Gesetz zur Neugliederung, Vereinfachung und Reform des Mietrechts, vom 19.6.2001, BGBl. I S. 1149.

28 Unter den besonderen Vertragstypen bildet das Wohnraummietrecht allerdings keinen eigenen Vertragstypus, sondern ist lediglich Unterfall der Miete, die sich, wie sich aus der Formulierung des § 535 Abs. 1 S. 1 BGB ergibt, auf jedwede Sache beziehen kann. Insofern ist das Wohnraummietrecht ein „Spezialfall" der Miete, für die im Zweiten Untertitel des Abschnitts in den §§ 549 ff. BGB Sondervorschriften gelten.

29 Eingeführt durch Napoléon Bonaparte; daher die Bezeichnung „Code Napoléon", die zwischen 1807–1815 (Napoléon I) und 1853–1871 (Napoléon III) offizieller Name des Gesetzeswerks war.

prägt ist, wie es zur Zeit seiner Entstehung galt: Der Code enthält kaum Regelungen zu den heute bekannten Vertragsformen[30] und somit auch nur wenige Regelungen über die Miete.[31] Für die Sachmiete hat sich, angelehnt an den in Artt. 1708-1779 C.Civ. geregelten „Contrat de Louage", heute die allgemeine Bezeichnung „Bail" eingebürgert.[32] „Bail" bedeutet wie im deutschen Recht die vertragliche Verpflichtung des Vermieters, dem Mieter den Gebrauch der vermieteten Sache während der Mietzeit zu gewähren.[33] Die Normen des Code Civil sind im Bereich des Mietrechts allerdings längst überholt und spielen nur noch eine untergeordnete Rolle; sie gelten heute als „droit commun" [34] allenfalls noch subsidiär.

Für den französischen Gesetzgeber bestand aufgrund der historischen Unvollkommenheit des Code Civil, und insbesondere nach den Zerstörungen des Ersten und Zweiten Weltkriegs mit der sich daran anschließenden Wohnungsnot, ein erheblicher Regelungsbedarf. Um aktuelleren und wirtschaftlich sinnvollen Anforderungen gerecht zu werden, wurde dieser Bedarf, wie im Übrigen auch in Deutschland, im Laufe der Jahre durch zahlreiche Mietsondergesetze gestillt.

---

30 Zum Beispiel widmen sich nur zwei Artikel im Code dem Dienstvertrag; andererseits regelt er bis ins Detail historische Vertragsformen wie den ‚Viehverstellungsvertrag' („Bail à cheptel", die Miete von Tieren).

31 Das Mietrecht ist in drei Vertragsformen unterteilt, die unter dem Oberbegriff des „Contrat de Louage" („Ausleih-Verträge") zusammengefasst sind: Sie umschreiben die aus dem deutschen Recht bekannten Vertragsformen Mietvertrag, Dienstvertrag und Werkvertrag. Entsprechend der römischen „locatio-conductio operis aut operarum" unterteilten die Artt. 1708–1831 C.Civ. den „Contrat de Louage" in Vertragstypen, die nur wenig den heute bekannten Vertragsformen des Wohn- oder Gewerberaummietrechts entsprechen. So trennt der Code begrifflich nicht zwischen Miete und Pacht, sondern widmet mehr als 60 Artikel der „Louage des Choses", d. h. der Sachmiete (Artt. 1708–1778 C.Civ.) in Abgrenzung zur Dienstmiete (die sich wiederum in Dienstvertrag und Werkvertrag unterteilt).

32 Sie wird eigentlich in Art. 1711 C.Civ. unterschieden in „Bail à loyer", d. h. nichtlandwirtschaftliche Anwesen, also Wohnraum, und „Bail à cheptel", d. h. Miete von Tieren der Landwirtschaft. Textlich und damit sowohl sprachlich als auch inhaltlich sind die Regelungen seit dem Jahre 1804 weitgehend unverändert.

33 Art. 1709 C.Civ.

34 *Malaurie/Aynès/Gauthier*, S. 329 Rn. 599.

Heute kategorisiert das französische Mietrecht vier verschiedene Vertragstypen. Das jeweils anwendbare Mietrecht hängt dabei ausschließlich von dem Zweck ab, zu dem die Immobilie angemietet wird. Zu nennen sind die

- Wohnraummiete[35],
- die Vermietung von freiberuflich genutzten Räumen, d. h. zur Ausübung spezieller, gesondert aufgelisteter Berufe[36],
- die Vermietung zum Zwecke kaufmännischer, industrieller oder künstlerischer Tätigkeiten (d. h. Gewerberaummiete[37]) sowie
- die Vermietung zur landwirtschaftlichen Nutzung der Mieträumlichkeiten[38].

Eine erste Regelung des Wohnraummietrechts erfolgte durch das Gesetz L. 48-1360 vom 1.9.1948.[39] Es folgten die Mietwohngesetze L. 82-526 vom 22.6.1982[40], L. 86-1290 vom 23.12.1986[41], sowie das aktuelle Wohnraummietengesetz L. 89-462 vom 6.7.1989[42]. Doch auch nach Inkrafttreten des Gesetzes blieben die früheren Wohnraummietengesetze, insbesondere die Gesetze von 1948 und von 1986[43] noch anwendbar.

Wohnraummietverhältnisse, die dem Mieter als Hauptwohnsitz dienen, werden heute fast ausnahmslos durch das Wohnraummietengesetz von 1989

---

35 Neben dem freifinanzierten auch der soziale Wohnungsbau; letzterer ist im Code de la Construction geregelt; weitere Regelungen finden sich in den Sondergesetzen L.78-621 und dem Dekret 78-622, beide vom 31.5.1978.

36 Gemeint sind hier Berufe, die weder kommerziell, kaufmännisch, noch künstlerisch sind, mithin freie Berufe; dazu zählen in Frankreich u. a. Architekten, Rechtsanwälte, Notariate. Sie finden zum Code Civil ergänzende Sondervorschriften im Gesetz L.70-9 vom 2.1.1970 („Loi Hoguet").

37 Geregelt im Dekret Nr. 53-960 vom 30.9.1953, bzw. nunmehr in Artt. L.145-1 ff. C.Com.

38 „Baux ruraux", Art. L.411-1 ff. C. Rur. Der Code rural kennt hierzulande kein Äquivalent.

39 „Loi portant modification et codification de la législation relative aux rapports des bailleurs et locataires ou occupants de locaux d'habitation ou à usage professionnel et instituant des allocations de logement".

40 „Loi relative aux droits et obligations des locataires et des bailleurs", JO vom 23.6.1982, benannt nach Bauminister *Quilliot*.

41 „Loi tendant à favoriser l'investissement locatif, l'accession à la proprieté de logements sociaux et le développement de l'offre foncière", JO vom 24.12.1986, benannt nach Bauminister *Méhaignerie*.

42 „Loi tendant à favoriser les rapports locatifs et portant modification de la loi numéro 86-1290 du 23 décembre 1986", benannt nach dem damaligen Bauminister *Mermaz*.

43 Das Gesetz *Méhaignerie* wurde durch das ihm nachfolgende Gesetz *Mermaz* von 1989 (Art. 25-I) weitgehend außer Kraft gesetzt, wie auch schon der Titel des Gesetzes vermuten lässt.

geregelt. Ist ein Mietverhältnis zu Wohnzwecken nicht ausnahmsweise ausschließlich dem Code Civil[44] oder dem Gesetz von 1948[45] unterstellt, gilt für dieses grundsätzlich die Anwendbarkeit des Gesetzes von 1989. Das Gesetz von 1948 ist seit den Änderungen durch die Gesetze von 1986 und 1989 kaum noch bzw. heute nicht mehr originär auf Wohnraummietverhältnisse anwendbar; es gilt allerdings subsidiär in denjenigen Bereichen, die von dem Gesetz von 1989 nicht erfasst sind.

Zu Modernisierungsmaßnahmen oder sonstigen baulichen Veränderungen der Mietsache schweigt der Code Civil vollständig. Der Systematik des französischen Mietrechts folgend finden sich dahingehende Regelungen erst in den späteren Mietsondergesetzen. Doch auch das heute für alle als Hauptwohnsitz dienende Wohnraummietverhältnisse geltende Gesetz von 1989 enthält bis auf die allgemeinen Hauptleistungspflichten keine Modernisierungsregelungen. Bauliche Arbeiten des Vermieters, die eine Veränderung oder Verbesserung der Mietsache bewirken („travaux d'amélioration"), werden vielmehr noch immer durch das Gesetz von 1948 geregelt, das seit seinem Inkrafttreten mehrfach modifiziert wurde. Ein weiteres wichtiges Gesetz ist das Modernisierungsmietengesetz L. 67-561 vom 12.7.1967, sowie die ausführenden Dekrete 68-976 und -977 vom 9.11.1968.

44 Zu diesen zählen die Vermietung von Zweitwohnungen („baux sur résidences secondaires"), von Garagen, Stellplätzen und Räumen, die nicht zusammen mit der Hauptwohnung vermietet sind („locaux non accessoires à un bail principal" bzw. „locaux loués indépendamment d'un local à usage d'habitation"), möblierte Wohnräume („locations en meublé"), Ferienwohnungen („locations saisonnières"), Dienst- oder Betriebswohnungen („logements attribués ou loués en raison de l'exercice d'une fonction ou de l'occupation d'un emploi" bzw. „logements de fonction") und Wohnheime („logements foyers"). Von den Mietsondergesetzen unerwähnt blieben auch Vermietungen mit widerruflichen Verträgen („conventions de jouissance précaire") und die Vermietung an juristische Personen („loués à des personnes morales"). Während erstere wegen der gesetzlichen Mindestvertragslaufzeiten von der Rspr. nicht anerkannt werden, sollen letztere nicht in den Genuss des Mieterschutzes kommen, so dass sie nicht dem Regime der Mietsondergesetze unterfallen.

45 Sein Anwendungsbereich ist bis heute gemäß Art. 1 territorial begrenzt auf die Stadt Paris und Annex-Gemeinden im Umkreis von 50 km, sowie für Gemeinden mit mindestens 4.000 Einwohnern und für Nachbargemeinden von Gemeinden mit mindestens 10.000 Einwohnern. Das diesem nachfolgende, nach dem damaligen Bauminister *Quilliot* benannte Gesetz L.82-526 vom 22.6.1982, wurde durch spätere Gesetze wieder überholt und ist heute nicht mehr anwendbar.

1. Kapitel: Sinn und Zweck der Wohnungsmodernisierung

A. Ökonomie des Wohnens

Der Mietwohnungsmarkt ist eine markante Größe in jeder Volkswirtschaft. Das „Wohnen" ist zuerst ein menschliches Grundbedürfnis, so dass die Versorgung mit dem „Gut" Wohnen ein wesentliches Element der physischen Existenzsicherung ist. „Wohnen" hat auch eine gesellschaftliche Bedeutung, weil dadurch Nachbarschaften geschaffen, Beziehungsnetze aufgebaut und Sozialkontakte ermöglicht werden. Sozialpolitisch gesehen ist das „Wohnen" von der grundlegenden Vorstellung einer Gesellschaft von Existenzbedingungen, Mindeststandards und von der Beachtung der Menschenwürde geprägt. Doch „Wohnen" ist mehr als nur ein soziales Gut oder der Raum für individuelle Ausdrucksformen. Es ist in allen auf ökonomischen Prinzipien basierenden Volkswirtschaften ein Wirtschaftsgut, mit dem gehandelt und Gewinne erzielt werden.[46]

„Wohnen" ist daher klassischer Gegenstand intensiver staatlicher Einflussnahme:

Für den *Staat* ergibt sich die ökonomische Relevanz des Wohnens aus den vielen Handlungsfeldern, die der Wohnungsmarkt bietet. Dazu zählen die staatliche Förderung von Wohnungsbauinvestitionen, die Steuerung der Wohneigentumsförderung oder die Regulierung städtebaulicher bzw. raumpolitischer Zielsetzungen. Gegenstand der Wohnungsbautätigkeit ist dabei neben dem Wohnungsneubau immer auch der Erhalt von Bestandswohnungen, d. h. ihre Sanierung und Aufwertung. Für große Wirtschaftszweige wie die Beschäftigungs- und die Bauwirtschaft ist das Wirtschaftsgut im Hinblick auf Wohnungsbauinvestitionen und Vermögenssicherung elementar. Traditionell spricht man beim Wohnungsbau von der wichtigsten Auftragssparte der gesamtwirtschaftlichen Beschäftigung[47]; die Auswirkungen reichen hier bis auf den Arbeitsmarkt. Wohnungspolitisch können zugleich die Weichen für eine quantitative und qualitative Wohnraumversorgung gestellt werden und zusätzlich umweltpolitische Ziele wie durch Modernisierungen erreichbare CO_2-Reduk-

46 Vgl. ausführlich *Mankiw*, Kap. 1, S. 13 ff. und Kap. 4, S. 67 ff.

47 *Kofner*, Einleitung.

tionen, Einsparungen an Primärenergie oder jedenfalls die Steigerung der Gebäude-Energieeffizienz insgesamt verwirklicht werden.[48]

Aus der Sicht des *Mieters* als Nutzers ist „das Wohnen" essentiell, weil er es selbst ausübt und finanzieren muss. Insofern ist er von allen Veränderungen in und an der Mietsache unmittelbar betroffen.

Für den *Vermieter* als Anbieter auf dem Wohnungsmarkt ist das „Wohnen" schließlich vor allem ein Wirtschaftsgut, mit dem er handelt und Gewinne zu erzielen beabsichtigt.

B. Bedeutung für den Mietwohnungsmarkt

Modernisierungsmaßnahmen sind vor allem für den Vermieter von grundlegender Bedeutung, denn als Akteur auf dem Mietwohnungsmarkt lässt er sich primär von wirtschaftlichen Erwägungen leiten.

Auf dem Mietwohnungsmarkt werden typischerweise Nutzungsrechte für Wohnungen gehandelt. Auf der Anbieterseite stehen dabei Investoren, die über eine Vermietung die Kapitalisierung ihrer Investitionsobjekte ersuchen. Auf der Nachfrager-Seite stehen in der Regel private Haushalte, die die Nutzungsrechte zur Befriedigung ihrer Wohnbedürfnisse nachfragen. Geht man davon aus, dass zwei Wohnungen gleicher Größe und Qualität auch die gleiche Miete verzeichnen, so wäre dies das *Ideal* eines funktionierenden Marktes.[49] Ein solches Ideal existiert aber nicht. Vielmehr herrscht eine Segmentierung, wonach die Preise, d. h. die Mieten, je nach Größe und Qualität der einzelnen Wohnungen differieren (Marktansatzprinzip[50]). Aus dieser Annahme folgt, dass Anbieter und Nachfrager grundsätzlich nur dann ihre Nutzungsverträge verlängern, wenn beide Seiten sich über eine neue Miete einigen. Daraus resultiert wiederum die bekannte Vielschichtigkeit der Verträge, nämlich solche von kurzer oder langer Nutzungsdauer, mit festen oder flexiblen, variablen oder indexierten Mieten, mit oder ohne Kündigungsschutz-Regelungen, usw.[51]

---

48 Ziel ist es, die nicht unbegrenzt zur Verfügung stehende fossile Energie durch erneuerbare und weniger stark emittierende Energieerzeugnisse abzulösen. Deshalb berücksichtigt § 3 EnEV 2002 i.V.m. Anhang 1 nicht nur den reinen Heizenergie-, sondern auch den Primärenergiebedarf. Vgl. *Schläger*, ZMR 2007, 830 (831, 837 ff.).

49 Vgl. *Sotelo/Waltz*, GE 1995, 1513.

50 *Sotelo/Waltz*, a.a.O.

51 Vgl. dazu auch *Lutz*, S. 115 ff.

Zu beachten ist aber, dass auf dem Mietwohnungsmarkt in Wirklichkeit ganz unterschiedliche Mietpreise typisch sind. Mietpreise hängen nicht nur von dem Faktor Größe oder Qualität, sondern beispielsweise auch von Lage, Ausstattungsmerkmalen, Alter, Wohnraumversorgung der näheren Umgebung ab. Dieser Tatsache liegt ein natürlicher Marktprozess zugrunde, wonach nämlich für ansonsten gleiche Wohnungen in einer bevorzugten Wohnlage eine höhere Miete zu zahlen ist, als für solche in einfachen Wohnlagen (Sickerungsprozess).[52] Dieser Prozess beschreibt die Situation, dass eine Wohnung, die im Laufe der Zeit aufgrund ihres Alterungsprozesses automatisch an Qualität verliert, fortan zunehmend von Mietern mit niedrigerem Einkommen zu niedrigen Mieten genutzt wird. Auf der untersten Stufe steht schließlich die altersbedingte vollständige Renovierungsbedürftigkeit der Wohnung, bzw. ihr Verfall. Das wiederum führt zur Problematik von Wohnungsleerständen.[53]

Wohnungsleerstand folgt aus dem Umstand, dass sich angesichts einer Unterteilung des Mietwohnungsmarktes in verschiedene Qualitätssegmente[54] immer auch die Mieten verändern. Dem liegt folgende Annahme zu Grunde: Steigt eine Miete in den obersten Qualitätssegmenten über die Erstellungskosten von Wohnungen, werden auf dem Markt neue Wohnungen gebaut. Mieter mit höherem Einkommen beziehen daraufhin diese neuen Wohnungen. Ihre bisherigen Wohnungen werden frei und von Mietern darunter liegender Qualitätssegmente angemietet, nachdem die dortige Miete gesunken ist. Dieser Prozess setzt sich fort, bis es in den Wohnungen der untersten Qualitätssegmente schließlich zum Leerstand kommt. Der Eigentümer kann die Wohnung nur noch abreißen, oder aber durch Modernisierung auf den Stand höherer Wohnqualität und somit zurück in ein höheres Qualitätssegment bringen. Modernisierungsmaßnahmen stellen mithin eine Möglichkeit zur Vermeidung von Leerständen dar.

Führt man sich bei alledem vor Augen, dass die Mietwohnung dasjenige Wirtschaftsgut ist, durch das der Vermieter ein Einkommen bzw. eine Rendite er-

---

52 *Sotelo/Waltz*, a.a.O.

53 In Deutschland liegt die Leerstandsrate bei durchschnittlich 8 %. Der Anteil leer stehender Wohnungen ist in Ostdeutschland mit 12 % fast doppelt so hoch wie in Westdeutschland mit knapp 7 %. Die Leerstandsquote ist insgesamt jedoch rückläufig: Sie lag 2002 noch bei 14 %. In erster Linie wird dies auf Rückbauarbeiten zurückgeführt, denn z. B. in Sachsen und Sachsen-Anhalt werden zusammen im Jahr 2006 rund 75.000 Wohnungen weniger nachgewiesen als noch 2002; aus: Datenreport des Statistischen Bundesamts, Mikrozensus 2006, aktualisierte Fassung März/April 2008, Fachserie 5, Heft 1, http://www.destatis.de.

54 Zu den Merkmalen zählen bspw. Ausstattung, Alter und Lage. Aus ihnen ergeben sich diverse Qualitätssegmente, vgl. *Sotelo/Waltz*, GE 1995, 1513 (1514).

zielen will, sei es als Einzelperson mit nur einer Mietwohnung, als gemeinnütziges Wohnungsunternehmen, als Wohnungsgenossenschaft oder als juristische Person privatrechtlicher Natur, so muss er die Mietsache zwingend in einem Zustand erhalten oder in einen solchen Zustand versetzen, der attraktive Chancen am Wohnungsmarkt eröffnet, sichert oder jedenfalls sonstige Wettbewerbsvorteile auf dem Mietwohnungsmarkt bringt. Daraus folgt für jeden Vermieter einerseits die Notwendigkeit, die Mietsache in ihrem bisherigen Zustand zu erhalten. Andererseits folgt daraus aber auch die Option, die Immobilie in einen höheren Qualitätszustand zu versetzen. Für letzteren Fall kommen nur Modernisierungsarbeiten in Betracht.

Insofern verwundert es nicht, dass in den Jahren 2002 bis 2004 neben allgemein schlechten Gebäude- und Wohnungszuständen und erhöhten Energiekosten hauptsächlich die durch eine Modernisierung erwarteten höheren Renditen bzw. Mieteinnahmen das Hauptmotiv für von privaten Vermietern durchgeführten Modernisierungsmaßnahmen waren.

Abbildung 1: Motive privater Vermieter für Modernisierungsmaßnahmen, 2002–2004

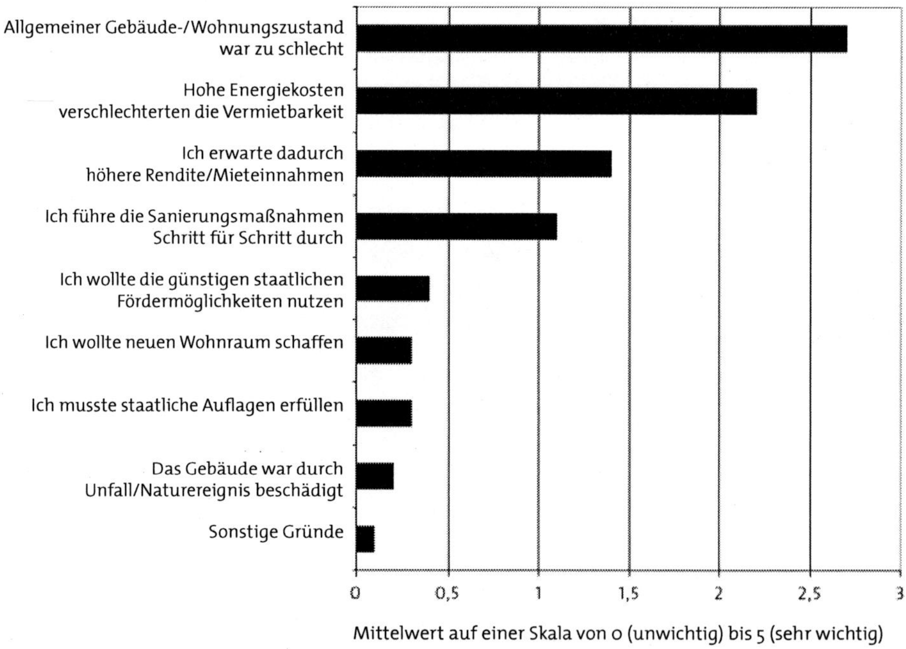

Quelle: BMVBS, Investitionsprozesse im Wohnbestand, 2007, S. 90.

C. Mieter-Vermieter-Dilemma

Ein Stichwort, das hierzulande im Zusammenhang mit der Investitionsbereitschaft von Vermietern immer wieder fällt, ist der Begriff des „Mieter-Vermieter-Dilemmas“, angelehnt an den politisch motivierten Begriff „Nutzer-Investor-Dilemma“ und häufig auch als sogenanntes „Kosten-Nutzen-Dilemma“ umschrieben.[55] Das „Dilemma“ umschreibt den Kern der mit der Modernisierung von Mietwohnungen und Mietgebäuden verbundenen Problematik und befindet sich an der Schnittstelle zwischen Mietrecht, Umweltrecht und Energiewirtschaftsrecht.[56]

Hintergrund der Problematik ist die Annahme, dass sinnvolle Investitionen in die Immobilie unterblieben, weil ein Vermieter langfristig nicht den Ertrag aus seiner Investition erzielen kann, ein Mieter jedoch für die unmittelbaren Vorteile, die er daraus als Nutzer der Immobilie zieht, nicht die Kosten zu tragen hat. Insofern fehlt Vermietern ein natürlicher Anreiz zur Durchführung von Wertverbesserungsmaßnahmen. Anders als beispielsweise Eigenheimbesitzer, die als Eigennutzer aus selbst getätigten Investitionen unmittelbar Vorteile ziehen, profitieren Vermieter zunächst einmal nicht selbst von ihren Investitionen. Die Vorteile der Wertverbesserung genießt faktisch vielmehr der Mieter. Vermieter gehen insofern zunächst einmal in Vorleistung, behaftet mit der Unsicherheit und dem Risiko, eine Refinanzierung zu erfahren und langfristig Vorteile aus der Investition zu ziehen.

---

55 Vgl. nur in: Die Zeit, vom 13.9.2007, S. 23: „Wer soll das bezahlen?“; FAZ, vom 2.11.2007, S. 41: „Das Mietrecht behindert den Klimaschutz“; FAZ, vom 25.4.2008, S. 51: „Vermieter ohne Rendite“. Ausführlich: *Meyer*, Kap. 5.A.

56 Im politischen Kontext fällt der Begriff „Modernisierung“ fast ausschließlich im Zusammenhang mit „energetischer Gebäudesanierung“. Begrifflich besteht ein Unterschied zur mietrechtlichen Modernisierung, denn die energetische Sanierung ist gekennzeichnet von dem Ziel, eine irgendwie geartete Einsparung von Primärenergie bzw. eine darauf basierende verbesserte Energieeffizienz von Gebäuden zu bewirken. Dies sind Maßnahmen, die zur Energieeffizienz des Gebäudes beitragen, wie z. B. durch Einsparungen an Heizenergie (Verstärkung der Wärmedämmung des Gebäudes, Optimierung der Heizungsanlage) oder regenerative Energieformen einsetzen, um eine Einsparung an sogenannter „Primärenergie“ zu bewirken. Das Mietrecht avisiert dagegen nur die Vertragsparteien und stellt primär auf den Energieverbrauch der *Mietsache* ab. Insofern sind Sinn und Zweck des mietrechtlichen Modernisierungsbegriffs zum einen etwas anders gelagert, zum anderen ist der mietrechtliche Begriff weiter, denn er umfasst darüber hinaus auch sonstige den Gebrauchs- bzw. Wohnwert verbessernde Maßnahmen, wie z. B. der Anbau eines Balkons. Zum energetischen Modernisierungsbegriff vgl. die „Bekanntmachung der Regeln zur Datenaufnahme und Datenverwendung im Wohngebäudebestand“ des BMVBS, vom 26.7.2007, online im Internet abrufbar unter: http://www.bmvbs.de.

Abbildung 2: Hemmnisse von Vermietern bei Gebäudemodernisierung

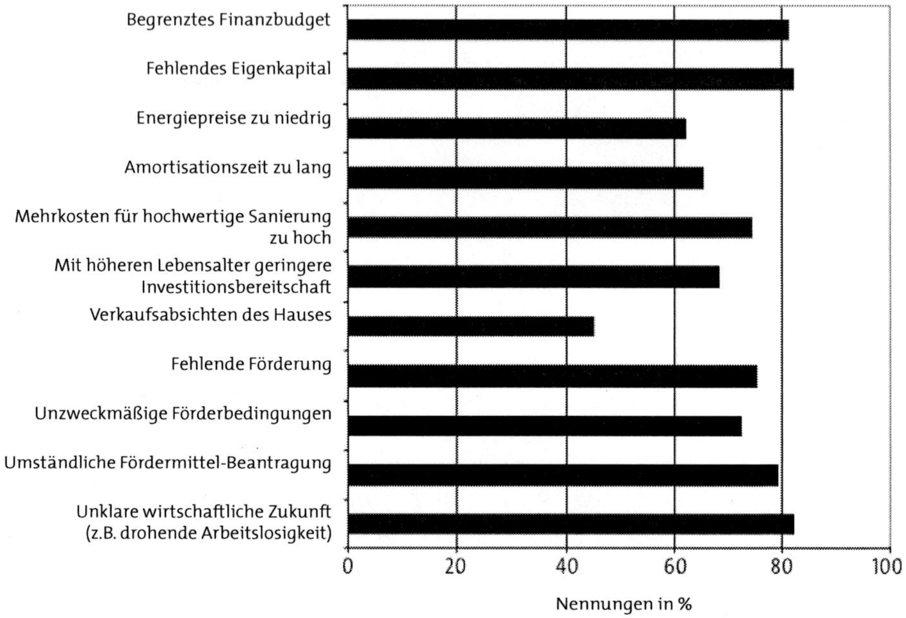

Quelle: Bundesamt für Bauwesen und Raumförderung, Abbau von Hemmnissen (2005), S. 5.

Die Problematik kann, wie eine Studie des Bundesamts für Bauwesen und Raumförderung aus dem Jahr 2005 zeigt, in der Praxis dazu führen, dass Vermieter nur die vom Gesetzgeber zwingend vorgeschriebenen Maßnahmen durchführen, also insbesondere Erhaltungsmaßnahmen. Darüber hinaus gehende freiwillige Modernisierungsmaßnahmen werden dagegen nicht durchgeführt; es wird darin kein „signifikanter Nutzen" erkannt.[57]

Weil sie nach Abschluss der Arbeiten unmittelbar von den Modernisierungsarbeiten im laufenden Mietverhältnis profitieren, halten zwar mehr als 90 % der deutschen Mieter Investitionen in den Wohnungsbestand für notwendig. Freiwillig würden aber nicht mehr als 5 % der Mieter eine höhere Miete als Folge dieser Investitionen akzeptieren.[58]

---

57 Vgl. *Bundesamt für Bauwesen und Raumförderung*, Abbau von Hemmnissen (2005), S. 3.

58 Oben Fn. 1.

Abbildung 3: Bereitschaft zur Modernisierung bei zeitlich versetztem Ertrag

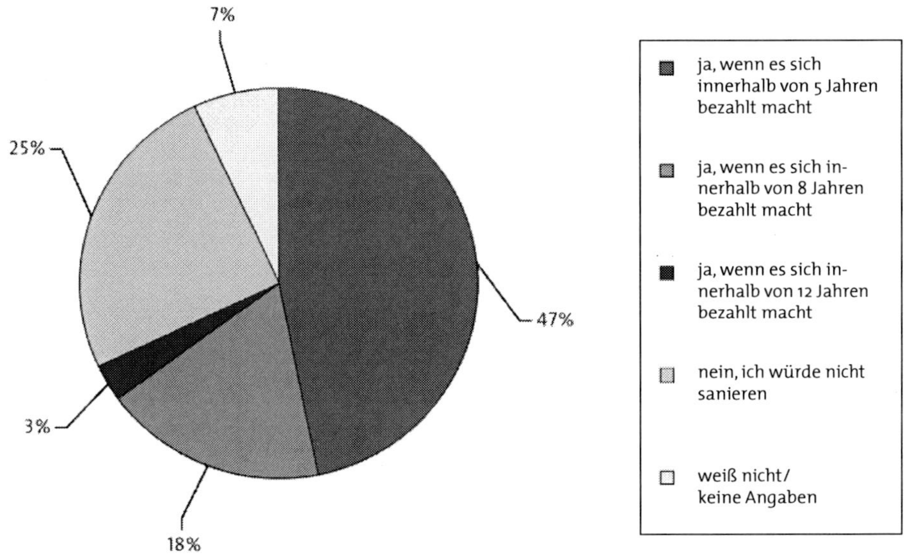

Quelle: BMVBS, CO_2-Gebäudereport 2007, S. 5.

Das ‚Dilemma' ist also kein reines Phänomen, sondern ein schon lange bekanntes, zentrales Hindernis für Gebäudesanierungen. In der Wohnungswirtschaft bildet es neben Leerstandsproblematiken den größten Hemmnis-Faktor.[59]

D. Fazit

Modernisierungsmaßnahmen sind ökonomisch notwendig, um Leerstandsrisiken zu minimieren, den Gebäudebestand vermietungsfähig zu halten und Betriebskosten zu senken, und ökologisch sinnvoll, um die Energieeffizienz zu steigern, schädliches CO_2 zu reduzieren und einen sinnvollen Beitrag zur Umwelt und zum Klimaschutz zu leisten. Zusammengefasst lauten die mit Modernisierungsmaßnahmen verfolgten Ziele:

59 *Bundesamt für Bauwesen und Raumförderung*, Abbau von Hemmnissen (2005), S. 3.

Tabelle 1: Allgemeine Ziele einer Modernisierung

Öffentliche Ziele	• Erhalt des Gebäudebestands/intakte Wohnquartiere/Wohnraumversorgung • Beschäftigungsförderung/Stärkung der Wirtschaft • Umweltschutz/CO_2-Reduktion/Energieeffizienz
Ziele des Vermieters	• Gewinn/Ertragssteigerung • Erlangung/Sicherung/Steigerung von Wettbewerbsvorteilen
Ziele des Mieters	• Wertsteigerung bei gleichzeitig niedrigem Kapitaleinsatz • Kosteneffizienz bei Betriebs-/Nebenkosten

Quelle: Eigene Zusammenstellung.[60]

Freiwillige Investitionen setzen aber voraus, dass sie sich für denjenigen, der sie tätigen soll, auch wirtschaftlich lohnen. Investitionen werden nämlich regelmäßig nicht aus einer rein altruistischen Haltung heraus getätigt. Es bedarf vielmehr spezifischer Anreize für Vermieter, damit diese eine Refinanzierung ihrer Investitionen erfahren können. Die Ausgestaltung der mietrechtlichen Rahmenbedingungen ist vor diesem Hintergrund von entscheidender Bedeutung und hat Einfluss auf die Entscheidung des Vermieters für oder gegen die Durchführung von Modernisierungsmaßnahmen.

60 Nach: *Lüdecke*, Warum lohnt es sich, Energie zu sparen, S. 5.

2. Kapitel: Mietrechtlicher Modernisierungsbegriff

Im Rahmen der baulichen Arbeiten im Wohnraummietverhältnis wird zwischen den Erhaltungsmaßnahmen (A.), den förmlich festgelegten Sanierungsarbeiten (B.) und den Verbesserungsarbeiten als Modernisierungsmaßnahmen (C.) unterschieden.

A. Maßnahmen zur Erhaltung der Mietsache

I. Erhaltungsmaßnahmen im BGB

1. Instandhaltungs- und Instandsetzungspflicht

Unter Erhaltungsmaßnahmen werden im BGB alle Reparaturarbeiten verstanden, die dem Erhalt der Mietsache zum vertragsgemäßen Gebrauch dienen. Der vertragsgemäße Gebrauch ergibt sich dabei aus dem Inhalt des Vertrages, hilfsweise aus den Umständen bei Vertragsschluss oder weiter hilfsweise aus der Verkehrssitte.[61] Der Vermieter hat dem Mieter den Gebrauch sämtlicher Einrichtungen zu gewähren, die entweder ausdrücklich im Vertrag aufgeführt oder ihm bei Vertragsschluss tatsächlich zur Nutzung zur Verfügung gestellt worden sind.[62]

In § 554 Abs. 1 BGB wird von diesen Arbeiten ausdrücklich als „Erhaltungsmaßnahmen" gesprochen. Sie entsprechen der in §§ 535 Abs. 1 S. 2, 536 BGB verankerten Hauptleistungspflicht des Vermieters. Deshalb sind Reparaturarbeiten grundsätzlich mit der Mietzinszahlung[63] des Mieters abgegolten. Es ist

61 Palandt/*Weidenkaff*, § 535 Rn. 14 f.

62 BGH, Urteil vom 1.2.1989 – VIII ZR 126/88, ZMR 1989, 212; Urteil vom 6.10.2004 – VIII ZR 355/03, NJW 2005, 218.

63 Die Miete ohne Betriebs- bzw. Nebenkosten, d. h. die „Kaltmiete".

also weder eine Abwälzung der – auch hohen – Kosten des Vermieters auf den Mieter, noch eine darauf gestützte Mieterhöhung, zulässig.[64]

Die Reparaturarbeiten werden definiert als Maßnahmen zur Verhinderung oder Beseitigung drohender oder schon entstandener Schäden an der Mietsache.[65] Die weitere Unterscheidung in Instandhaltungs- oder Instandsetzungsarbeiten erfolgt nach Maßgabe des Zeitpunkts ihrer Durchführung: *Instandhaltungsmaßnahmen* sind, in Anlehnung an § 28 Abs. 1 der II. BV[66], präventive Reparaturarbeiten, die notwendig sind, um die Mietsache in einem vertragsgemäßen Zustand[67] zu erhalten und künftige Schäden zu verhindern. Dies sind Schäden, die durch Abnutzung, Alterung oder Witterungseinwirkung entstehen. *Instandsetzungsmaßnahmen* stellen dagegen (echte) Reparaturen bzw. Wiederbeschaffungsarbeiten dar, die erforderlich sind, um schon eingetretene Schäden zu beseitigen. Hierzu zählen auch Schäden an technischen Anlagen oder Geräten an der Substanz der Mietsache selbst oder an sonstigen baulichen Anlagen, die zur Mietsache gehören.[68]

2. Abwälzung von Schönheitsreparaturen

Die diversen Arten der Reparaturen, die allesamt Erhaltungsmaßnahmen im Sinne des § 554 Abs. 1 BGB sind, lassen sich weiter unterscheiden in so genannte Schönheitsreparaturen und Bagatellmaßnahmen. Bei diesen ist häufig eine Kostentragung durch den Mieter erwünscht und regelmäßig mangels gesetzlicher Regelung in Wohnraummietverträgen vereinbart.

Schönheitsreparaturen sind Erhaltungsmaßnahmen, und damit grundsätzlich, dem gesetzlichen Modell folgend, vom Vermieter auszuführen. Eine Legaldefinition existiert zwar nicht; in Anlehnung an den Mustermietvertrag von

64 Ein Vermieter, der sehr aufwändige Reparaturarbeiten durchführt, kann sich nicht auf eine „Opfergrenze" berufen. Ihm ist es ohne Weiteres zuzumuten, auch erhebliche Aufwendungen zu tätigen. Grundsätzlich eine solche anerkennend: LG Osnabrück, Urteil vom 17.9.1991 – 12 S 45/91, WuM 1992, 119. Im konkreten Einzelfall beliefen sich die Kosten einer Reparatur auf „40.000 DM zzgl. MwSt"; das LG nahm die Opfergrenze nur in „krassen Ausnahmefällen" an, „etwa bei katastrophenbedingten Schäden", ohne dies aber näher zu erläutern.

65 Schmidt-Futterer/*Eisenschmid*, § 554 Rn. 17, 18.

66 Seit 2004: BetrKVO.

67 BGH, Urteil vom 6.10.2004 – VIII ZR 355/03, GE 2004, 1586.

68 Vgl. BGH, Urteil vom 7.4.2004 – VIII ZR 146/03, NJW-RR 2004, 877.

1976 und die Rechtsprechung des BGH[69] aus den 1980er Jahren hat sich aber eine ‚allgemeingültige Definition' herausgebildet. Diese fußt noch auf § 28 Abs. 4 S. 3 der II. BV[70] und umfasst das Tapezieren, Anstreichen oder Kalken der Wände und Decken, das Streichen der Fußböden und Heizkörper einschließlich der Heizrohre, der Innentüren sowie der Fenster- und Außentüren von innen. Der BGH hat diese Definition später auf all jene Kleinschäden erweitert, die durch *vertragsgemäßen* Gebrauch entstanden sind.[71]

Die Übertragung von Schönheitsreparaturen auf den Mieter ist nach der Rechtsprechung grundsätzlich zulässig.[72] Erfolgt dies formularmäßig, müssen die AGB-rechtlichen Vorschriften der §§ 305 ff. BGB beachtet werden. Mieter dürfen insofern in nur angemessenem Umfang mit diesen Arbeiten belastet werden.[73] Im Hinblick auf die zeitlichen Abstände und die Art und Weise der Durchführung existiert umfangreiche Rechtsprechung[74]; in jedem Fall aber schuldet der Mieter bei wirksamer Überbürdung (nur) Arbeiten von mittlerer Art und Güte im Sinne des § 243 BGB.

Für so genannte Bagatellschäden, die an Stellen entstehen, die dem direkten und häufigen Zugriff des Mieters unterliegen, kann auch eine kostenmäßige Einstandspflicht des Mieters vereinbart werden. Der Mietvertrag muss in diesem Fall eine den Grenzwert fixierende Klausel enthalten, d. h. einen Höchstbetrag für die vom Mieter innerhalb eines Jahres selbst zu bezahlenden Reparaturar-

69 Z. B. BGH, RE vom 30.10.1984 – VIII ARZ 1/84, ZMR 1985, 84.

70 Seit 2004: BetrKVO.

71 BGH, Urteil vom 5.10.1994 – XII ZR 15/93, DWW 1995, 279. Da das Kalken von Wänden und Decken, sowie das Streichen von Fußböden eine nicht mehr zeitgemäße Ausführung darstellt, sind diese auch nicht mehr auszuführen.

72 Eine zwingende Grenze der Übertragbarkeit stellen in jedem Fall die sogenannten Arbeiten an „Dach & Fach" dar. Sie werden pauschal als besonders umfangreich eingestuft und können nicht auf den Mieter übertragen werden (und zwar auch nicht in Gewerbemietverhältnissen). Was genau aber darunter zu verstehen ist, ist strittig. Schon 1988 hat das OLG Hamm festgestellt, „dass es sich bei der Formulierung ‚Dach und Fach' um eine alte Wendung" handele, deren „genauer Sinn insbesondere aufgrund des Begriffs ‚Fach' nicht leicht zu bestimmen" sei, OLG Hamm, Urteil vom 27.4.1988 – 30 U 16/88, ZMR 1988, 260.

73 Insgesamt hat sich eine sehr ausdifferenzierte Rspr. herausgebildet, vgl. überblicksartig *Kinne/Schach/Bieber*, § 535 Rn. 107 ff.

74 Vgl. beispielhaft BGH, Urteil vom 7.6.1989 – VIII ZR 91/88, WuM 1989, 324; Urteil vom 15.5.1991 – VIII ZR 38/90, WuM 1991, 381; Urteil vom 6.5.1992 – VIII ZR 129/91, WuM 1992, 355; BGH, Urteil vom 14.5.2003 – VIII ZR 308/02, NJW 2003, 2234; Urteil vom 25.6.2003 – VIII ZR 335/02, NZM 2003, 755; Grundsatzurteil zum starren Fristenplan: BGH, Urteil vom 23.6.2004 – VIII ZR 361/03, NJW 2004, 2586.

beiten benennen. Kosten von 75 bis 100 € pro Jahr sind dabei anerkannt.[75] Als Beispiel für diese Kleinstreparaturen können Installations- bzw. Zubehörteile für Elektrizität, Gas und Wasser, Heizungen und Kocheinrichtungen, Fenster- und Türverschlüsse oder Verschlussvorrichtungen von Jalousien genannt werden. Zu beachten ist auch, dass ein Mieter prinzipiell nur die Kosten hierfür zu tragen hat, die Reparatur aber grundsätzlich nicht selbst ausführen oder in Auftrag geben muss.[76]

II. Erhaltungsmaßnahmen im französischen Mietrecht

1. Délivrance et Entretien

Die allgemeinen und für alle Mietverhältnisse geltenden Bestimmungen zur Erhaltung der Mietsache finden sich auch heute noch im Code Civil. Die Artt. 1719 Abs. 2 und 1720 Abs. 2 C.Civ. legen drei Hauptleistungspflichten eines jeden Vermieters fest: Die Übergabepflicht, die Garantieverpflichtung und die Erhaltungspflicht.[77]

- Seine Übergabepflicht erfüllt der Vermieter, indem er die Mietsache einschließlich des Zubehörs dem Mieter in einem „guten"[78], d. h. in einem für den vertraglichen Gebrauch adäquatem Zustand übergibt, Art. 1720 Abs. 2 C.Civ.
- Die Garantiepflicht umfasst die Verpflichtung, den Mieter in seinem Gebrauch der Mietsache nicht zu stören und Veränderungen an der Mietsache zu unterlassen, sofern er hierzu nicht im Interesse einer erforderlichen Renovierung oder gesetzlich zulässigen Modernisierung berechtigt ist, Art. 1723 C.Civ.[79]
- Die allgemeine Erhaltungspflicht auferlegt dem Vermieter das Einstehen für Sachmängel im Sinne des Art. 1721 C.Civ: Der Code geht dabei von be-

---

75 BGH, Urteil vom 6.5.1992 – VIII ZR 129/01, WuM 1992, 355. Fehlt eine solche Klausel, kann die bloß allgemein gehaltene Klausel, dass der Mieter ‚Kleinstreparaturen zu tragen' hat, unwirksam sein; in diesem Fall greift wieder die gesetzliche Hauptpflicht des Vermieters aus § 535 Abs. 1 S. 2 BGB.

76 BGH, Urteil vom 6.5.1992 – VIII ZR 129/91, WuM 1992, 355.

77 „Obligation de délivrance d'un local conforme à la destination prévu par le bail, Obligation de garantie et Obligation continue d'entretien en état de servir à l'usage prévu."

78 Der Code Civil spricht von „logement décent" und greift diesen Begriff auch in späteren Mietsondergesetzen, insbesondere in Art. 6 Abs. 1 des Gesetzes von 1989, wieder auf.

79 Daneben enthält Art. 1726 C.Civ. die Pflicht zur Rechtsgewähr bei Drittansprüchen gegen den Mieter: Hierzu zählen Störungen, die seinem Einflussbereich unterliegen, wie bei Störungen anderer Mietvertragsparteien aus Nachbarwohnungen.

stimmten „Reparaturkategorien" aus. Zum einen hat der Vermieter kleinere und größere Instandhaltungs- und Instandsetzungsarbeiten durchzuführen, die erforderlich sind, um die Mietsache in einem zum vertragsgemäßen Gebrauch geeigneten Zustand zu erhalten. Der Umfang dieser Arbeiten wird von Art. 605 C.Civ. bestimmt. Größere sonstige Reparaturen zum Erhalt der Substanz oder zur Herstellung eines Zustands der Bewohnbarkeit sind in Art. 606 C.Civ. geregelt.[80] Die dritte Kategorie bilden sonstige Aufwendungen, die infolge von Baufälligkeit, Baualter, höherer Gewalt usw. anfallen.

Artikel 6 des Gesetzes von 1989 greift die vorgenannten Hauptleistungspflichten des Vermieters für Wohnraummietverhältnisse auf und konkretisiert sie: Jede Wohnung muss bestimmten *Mindestanforderungen* an den Wohnkomfort genügen und diesen auch während der gesamten Mietzeit beibehalten. Der Verordnungsgeber hat diesen zwingend vom Vermieter zu Mietbeginn zu gewährleistenden Mindestkomfort erstmals im Jahr 1987[81] festgelegt. Er legte in dem Dekret die Anforderungen an die vorhandene Wohnungseinrichtung, die Mindestmaße, die minimale Komfortausstattung, insbesondere Fenster, Sanitäranlagen, Wasch- und Kochmöglichkeiten, fest.[82] Ein weiteres Dekret aus dem Jahr 2002[83] ergänzte das vorherige um grundlegende Zweckbestimmungen für Wohnräume und legte insbesondere vom Vermieter einzuhaltende *Sicherheitsbestimmungen* fest.[84] Da es sich bei den Dekreten nicht um formelle Parlamentsgesetze handelt, dürfen die Vertragsparteien von ihnen auch individualvertraglich abweichen. Andernfalls sind die Vorgaben für sie verbindlich. Arti-

---

80 Entsprechend den in Deutschland beschriebenen Reparaturen an „Dach & Fach", s. o. I.2.

81 Nr. 87-149 vom 6.3.1987.

82 Jede als Wohnung dienende Mietsache muss hiernach mindestens aus einen Raum bestehen, der der ausschließlichen Wohnnutzung dienen kann. Zudem müssen Koch- und Wascheinrichtungen vorhanden sein. Die Wohnung muss eine Mindestgrundfläche von 9 m2 haben, wenn die Kochnische in einem separaten Raum untergebracht ist und mindestens 12 m2-Grundfläche, wenn die Kochnische in den Wohnraum integriert ist. Es muss eine Deckenhöhe von mindestens 2,50 m vorhanden sein. Die Wohnung muss über mindestens ein Fenster verfügen. Die Küchenzeile muss mit einem Waschbecken mit Abfluss, kaltem und warmem Trinkwasserzulauf sowie einer Kochmöglichkeit – Herd oder Ofen – ausgestattet sein. Die Wohnfläche bemisst sich nach Art. R.111-2 CCH.

83 Dekret Nr. 2002-120 vom 30.1.2002.

84 Art. 2: „Le logement doit satisfaire à certaines conditions au regard de la sécurité physique et de la santé des locataires", und Art. 3: „Le logement ne doit pas être frappé d'un arrêté d'insalubrité et de confort suivants".

kel 20-1 des Gesetzes von 1989 sieht darin auch einen gerichtlich durchsetzbaren Anspruch.[85]

Von den Vermieterpflichten aus Art. 6 des Gesetzes von 1989 darf dagegen zulasten des Mieters nicht abgewichen werden.[86] Die Rechtsprechung erklärt alle Vertragsklauseln für nichtig, die sämtliche oder auch ausschließlich vom Vermieter veranlasste Instandhaltungsarbeiten auf den Mieter abwälzen.[87] Die in den Artt. 1719, 1720 Abs. 2 C.Civ. genannten Vermieterpflichten sind dagegen dispositiv und können vertraglich abgedungen werden.[88]

2. Réparations locatives

Artikel 1754 C.Civ. sieht es schon als die gesetzliche Hauptleistungspflicht des Mieters an, kleinere Reparaturen („réparations locatives") an der Mietsache selbst durchzuführen. Allerdings bleibt der Code Civil hier oberflächlich. Geregelt werden diese Kleinreparaturen nur aus dem historischen Kontext heraus durch Beispiele wie dem „Ersatz gebrochener Fensterscheiben" oder dem „Austausch einzelner gebrochener Fußbodenkacheln".[89] Die Folge ist, dass konkrete – und für die Vertragsparteien wesentliche – Einzelfragen wie z. B. die Frage nach einer Reparatur einfachverglaster durch doppelverglaste Fenster, unbeantwortet bleiben. Das Gesetz bleibt dadurch für die Praxis von geringer Bedeutung. Die Antwort auf die streitanfälligen Alltagsfragen bleibt – wie häufig – Aufgabe der Rechtsprechung.

---

85 Im Jahr 2000 durch Gesetz L.2000-1208 vom 13.12.2000 in das Gesetz von 1989 eingeführt.

86 So der Gesetzgeber, vgl. zwei Réponses ministerielles: 11. Legislaturperiode, Anfrage Nr. 73576, im JO vom 25.2.2002, S. 1054 veröffentlicht, Antwort im JO vom 6.5.2002, S. 2428; sowie 12. Legislaturperiode, Anfrage Nr. 6501, im JO vom 11.11.2002, S. 4125 veröffentlicht, Antwort im JO vom 14.7.2003, S. 5624. Sie können im Internet unter http://www.questions.assemblee-nationale.fr eingesehen werden. Eine „réponse ministerielle" entspricht einer „kleinen Anfrage" im Sinne des § 104 GOBT.

87 Das Rechtsinstitut der Mieter würde ohne Rechtsgrund erfolgen; eine Teilunwirksamkeit der Klausel bestätigend: Cour de Cassation, Civ. 3e, Urteil vom 11.12.1984, Bull. civ. III, Nr. 209. Vgl. auch Cour de Cassation, Civ. 3e, Urteil vom 19.4.1989, Bull. civ. III, Nr. 83, wonach es generell der richterlichen Entscheidung unterliegt, ob auch solche Maßnahmen auf den Mieter abgewälzt werden können, die dem Vermieter durch Behörden auferlegt wurden.

88 Stdg. Rspr.: Cour de Cassation, Chambre des requêtes, Urteil vom 14.1.1895, DP 1895.I.341; Cour de Cassation, Civ. 3e, Urteil vom 7.2.1978, Bull. civ. III. Nr. 71.

89 Eine Ausnahme gilt gemäß Art. 1754 C.Civ., wenn der Bruch der Fensterscheibe auf Frost oder andere nicht vom Mieter zu vertretende Umstände, „la grêle ou autres accidents extraordinaires et de force majeure", zurückzuführen ist.

Zwar greift das Gesetz von 1989 die Pflicht zur Durchführung von Schönheitsreparaturen[90] in seinem Art. 7d auf und konkretisiert die historische Vorlage des Code Civil immerhin insoweit, als es ausdrücklich von „réparations locatives“ spricht.[91]

Zuvor hatte allerdings schon der französische Verordnungsgeber die Notwendigkeit bejaht, Art und Umfang dieser vom Mieter auszuführenden Arbeiten in einem Dekret festzulegen.[92] Nach seinem Artikel 1 zählen hierzu sämtliche laufenden Ausbesserungs- und Reparaturarbeiten, die durch typischen vertragsgemäßen Gebrauch des Mieters entstanden sind. Doch geht das Dekret noch weit darüber hinaus: Es enthält eine detaillierte Liste sämtlicher Maßnahmen, die typischerweise als Kleinstreparaturen vom Mieter während der Dauer des Mietverhältnisses ausgeführt werden müssen und benennt diese präzise. Hierzu gehören:

Reparaturen an Außenbereichen, die ausnahmsweise dem exklusiven Zugriff des Mieters unterliegen, wie private Gärten (Unterhalt und Pflege, Teichbecken, Randbewuchs, Zäune und Abgrenzungen, Größe, Zuschnitt, Unkraut, Baumschnitt), Terrassen, Wintergärten, Markisen (Beseitigen von Laub, Unrat, Witterungserscheinungen); Regenrinnen, -tonnen und Abwassersammelbecken (Freihalten der Rinnen, Entfernen von Laub); „Öffnungen“ wie Türen und Fenster (Ölen und Schmieren der Scharniere, Austausch von Klinken, Knöpfen, Griffen, Bolzen, Muttern); sämtliche „Verdunkelungsinstallationen“ (hier die Instandhaltung durch Ölen, Schmieren, Austausch von Kordeln, Lamellen); die Sicherungsanlagen und Schlösser (Ölen, Schmieren, Reparieren, Schlüsselschutz); Tore und Pforten zum Mietergarten (Reinigung, Pflege, Ölen, Schmieren von Hölzern, Scharnieren). Im Innenraum außerdem die Zimmerdecken, Wände oder vorhandenes Fachwerk (auch Tapeten, Übergänge, Bordüren, Mosaike, Steingut), Fußböden (Bodenwachs, Macken, Löcher, Klebearbeiten, Abdichtungen), Holz-, Wand- oder Deckenbeschläge (Ausbesserungen, Abdichtung von Unregelmäßigkeiten); frei liegende Wasser- und Gasleitungen (Freihaltung, Reinigung,

---

90 Da sich dieser Begriff im deutschsprachigen Raum etabliert hat und gesetzlich nicht definiert ist, soll er als geeignete Übersetzung innerhalb dieses Abschnittes Verwendung finden.

91 Eine Nichterfüllung kann eine Schadensersatzverpflichtung gemäß Art. 1386 C.Civ. begründen, wenn z. B. durch die Nichterfüllung der Leistungspflicht das Gebäude einzustürzen droht. Hier regelt Art. 1722 C.Civ. ausdrücklich, dass den Vermieter selbst bei vollständigem Untergang der Mietsache dann keine Wiederherstellungspflicht trifft.

92 Dekret Nr. 87-712 vom 26.8.1987, ergangen zu Art. 7d des Gesetzes von 1989. Das Dekret war ursprünglich aus Art. 7 des Gesetzes 86-1290 vom 23.12.1986 ergangen; es behielt seine Gültigkeit allerdings wegen des späteren Art. 25 Abs. 5 des Gesetzes von 1989.

Rohrreinigung), Heizungs- und Warmwasseraufbereitungsanlagen, Gussrinnen (Kalkentfernung, Duschelementeaustausch), Elektrizitätsanlagen (Austausch von Widerständen, Sicherungselementen, Schaltern, Steckdosen, Ampullen, Glühbirnen), und mitvermietete Klimaanlagen, Waschmaschinen, Wäschetrockner, Spülmaschinen, Abzugslüfter, Solaranlagen, Pumpen, separaten Raumheizungen, Antennenanlagen, Spiegel, Sondermöbel, usw.

Die Liste soll keineswegs abschließend sein. Das Ziel des Verordnungsgebers ist klar: Mit dem Dekret sollte Rechtssicherheit geschaffen werden für den häufigen Fall, dass die Parteien zwar eine Abwälzung solcher typischerweise im Machtbereich des Mieters liegender Maßnahmen vereinbaren wollen, aber Genaueres nicht im Mietvertrag regeln.[93]

Die Vertragsparteien können auch individualvertraglich noch umfassendere Reparaturverpflichtungen für den Mieter vereinbaren; umgekehrt können sie aber selbstverständlich auch zugunsten des Mieters bestimmte Bereiche ausschließen. Eine Grenze der Übertragbarkeit auf den Mieter bilden allerdings solche Arbeiten, die die Struktur und Substanz des Gebäudes betreffen; diese sind in jedem Fall vom Vermieter selbst auszuführen.[94] Zu beachten ist auch, dass die Regelungen der Artikel 6 und 7 des Gesetzes von 1989 nicht dispositiv sind. Im Zweifel zählt also jede Reparatur, die der Sphäre des Vermieters zuzuordnen ist, zu seinem Aufgabenkreis.[95]

B. Förmlich festgelegte Sanierungsarbeiten

Neben den Erhaltungsmaßnahen kann auch die Gemeinde bzw. die städtische Verwaltung bauliche Maßnahmen an der Mietsache beschließen. Dabei kann es sich auch um Modernisierungsarbeiten handeln, die das Mietverhältnis berühren und sogar zu dessen Beendigung führen können.

---

93 Ob die erwartete Entlastung der Rechtsprechung tatsächlich realisiert werden konnte, lässt sich mangels statistischer Erhebungen schwer einschätzen.

94 *Malaurie/Aynès/Gautier*, S. 375 Fn 21: „Toutes les réparations, grosses ou menues, sont à la charge du bailleur, lorsque la dégradation provient du vice de construction ou de la vétusté", mit Verweis auf Art. L.415-4 C. Rur. Diese Arbeiten sind mit den in Deutschland bekannteren Arbeiten an ‚Dach & Fach' vergleichbar; s. o. unter I.2.

95 Cour de Cassation, Civ. 3e, Urteil vom 10.5.1989, Bull. civ. III, Nr. 102, wonach außerdem alle öffentlichrechtlich auferlegten Maßnahmen grundsätzlich vom Eigentümer (bzw. Vermieter) zu tragen sind.

Mit dem Begriff der „städtebaulichen Sanierung“[96] wird impliziert, dass die Stadt bzw. das betroffene Wohngebiet „entwertet“ worden ist, Missstände aufweist oder jedenfalls einer Aufwertung bedarf. Zielgebiete können neben zentralen Stadtgebieten mit einer überalterten Bausubstanz und einem fortschreitenden Verfall der Freiräume aber auch einzelne Wohnquartiere, Wohnblocks oder Wohngebiete in der Peripherie sein.

Die im Rahmen förmlich festgelegter Sanierungsgebiete durchgeführten Baumaßnahmen verbinden in der Regel wirtschaftliche Bemühungen (wie z. B. Anreize zur Förderung wirtschaftlicher Aktivitäten usw.), mit städtebaulichen Bemühungen (wie z. B. der Regulierung der Fassadengestaltung, der Umstrukturierung von Grünflächen oder Freiräumen usw.) und mit sozialen Aspekten (wie z. B. der Erhöhung des Wohnkomforts, der Differenzierung der Wohnungsangebote usw.).

I. Öffentlich-rechtliche Sanierung nach dem BauGB

Nicht nur Vermieter und Mieter, sondern auch eine Gemeinde als kommunale Gebietskörperschaft kann eine Modernisierungsmaßnahme an oder in der Mietsache durchführen lassen und das Mietverhältnis auf diese Weise beeinträchtigen und sogar beenden. Grundlage hierfür ist § 182 BauGB, der der öffentlichen Hand explizit eine Möglichkeit zur Aufhebung eines Mietvertrages verleiht.[97]

Per Satzung kann eine Gemeinde ein Sanierungsgebiet festsetzen. Dabei handelt es sich um ein so genanntes *förmlich festgelegtes Sanierungsgebiet* bzw. um einen städtebaulichen *Entwicklungsbereich.* Mit einer Frist von mindestens sechs Monaten dürfen in dem Sanierungsgebiet bestehende Mietverhältnisse aufgehoben werden, wenn dies für die Verwirklichung der Ziele und Zwecke der Sanierung notwendig ist.

Mit derselben Frist können Mietverträge aber auch dann beendet werden, wenn ein *städtebauliches Gebot* dies verlangt. Es handelt sich bei solchen städtebaulichen Geboten um das Baugebot (§ 176 BauGB), das Modernisierungs- und Instandsetzungsgebot (§ 177 BauGB), und um das Rückbau- und Entsiegelungsgebot (§ 179 BauGB):

96 Häufig synonym verwandte Begriffe sind die Stadtsanierung, Stadtteilsanierung, Flächensanierung, Dorferneuerung. Ihnen allen gemeinsam ist ihr Ursprung aus der sogenannten „sozialen Stadtentwicklungspolitik“ als Ausfluss der Wohnungspolitik.

97 Im BauGB sind Sanierungsgebiete als Instrument der Städtebauförderung verankert.

Das Baugebot dient vorrangig der Schließung von bestehenden Baulücken.[98] Modernisierungs- und Instandsetzungsgebote erfolgen in der Regel bei groben Missständen oder vorhandenen Mängeln an einer oder mehreren Immobilien, wobei der einzelne Eigentümer zur Beseitigung dieser Missstände verpflichtet wird.[99] Ein Rückbau- oder Entsiegelungsgebot führt zu der Pflicht des Eigentümers, den (teilweisen) Abriss bzw. die (teilweise) Beseitigung der Immobilie zu dulden. Ein Rückbau oder die Entsiegelung werden beispielsweise angeordnet, wenn die bauliche Anlage einem Bebauungsplan formell und materiell widerspricht, nicht entsprechen kann oder allgemeine Anforderungen an Wohn- und Arbeitsverhältnisse nicht gewährt werden (können).[100]

Als dritte und letzte Möglichkeit haben Gemeinden auch ein Mietaufhebungs-, oder Mietänderungsrecht, wenn ein *Umlegungsverfahren* im Sinne des § 45 BauGB durchgeführt wird. Zur Absicherung und Gewährung von Rechtssicherheit darf die Gemeine ein bestehendes Wohnraummietverhältnis allerdings nur aufheben, wenn im Zeitpunkt der Beendigung angemessener Ersatzwohnraum für den Mieter und die zu seinem Hausstand gehörenden Personen zu angemessenen und zumutbaren Bedingungen zur Verfügung steht.[101] Schwierig kann dies vor allem in Gebieten sein, wo das Wohnraumangebot nicht ausreicht, um die hohe Nachfrage zu bedienen, häufig in Ballungsgebieten. Neben einer Erforderlichkeitsprüfung, Entschädigungsregelungen nach § 185 BauGB, sowie ggf. einem Härteausgleich bei fehlendem Entschädigungsanspruch muss die Gemeinde immer auch ein Sozialplan vorsehen bzw. erstellen. Dieser muss die Maßnahme nicht nur detailliert begründen, sondern auch Unterstützungshandlungen im Falle eines Wohn- und Arbeitsplatzwechsels betroffener Mieter vorsehen.

II. Restauration immobilière nach dem Code de l'Urbanisme

Auch nach dem französischen Baugesetzbuch, dem Code de l'Urbanisme, können im Rahmen einer „rénovation urbaine" (Stadtsanierung) und einem „aménage-

98 § 176 BauGB; vgl. BVerwG, Urteil vom 15.2.1990 – 4 C 41/87, WM 1990, 591; hier können auch Mieter betroffen sein.

99 Vgl. § 177 BauGB und BVerwG, Beschluss vom 9.7.1991 – 4 B 100/91, WM 1994, 96; dabei kommt es nicht auf die finanzielle Leistungsfähigkeit des Eigentümers an.

100 Vgl. Wortlaut des § 179 BauGB.

101 VGH Kassel, Beschluss vom 15.12.1997 – 4 TG 4597/96, NZM 1999, 325.

ment concerté" (Restaurierung erhaltungswürdiger Gebäude) bauliche Arbeiten an der vermieteten Immobilie förmlich beschlossen und durchgeführt werden. Auf diese Weise kann eine solche förmliche Sanierung auch auf ein bereits bestehendes Mietverhältnis einwirken, so dass der Mieter zur Duldung der Maßnahmen verpflichtet wird.

Nach den Artt. L. 313-3 ff. C. Urb. kann die Kommune einen so genannten *„secteur sauvegardé"* (ein Sanierungsgebiet) beschließen, wenn der Gebäudebestand in dem Gebiet veraltet ist oder ästhetischen Ansprüchen nicht mehr genügt, und deshalb eine Restaurierung und Aufwertung erforderlich macht.[102] Der Beschluss zur Festlegung eines Sanierungsgebiets ergeht als so genannte Erhaltungssatzung in der Regel auf Vorschlag der Gemeinde („plan de sauvegarde et de mise en valeur").

Vermieter müssen unter den Voraussetzungen der Artt. L. 313-1 und L. 313-4 ff. C. Urb. in die Durchführung der Sanierungsarbeiten mit einbezogen werden. Ihnen wird in der Regel erlaubt, selbst Einfluss auf die Art und Weise der Bauausführung an ihren Grundstücken auszuüben. Sie können die Bauarbeiten aber auch selbst durchführen bzw. durchführen lassen. Für Mieter sieht das Gesetz eine generelle Duldungspflicht vor. Sie ist umfassend, denn die auf behördliche Anordnung durchgeführten Sanierungsarbeiten sollen nach dem gesetzgeberischen Willen ungehindert durchgeführt werden können. Erforderlichenfalls muss die Mietsache sogar vom Mieter geräumt werden.

Für den Fall, dass tatsächlich ein Aus- oder Umzug der Mieterschaft zur Verwirklichung der städtebaulichen Ziele erforderlich ist, liegt darin zugleich ein „berechtigtes Interesse" des Vermieters im Sinne des Art. 15-I Abs. 1 Alt. 3 des Gesetzes von 1989. Vermieter sind dann unter Einhaltung einer mindestens sechsmonatigen Frist gemäß Artt. L. 313-6 ff. C. Urb. zur vorzeitigen Kündigung des Mietverhältnisses berechtigt. Dem Kündigungsschreiben sind zugleich die entsprechenden Bescheide der Baubehörden in beglaubigter Kopie beizufügen; andernfalls ist die Erklärung von Vornherein nichtig.[103]

---

102 Art. L.313-3 C. Urb.

103 Art. 15-I Abs. 1 Alt. 3 des Gesetzes von 1989 spricht von: „motif légitime et sérieux". Eine strenge Anwendung der Formerfordernisse bejahend: Cour de Cassation, Civ. 3e, Urteil vom 7.2.1996, Bull. civ. III, Nr. 34; D. 1997. Somm. 268; CA Versailles, Urteil vom 18.5.2004, Administer oct. 2004.63 ; CA Paris, Urteil vom 8.9.1993, Loyers et copr. 1994, Nr. 8, Rev. loyers 1997, 30 ; CA Rennes, Urteil vom 18.9.1997, Loyers et copr. 1998, Nr. 61.

C. Maßnahmen zur Verbesserung der Mietsache

I. Der Modernisierungsbegriff im BGB

1. Modernisierungsmaßnahmen

Das BGB verwendet den Begriff „Modernisierung" nur einmal in der Gesetzesüberschrift. In § 554 Abs. 2 BGB spricht das Gesetz sodann ausschließlich von *„Maßnahmen zur Verbesserung der Mietsache, zur Einsparung von Energie oder Wasser oder zur Schaffung neuen Wohnraums"*. Auch § 559 Abs. 1 BGB greift beschreibt Modernisierung als vom Vermieter durchgeführte *„bauliche Maßnahmen, die den Gebrauchswert der Mietsache nachhaltig erhöhen, die allgemeinen Wohnverhältnisse auf Dauer verbessern oder nachhaltig Einsparungen von Energie oder Wasser bewirken (Modernisierung), oder aufgrund von Umständen durchgeführt werden, die er nicht zu vertreten hat"*.

Das BGB enthält damit also keine Legaldefinition im eigentlichen Sinne, sondern nur einen Katalog von Maßnahmen, die typischerweise als Modernisierung gelten. Es handelt sich mithin um bauliche Maßnahmen des Vermieters, an denen der Mieter teilhat und die sich aus der Sicht des Mieters steigernd auf seinen Wohnwert auswirken.

a. Bauliche Maßnahme

§ 559 Abs. 1 BGB spricht, anders als § 554 Abs. 2 BGB, von *baulichen* Maßnahmen. Für das bloße Vorliegen einer Modernisierung im Sinne des § 554 Abs. 2 BGB reicht eine irgendwie geartete Verbesserung in Bezug auf die konkrete Wohnung, das Haus oder das ganze Grundstück. Für die Frage einer (späteren) Mieterhöhung nach § 559 BGB[104] muss dem Wortlaut zufolge dagegen eine *bauliche* Maßnahme vorliegen.

Der Begriff der baulichen Maßnahme ist grundsätzlich weit auszulegen: In Bezug auf die konkrete Wohnung, das Haus oder das ganze Grundstück muss jedenfalls irgendein neuer baulicher Zustand geschaffen werden, der zumindest wirtschaftlich in Zusammenhang mit dem Gebrauch stehen muss. Eine bloße Änderung der Zweckbestimmung eines Raumes reicht daher nicht.[105]

---

104 Vgl. unten Kap. 3 D.I.

105 AG Schöneberg, Urteil vom 31.1.1995 – 3 C 187/94, GE 1995, 621: Ein neuer baulicher Zustand wird z. B. bejaht, wenn ein nicht mitvermieteter, weil stillgelegter, Aufzug neu gebaut wird.

Die Arbeiten dürfen sich auch auf das gesamte Gebäude oder das Grundstück beziehen. So gelten auch die Anlage bzw. der Ausbau von Kinderspielplätzen, von Grünanlagen, Stellplätzen und ähnlichen Verkehrsanlagen als solche bauliche Anlagen; ebenso eine Befestigung der Hoffläche[106], die Anlage einer Grundstückszufahrt oder die Aufstellung von Müllcontainern[107] als bauliche Maßnahme an der Mietsache. Auch ob der Vermieter gegebenenfalls zur Durchführung aufgrund Gesetzes oder Verwaltungsakts verpflichtet war oder nicht, ist insoweit unerheblich.

Nicht zu den baulichen Anlagen gehören Einrichtungen und Ausstattungen, die frei beweglich bleiben oder wieder entfernt werden können. Dies betrifft häufig technische Geräte, selbst wenn sie leistungsfähiger als die alten sind; jedoch gibt es hierzu häufig abweichende Gerichtsmeinungen.[108]

b. Erhöhung des Gebrauchswerts und der allgemeinen Wohnverhältnisse

Eine Maßnahme fällt außerdem erst dann unter den Modernisierungsbegriff des § 559 Abs. 1 BGB, wenn sie den Gebrauchswert der Mietsache nachhaltig erhöht oder die allgemeinen Wohnverhältnisse auf Dauer verbessert. Die Abgrenzung einer Wohnwertverbesserung zur Gebrauchswerterhöhung ist im Einzelfall schwierig, kann aber letztlich dahinstehen, da beide Varianten unter den Modernisierungsbegriff des § 559 Abs. 1 BGB fallen.

Bei den Gebrauchwert erhöhenden Maßnahmen ist beispielsweise an den Ausbau von nichtöffentlichen Gemeinschaftsanlagen, wie Kinderspielplätzen, Grünanlagen, Stellplätzen und andere Verkehrsanlagen zu denken. Der undefinierte Begriff der *Wohnwertverbesserung* ist noch stärker vom Einzelfall abhängig, da er auf den konkreten „Wert" des Wohnens in der Mieteinheit abstellt. Ob eine Maßnahme die Wohnung oder „den Wohnwert" verbessert oder nicht, hängt dabei nicht vom individuellen Geschmack eines Vermieters oder Mieters ab. Es kommt vielmehr darauf an, ob ein „Durchschnittsmieter" in der Maßnahme eine Wohn- bzw. Mietwertverbesserung sehen würde oder nicht.[109] Dies bemisst sich danach, ob objektiv gesehen eine Verbesserung vorliegt.[110] Dabei ist auch die

106 LG Hildesheim, Urteil vom 23.2.1983 – 7 S 382/82, WuM 1985, 340 f.

107 OVG Berlin, Urteil vom 20.1.1984 – OVG 2 B 88.81, GE 1984, 333.

108 LG Berlin, Urteil vom 15.11.1994 – 64 S 237/94, GE 1995, 429 (431); LG Berlin, Urteil vom 27.11.1995 – 67 S 293/95, GE 1996, 131 zu „Gasherd".

109 KG, Beschluss vom 27.6.1985 – 8 RE-Miet 874/85, WuM 1985, 248 (250); LG Karlsruhe, Urteil vom 10.1.1992 – 9 S 139/91, WuM 1992, 121.

110 LG Mannheim, Urteil vom 19.3.1986 – 4 S 150/85, WuM 1987, 385.

Möglichkeit einer Verbesserung im Rahmen zukünftiger Vermietungen zu berücksichtigen.[111] Insofern können schon kleinste Arbeiten eine Modernisierung darstellen, die konsequenterweise alle rechtlichen Folgen der §§ 554, 559 ff. BGB nach sich ziehen.

In jedem Fall müssen die Maßnahmen *nachhaltig* sein, d. h. von Dauer und objektiv ein gewisses Ausmaß aufweisen. Anders gesagt muss es sich um eine spürbare, eindeutig feststellbare, dauerhafte, positive Veränderung des Wohnwerts handeln.[112] Schließlich müssen die konkreten Mieter auch tatsächliche *Nutznießer* der Maßnahme sein. Daher fallen Maßnahmen, die lediglich eine Erleichterung oder eine Kostensenkung für den Vermieter bedeuten, grundsätzlich nicht unter den Modernisierungsbegriff und können auch keine Mieterhöhung gemäß §§ 559 f. BGB auslösen.

c. Einsparung von Energie oder Wasser

Alternativ liegt eine Modernisierung auch dann vor, wenn die Maßnahme nachhaltig zur Einsparung von Energie oder Wasser führt. Anders als bei der Wohn- oder Gebrauchswerterhöhung steht bei dieser Variante nicht nur die objektive Förderung von Mieterinteressen, sondern zusätzlich auch das Interesse der Allgemeinheit im Vordergrund. Die Maßnahmen zur Einsparung von Energie brauchen deshalb auch keine Wertverbesserung für den Mieter zu bewirken; es soll ausreichen, wenn die erzielte Einsparung wesentlich und von Dauer ist und so zumindest der Allgemeinheit zu Gute kommt.[113] Im Gegensatz zur früheren gesetzlichen Regelung beschränkt sich die Einsparung von Energie auch nicht mehr allein auf die *Heiz*energie.[114]

Es kommen Maßnahmen zur wesentlichen Verbesserung der Wärmedämmung von Fenstern, Außentüren, Außenwänden, Dächern, Kellerdecken und obersten Geschossdecken, zur Verringerung des Energieverlustes und des Energieverbrauchs der zentralen Heizungs- und Warmwasseranlage oder zur Zurückgewinnung von Wärme in Betracht, beispielsweise durch Wärmepumpen oder

111 BGH, Urteil vom 20.7.2005 – VIII ZR 253/04, NZM 2005, 697.

112 *Staudinger/Emmerich*, § 559 Rn. 23; Einschränkungen des Spürbarkeitserfordernisses jedoch bei BGH, RE vom 10.4.2002 – VIII ARZ 3/01, NJW 2002, 2036.

113 Z. B. BGH, Urteil vom 7.1.2004 – VIII ZR 156/03, GE 2004, 231; RE vom 10.4.2002 – VIII ARZ 3/01, GE 2002, 926; vgl. auch *Kinne*, GE 2007, 827 (829), m.w.N.

114 Im früheren § 3 MHRG gab es diese Beschränkung, vgl. unten Kap. 4.A.I.a.

Solaranlagen[115] und Einsparungsmaßnahmen für Strom. Bei Maßnahmen zur Einsparung von Wasser ist insbesondere an den Einbau von Wasserzählern, Durchlaufbegrenzern sowie von Wasser reduzierenden Toilettenspülkästen, Spartasten und Duschköpfen oder Wassermengenreglern zu denken.[116]

Wie auch die zuvor unter b) genannten gebrauchs- oder wohnwertverbessernden Arbeiten müssen die Maßnahmen *nachhaltig* sein.[117] Maßstab der Nachhaltigkeit ist der gesenkte Verbrauch bzw. die tatsächliche Einsparung – nicht dagegen die mit der Maßnahme verbundene Kostenersparnis beim Mieter[118], was allerdings strittig ist. Kurz gesagt muss die Energieeinsparung dauerhaft und wesentlich sein. Bejaht wird dies allgemein bei einer Einsparung von 10 % und mehr im Vergleich zum vorherigen Energieverbrauch.[119] Es spielt nach überwiegender Ansicht auch (zunächst) keine Rolle, ob die zu erzielende Energieeinsparung in einem vernünftigen Verhältnis zur Mieterhöhung steht.[120]

d. Maßnahmen zur Schaffung neuen Wohnraums

Zu den Modernisierungsarbeiten zählen gemäß § 554 Abs. 2 S. 1 BGB auch Maßnahmen zur Schaffung neuen Wohnraums. Hierzu zählen Anbau- Ausbau- oder Umbaumaßnahmen. Der Sinn und Zweck dieser Regelung geht dahin, dass nicht nur solche Maßnahmen als Modernisierung gelten, die sich für den Mieter vorteilhaft auswirken[121], sondern auch solche, die dazu dienen, den wirtschaftlichen Wert des Hausgrundstücks auszuschöpfen.[122] Die davon erfassten Maß-

---

115 Jedenfalls bei sogenannten Solarthermie-Anlagen im Gegensatz zu den (bloßen) sogenannten Photovoltaik-Anlagen. Letztere tauschen nach e. A. lediglich schon vorhandene Energiequellen aus, statt eine Energieeinsparung zu bewirken, str. Vgl. Schmidt-Futterer/*Eisenschmid*, § 554 Rn. 149 und *Warnecke*, DWW 2007, 282 (283); *Eisenschmid*, WuM 2006, 119 ff.

116 Vgl. Schmidt-Futterer/*Eisenschmid*, § 554 Rn. 142 ff. m.w.N.

117 Hierzu zählen z. B. die Maßnahmen im Sinne des Anhangs 3 Nr. 1–5 EnEV; KG, Urteil vom 20.4.2006 – 8 U 204/05, GE 2006, 714.

118 Nach h. M. soll die Kostenersparnis erst im Rahmen des sogenannten Wirtschaftlichkeitsgebots bei der Mieterhöhung gemäß § 559 BGB von Relevanz sein.

119 So z. B. AG Köln, Urteil vom 20.5.1986 – 208 C 162/85, WuM 1986, 344. Bei einer Einsparung unterhalb von 5 % wird die „Nachhaltigkeit" teilweise abgelehnt. Zwischen 5–10 % ist die Rspr. uneinheitlich, so dass es auf die Umstände des Einzelfalls ankommt. Der BGH hat – obwohl in anderem Zusammenhang – Nachhaltigkeit jedenfalls ab einer Einsparung von 12 % bejaht: BGH, Urteil vom 3.3.2004 – VIII ZR 149/03, NJW 2004, 1738.

120 BGH, Urteil vom 3.3.2004 – VIII ZR 149/03, NJW 2004, 1738.

121 So bei den zuvor unter b. und c. genannten Maßnahmen.

122 Schmidt-Futterer/*Eisenschmid*, § 554 Rn. 179.

nahmen beziehen sich allerdings nur auf bereits vorhandene Gebäudeteile; soll nur eine Baulücke geschlossen werden, gilt dies nicht als Modernisierung.[123] Im Ergebnis muss die Neugestaltung „mehr" Wohnraum schaffen, indem der bisherige Wohnraum entweder umgestaltet oder erweitert wird. Dass quantitativ mehr Wohnungen entstehen, ist nicht erforderlich.[124]

e. Vom Vermieter nicht zu vertretende Umstände

§ 559 Abs. 1 BGB bezieht ausdrücklich auch solche Maßnahmen in den Modernisierungsbegriff ein, die der Vermieter nicht zu vertreten hat. Es handelt sich dabei um Maßnahmen, die den Kriterien für das Vorliegen einer „Verbesserung" zwar entsprechen, aber einer behördlichen Anordnung entstammen. Bei diesen Maßnahmen bedarf es keines unmittelbaren Vorteils für den Mieter oder Vermieter, was den grundlegenden Unterschied zu den oben genannten Alternativen darstellt. In der Regel beruhen solche Maßnahmen auf einem Verwaltungsakt, den der Vermieter im Einzelfall nicht voraussehen konnte.[125] Dies ist aber nicht zwingend.[126] Auch Regelungen der Heizkostenverordnung[127] oder denkmalschutzrechtliche Vorgaben[128] fallen darunter; anders nur öffentlichrechtlich begründete Anordnungen, die der Vermieter im Vorfeld durch sein persönliches Verhalten hätte vermeiden können, wie beispielsweise Instandsetzungsanordnungen.[129]

Einige der nicht vom Vermieter zu vertretenen Umstände entstammen insbesondere der Energieeinsparverordnung (EnEV).[130] Die EnEV (2007) enthält Maßnahmen und Vorgaben zur Energieeinsparung und stellt damit in Deutschland das wesentliche Instrument zur Steuerung der privaten Modernisierungstätigkeit dar.

---

123 Vgl. Schmidt-Futterer/*Eisenschmid*, § 554 Rn. 80.

124 LG Duisburg, Urteil vom 10.5.2000 – 23 S 74/00, NZM 2000, 1000.

125 BT-Drs. 7/2011, S. 11. Der Gesetzgeber hatte die Umstellung von Stadt- auf Erdgas oder die Änderung von Freileitungen in Erdleitungen im Auge.

126 BGH, Urteil vom 4.3.2009 – VIII ZR 110/08.

127 LG Halle/Saale, Urteil vom 8.8.2002 – 2 S 42/01, ZMR 2003, 35 (37), z. B. der Einbau von Steuerungs- und Regelungseinrichtungen, von Wärmezählern und Heizkostenverteilern.

128 Schmidt-Futterer/*Börstinghaus*, § 559 Rn. 88; MüKo-BGB/*Voelskow*, WKSchG 2, § 3 Rn. 11.

129 Vgl. *Lammel*, § 559 Rn. 28–30; Palandt/*Weidenkaff*, § 559 Rn. 12.

130 EnEV (2007) vom 24.7.2007, BGBl. I S. 1519. Sie erging auf Grund § 5a S. 1 EnEG und löst die frühere EnEV (2004) vom 2.12.2004, BGBl. I S. 3146, ab.

Inhaltlich wird in der EnEV grundsätzlich zwischen sogenannten zwingenden Nachrüstungsverpflichtungen und sogenannten bedingten Anforderungen unterschieden. Im Gegensatz zu den allgemein zwingenden Nachrüstungsverpflichtungen[131] sind die bedingten Anforderungen[132] nur dann zwingend einzuhalten, wenn das Gebäude ohnehin modernisiert oder saniert werden soll. Sie regeln das „wie" der Modernisierung, wenn über das „ob" der Unternehmung bereits freiwillig positiv entschieden wurde. Zwingende Maßnahmen, wie der Austausch zu alt gewordener Heizkessel, die erforderliche Dämmung von Heizungs- und Warmwasserrohren oder von obersten Geschossdecken, gehören dagegen zu den von jedem Hauseigentümer und Wohnungsvermieter zu gewährleistenden Ausstattungsmerkmalen. Ihre Einhaltung ist vorgeschrieben, so dass gegebenenfalls saniert werden muss. In jedem Fall fallen diese Maßnahmen unproblematisch unter den mietrechtlichen Modernisierungsbegriff: Denn sie stellen einerseits eine behördliche Anordnung dar, die der Vermieter regelmäßig nicht zu vertreten hat, und bewirken andererseits regelmäßig eine nachhaltige Einsparung von Energie.[133]

2. Erweiterungs- und Umbaumaßnahmen

Veränderungs- bzw. bloße *Erweiterungsmaßnahmen* ändern die Mietsache bzw. erweitern sie in ihrer Fläche, ihrem Schnitt oder ihrer Größe. Früher[134] wurde dabei zwischen Erweiterungs- und sonstigen Modernisierungsarbeiten getrennt; es galt der alte Satz: „Umbau bzw. Ausbau ist keine Modernisierung."[135] Seit der Änderung des § 541b BGB a. F.[136] im Jahre 1993 stehen die Maßnahmen zur Schaffung neuen Wohnraums den Verbesserungsmaßnahmen – und damit den Modernisierungsmaßnahmen – gleich. Dies bedeutet: Erweiterungen wie Anbauten, Aufstockungen, Ausbau von Nebenräumen zu Wohnungen oder der Ausbau des Dachgeschosses können unproblematisch als Modernisierungsmaßnahmen gelten.

---

131 § 10 EnEV (2007), Anhang 5. Früher in § 9 EnEV (2004).

132 § 9 EnEV (2007), Anhänge 3 und 5. Früher in § 8 EnEV (2004).

133 So das KG, Urteil vom 20.4.2006 – 8 U 204/05, GE 2006, 714.

134 Vor dem 4. Mietrechtsänderungsgesetz, vgl. „Viertes Gesetz zur Änderung mietrechtlicher Vorschriften vom 21.7.1993", BGBl. I S. 1257.

135 AG Köln, Urteil vom 16.9.1983 – 221 C 146/83, WuM 1984, 220.

136 Der frühere § 541b BGB a. F. entspricht dem heutigen § 554 BGB n. F.

Umbauarbeiten hingegen verändern die Mietsache zwar, ohne sie aber zwingend zu verbessern. Will ein Vermieter beispielsweise schräge Wände begradigen, indem er neue Außenwände aufmauert, so übersteigt dies die Maßstäbe zu einer Gebrauchs- bzw. Wohnwertverbesserung[137] maßgeblich. Bei einer völligen Umgestaltung der Mietsache liegt deshalb richtigerweise keine Modernisierung vor.[138] Ebenso verhält es sich bei Flächenerweiterungen, die nicht unerheblichen Umfangs sind und deshalb, auch bei einer Vergrößerung, nicht mehr als reine Modernisierung angesehen werden können.[139] Hier sind die Grenzen im Einzelfall fließend und schwer zu ziehen.

3. Modernisierende Instandsetzung

In der Praxis kommt es häufig vor, dass erst modernisiert wird, wenn ohnehin Reparaturen oder Neuanschaffungen notwendig werden. Werden beispielsweise defekte, morsche oder luftdurchlässige einfachverglaste Fenster durch doppelverglaste ersetzt, z. B. Wärme- und Schallschutz, hinfällige Fassaden erneuert und dabei (spürbar) wärmegedämmt, oder defekte Elektroleitungen erneuert und gleichzeitig verstärkt, liegt sowohl Instandsetzung als auch Modernisierung vor.

Abhängig davon, ob die Maßnahmen als Modernisierung oder Instandhaltung zu werten sind, werden die modernisierungsrechtlichen Pflichten (und Rechte) ausgelöst. Für die Pflicht des Mieters zur Duldung der Maßnahmen ergeben sich zwar nur wenige Unterschiede, da § 554 Abs. 1 und 2 BGB in beiden Fällen von einer Duldungspflicht des Mieters ausgehen.[140] Falls der Vermieter eine Mieterhöhung nach § 559 BGB plant[141], muss der jeweilige Reparaturkostenanteil allerdings genau aufgeschlüsselt und von der Kostenrechnung abgezogen

137 Oben 1.b.

138 AG Köln, Urteil vom 16.9.1983 – 221 C 146/83, WuM 1984, 220.

139 So z. B. bei Baumaßnahmen, die die Fläche eines angemieteten Raumes um 17% vergrößern: LG Köln, Urteil vom 26.8.1992 – 10 S 139/92, NJW-RR 1993, 1161.

140 Vgl. Kap. 3 C. zur Duldungspflicht.

141 Vgl. unten Kap. 4 A.IV.

werden. Denn nur der „modernisierende Teil“ der Arbeiten ist für § 559 BGB relevant.[142]

II. Der Modernisierungsbegriff im französischen Mietrecht

Das französische Wohnraummietrecht unterscheidet bei den Modernisierungsarbeiten grundsätzlich nach Umfang und Ausmaß der Arbeiten. Auf der einen Seite stehen dabei solche (groß angelegte) Bauarbeiten, die die Benutzbarkeit der Mietsache (vorübergehend) völlig aufheben, sie also unbewohnbar machen (1). Auf der anderen Seite stehen Modernisierungsmaßnahmen im engeren Sinne, bei denen der Mieter in seinem Gebrauchsrecht zwar eingeschränkt wird, die Mietwohnung aber nicht zwingend verlassen oder vollständig räumen muss (2).

Die bauliche Veränderung der Mietsache wird dabei systematisch in den Artt. 11–15 des Gesetzes von 1948 zusammengefasst geregelt. Dem Wortlaut nach handelt es sich um Maßnahmen, die das Gebrauchsrecht des Mieters bzw. sein gesetzlich festgeschriebenes „Recht auf Raumnutzung“ („maintien dans les lieux“) einschränken. Das Recht auf Raumnutzung hat heute an Bedeutung verloren; geregelt wurde es im historischen Gesetz von 1948 vor dem Hintergrund der nach dem Zweiten Weltkrieg herrschenden Wohnungsnot.

Aus ihrer systematischen Stellung im 1. Titel des 1. Kapitels[143] folgt, dass es sich bei den vom Vermieter durchgeführten baulichen Veränderungen der Mietsache nicht um eine besondere Ausgestaltung des Eigentumsrechts des Vermieters handelt, sondern umgekehrt um die Einschränkung des gesetzlichen Anspruchs des Mieters auf „Aufrechterhaltung der Raumnutzung“. Dogmatisch gesehen handelt es sich deshalb auch nicht um das Recht des Vermieters, Baumaßnahmen durchführen zu dürfen, sondern um ein Recht, die Mietsache zu Bauzwecken (ausnahmsweise) vorübergehend zurücknehmen zu dürfen. Anders als in Deutschland geht das französische Mietrecht bis heute vom Regelfall eines *befristeten Mietverhältnisses* aus, so dass jede Störung, Unterbrechung

---

142 Dies muss dem Mieter in dem entsprechenden Erhöhungsschreiben auch ausführlich dargelegt werden, vgl.: LG Hamburg, Urteil vom 29.10.1999 – 311 S 114/99, NZM 2001, 620; LG Gera, Urteil vom 23.11.1999 – 10 S 441/99, NZM 2001, 620.

143 „Du maintien dans les lieux“.

oder Kündigung seitens des Vermieters vor Ablauf der Befristung eine Ausnahme darstellt.[144]

1. Neubau-, Umbau- und Erweiterungsmaßnahmen

Den in den Artikeln 11, 12 und 15 des Gesetzes von 1948 geregelten Baumaßnahmen ist gemeinsam, dass sie einerseits als Wertverbesserungsmaßnahmen gelten, es aber andererseits erfordern, dass der Mieter die Mietsache teil- bzw. zeitweise räumt und somit sein „Recht auf Raumnutzung“[145] – jedenfalls vorübergehend – aufgibt. Die zeitweise Unbewohnbarkeit der Mietsache, die mit der Durchführung dieser Arbeiten einhergeht, wurde angesichts der zur Entstehungszeit des Gesetzes vorherrschenden Wohnungsnot zur Verwirklichung des Ziels einer verbesserten Wohnraumsituation und damit Schaffung neuen Wohnraums in Kauf genommen. Als Ausfluss seines Rechts auf Raumnutzung kann der Mieter nach Abschluss dieser Arbeiten grundsätzlich verlangen, in das Gebäude bzw. die frühere Wohnung zurückziehen („droit à réintegration“). Aus heutiger Sicht spiet das „Rückzugsrecht“ des Mieters aber keine nennenswerte Rolle mehr, da ihn das Gesetz von 1989 umfassend schützt und der Gesetzgeber dem Vermieter vor geplanten Großbauarbeiten eine behördliche Baugenehmigung abverlangt.

a. (Teilweiser) Abriss zwecks Neuerrichtung

Art. 11 des Gesetzes von 1948 regelt zunächst den (teilweisen) Abriss des Gebäudes bzw. der Wohnung zum Zwecke eines späteren Wiederaufbaus zu Wohnzwecken. Es setzt voraus, dass das Gebäude zuvor gerade nicht zu Wohnzwecken, d. h. vermietet, genutzt wurde. Insofern bedarf es keines Mieterschutzes; es reicht eine einfache Abrissgenehmigung.[146] Sie wird erteilt, wenn der Wiederaufbau zu Wohnzwecken zugesagt wird, d. h. das Gebäude neu errichtet wird und – kumulativ – eine größere Wohnfläche sowie – kumulativ – eine größere

144 Auch das Rücknahmerecht („droit de reprise“) wurde vom Gesetzgeber als eine Einschränkung des nach dem Zweiten Weltkrieg aufblühenden Mieterschutzes angesehen. Sinn und Zweck des Gesetzes von 1948 war es, die massive Wohnungsnot zu bekämpfen.

145 „Droit au maintien“, vgl. weiter oben.

146 „ Permis de démolir“, geregelt ist das Verfahren zur Erteilung der Baugenehmigung in Art. L.430-1 ff., R.430-1 ff. C. Urb. und Art. L.631-7 CCH Ausführlich dazu auch *Lefebvre*, U.C., Ziff. 4400.

Anzahl von Wohnungen aufweist.[147] Andernfalls handelt es sich um eine Ausnahmegenehmigung, die in Ballungszentren mit Wohnungsnot nur widerwillig erteilt wird.[148] Hintergrund dieser Regelung ist das Ziel des Gesetzgebers, städtische Viertel zu erhalten, existierende Wohnviertel zu schützen und eine extensive Umwandlung von Wohngebäuden in Geschäfts- und Büroräume zu verhindern.

b. Anbau- und Erweiterungsmaßnahmen

Art. 12 des Gesetzes von 1948 trifft Anordnungen zu Anbaumaßnahmen des Vermieters zwecks Vergrößerung des Gebäudes zur Erweiterung des schon vorhandenen Wohnraums. Grundsätzlich bedarf auch die Aufstockung oder Erweiterung der Mietsache wie jede bauliche Tätigkeit einer zuvor erteilten Baugenehmigung. Die Maßnahmen werden genehmigt, wenn sich dadurch die Anzahl der vermietbaren Wohnungen oder der Komfort einzelner Wohnungen erhöht.[149]

Soll allerdings ein Neubau zu Wohnzwecken auf bisher unbewohnten, aber bereits vermieteten Freiflächen wie Höfen oder Mietergärten gebaut werden, so gilt das Verfahren des Art. 15 des Gesetzes von 1948. Hiernach ist es dem Vermieter erlaubt, die Fläche zwecks Schaffung neuen Wohnraums (erstmals) zu bebauen, selbst wenn die Fläche bereits vermietet war. Das Nutzungsrecht des Mieters wird insofern zugunsten einer Wohnraumbeschaffung von Gesetzes wegen zurückgestellt. Angesichts dessen muss der Vermieter hinsichtlich des bisherigen Mietzinses mit dem Mieter in Verhandlungen treten und einen neuen Mietpreis für die restliche Mietsache aushandeln.

c. Wiederinbesitznahme des Mieters

Da die in Artt. 11 und 12 des Gesetzes von 1948 geregelten Baumaßnahmen einen vorübergehenden oder auch langfristigen Auszug des Mieters erforderlich machen, berechtigt Art. 13 den Mieter nach Abschluss der Arbeiten in das Gebäude bzw. die frühere Wohnung zurückzukehren („droit à réintegration"). Dieses Rückzugsrecht stellt das Pendant zum Rücknahmerecht des Vermieters („droit de reprise") dar.

---

147 Art. 11: „[...] démolir un immeuble pour construire un autre immeuble d'une surface habitable supérieure et contenant plus de logements que l'immeuble démoli".

148 Ausführlich *Lefebvre*, U.C., Ziff. 4482.

149 Art. 12 Abs. 1: „[...] ayant pour objet d'augmenter la surface habitable, le nombre de logements ou le confort de l'immeuble".

Hiernach haben grundsätzlich alle Mieter, denen in Anwendung der Art. 11 und 12 die Wohnung entzogen wurde, und die nicht in einem Objekt, das die Voraussetzungen des Art. 13bis des Gesetzes erfüllt, untergebracht worden sind oder werden können, das Recht, in die ursprüngliche oder eine andere Wohnung in dem von den Baumaßnahmen betroffenen Gebäude zurück zu ziehen. Sichergestellt wird diese Rückzugsmöglichkeit dadurch, dass die Baubehörde die Baumaßnahmen des Vermieters nur unter der Voraussetzung, dass eine angemessene Unterbringung der Mieter gesichert ist, genehmigen. Die tatsächliche Realisierung von Rückzugsansprüchen war in der Praxis deshalb von Anfang an eher eine Ausnahme.

Mit Beendigung der Arbeiten ist dann der Vermieter verpflichtet, seine Mieter durch Einschreiben oder gerichtliche Zustellung aufzufordern, ihm innerhalb eines Monats mitzuteilen, ob von dem Rückzugsrecht Gebrauch gemacht wird. Für den Fall, dass die ursprüngliche Wohnung nach Abschluss der Baumaßnahmen nicht mehr (so) vorhanden ist, muss dem Mieter ein vergleichbares Objekt in demselben Gebäude angeboten werden. Nur wenn der Mieter das Angebot nicht fristgerecht annimmt oder er in Räume umgesetzt wurde, die den Voraussetzungen des Artikels 13 des Gesetzes von 1948 entsprechen, entfällt sein Rückzugsanspruch.

Wählt ein Mieter hingegen die endgültige Unterbringung in der ihm angebotenen Ersatzwohnung, entfällt sein Rückzugsanspruch. Zur Vermeidung von Nachteilen soll deshalb jede dem Mieter angebotene Ersatzwohnung den strengen Anforderungen der Artt. 13bis, 13ter und 13quater des Gesetzes von 1948 entsprechen. Der Ersatzwohnraum muss hiernach nicht nur den allgemeinen Mindestanforderungen an Mietwohnräumen genügen, sondern auch den persönlichen, familiären, ggf. beruflichen Bedürfnissen und sogar den wirtschaftlichen Möglichkeiten des Mieters zu entsprechen. Sie muss außerdem zwingend im näheren Umkreis der ursprünglichen Wohnung liegen, um die Vergleichbarkeit zu wahren.[150] Lehnt der Mieter den ordnungsgemäß angebotenen Ersatzwohnraum ab, entfällt wiederum sein Rückzugsanspruch. Wird ihm dagegen ein bewusst nicht den vorgenannten Kriterien entsprechender Ersatzwohnraum angeboten, macht sich umgekehrt der Vermieter haftbar.[151]

150 Art. 13bis.

151 Cour de Cassation, Civ. 3e, Urteil vom 6.11.1979, Receuil Dalloz 1980, Inf. rap. Ziff. 96.

2. Travaux d'amélioration

Lediglich in den Artikeln 7e und 17e des Gesetzes von 1989 ist die Rede von „travaux d'amélioration". Gemeint sind aber, in Abgrenzung zu den vorgenannten Baumaßnahmen, solche Arbeiten des Vermieters, die eine (sonstige) Wertverbesserung der Mietsache bewirken, ohne das Gebrauchsrecht des Mieters aufzuheben. Dies folgt aus dem systematischen Vergleich mit Art. 14 des Gesetzes von 1948. Auch wenn diese Vorschrift ebenfalls bei den „Rücknahmeansprüchen" des Vermieters[152] angesiedelt ist, handelt es sich letztlich doch nicht um einen solchen. Vielmehr kann ein Mieter bei den von Artikel 14 umfassten Arbeiten für die Dauer der Durchführung grundsätzlich in seiner Mietwohnung verbleiben. Seit Artikel 14 durch das spätere Modernisierungsmietengesetz L.64-1278 vom 23.12.1964 geändert wurde, wurde seine Anwendbarkeit auf alle Wohnraummietverhältnisse ausgeweitet.

a. Wortlaut des Gesetzes

Das für Wohnraummietverhältnisse primär geltende Gesetz von 1989 spricht in seinen Artt. 7e und 17e ausdrücklich von „travaux d'amélioration". Eine nähere Definition liefert das Gesetz hingegen nicht.

Dafür enthält Artikel 14 Abs. 1 des Gesetzes von 1948, seit seiner Änderung durch das Modernisierungsmietengesetz L. 64-1278 vom 23.12.1964 eine nähere Begriffsbestimmung dieser Wertverbesserungsarbeiten:

> *„Travaux (...) qui ont pour objet d'augmenter la surface habitable, le nombre de logements ou le confort de l'immeuble ou d'améliorer le confort d'un ou de plusieurs logements dudit immeuble".*[153]

Es handelt sich mithin um einen Sammelbegriff, der all diejenigen typischen Modernisierungsmaßnahmen umfasst, die das vorrangige Ziel verfolgen, neuen Wohnraum zu schaffen, den Zuschnitt und die Raumaufteilung zu vergrößern, den Wohnwert der Mietsache oder den Komfort eines oder mehrerer Wohnungen zu erhöhen. Eine nähere Definition liefert das Gesetz nicht.

b. Konkretisierung der Regierung

Im Zuge einer für notwendig erachteten dringenden Klarstellung brachte schließlich eine parlamentarische Anfrage an die französische Regierung im

152 Zuvor 1.

153 Art. 7 des Gesetzes L. 64-1278 vom 23.12.1964, eingefügt als Art. 14 Abs. 1 des Gesetzes von 1948.

Jahr 1992 die grundlegende und bis heute wichtigste Begriffsbestimmung. Der damalige Berichterstatter der Regierung für Mietenpolitik, Guy Malandain, antwortete auf die Frage nach einer Definition der im Gesetz von 1989 genannten „travaux d'amélioration" wie folgt:

> *„Travaux apportant un équipment nouveau, un service ou une qualité supérieurs au niveau des prestations existantes ou apportant une qualité permettant de diminuer de façon certaine les dépenses d'entretien et d'exploitation ou apportant une plus grande sécurité pour les biens comme pour les personnes."* [154]

Es handele sich um Maßnahmen, die die Mietsache mit einer besseren Ausstattung versehen, besseren Service oder einen höheren Komfort bringen, den Instandhaltungsaufwand der Mietsache verringern oder für Teile, das Gebäude selbst und/oder seine Bewohner erhöhte Sicherheit bedeuten.

c. Rechtsprechung

Die Reaktion der Rechtsprechung war vorhersehbar: Sie hat die von der Regierung frei gewählte Begriffsbestimmung eins zu eins übernommen und hält sich bis heute an diese Gesetzesinterpretation.[155] Dabei zieht die Rechtsprechung wie hierzulande eine strikte Grenze zwischen die Mietsache verbessernden oder sie erhaltenden Maßnahmen.[156]

> *„Les travaux d'amélioration ne peuvent pas être des interventions relevant de l'entretien courant ou constituant un rattrapage du défaut d'entretien, ou relevant de grosses réparations ou de gros entretien, ou encore, contribuant au maintien de la sécurité existante."* [157]

---

154 Réponse ministerielle, 9. Legislaturperiode, Anfrage Nr. 51417, Anfrage im JO vom 16.12.1991, S. 5151; Antwort im JO vom 6.4.1992, S. 1623, Malandain Guy (SOC) – Yvelines, Berichterstatter in der Nationalversammlung zu den Mietsondergesetzen von 1982 und 1989.

155 Ausdrücklich diese Definition bestätigend z. B.: CA Paris, Urteil vom 29.1.1992, Loyers et copr. 1992, Nr. 196 ; CA Paris, Urteil vom 3.11.1992, Loyers et copr. 1993, Nr. 83 ; CA Paris, Urteil vom 24.2.1993, Loyers et copr. 1993, Nr. 206.

156 CA Paris, Urteil vom 29.1.1992, Loyers et copr. 1992, Nr. 196 ; CA Paris, Urteil vom 13.2.1996, Loyers et copr. 1996, Nr. 243, wonach dies auch für Reparaturarbeiten nach dem Dekret Nr. 87-149 vom 6.3.1987 gilt, die eine Bewohnbarkeit der Mietsache überhaupt erst begründen.

157 CA Paris, Urteil vom 29.1.1992, Loyers et copr. 1992, Nr. 196.

Diejenigen Maßnahmen, zu denen der Vermieter im Rahmen seiner Instandhaltungspflicht ohnehin gesetzlich verpflichtet ist, können demzufolge nicht Wertverbesserungsmaßnahmen sein.

d. Dekret Nr. 64-1356 vom 30.12.1964

Das Dekret Nr. 64-1356 des französischen Verfassungsrates vom 30.12.1964 benennt, auf Grundlage des Art. 14 Abs. 2 des Gesetzes von 1948, eine Reihe von Einzelmaßnahmen, die ohne Weiteres auch heute noch zu den vom französischen Modernisierungsbegriff umfassten Maßnahmen gehören. Darin werden als wertverbessernde Arbeiten aufgelistet:

- Die Installation eines Wasser-, Gas- und Elektrizitätssystems in der Wohnung;
- der Einbau eines Badezimmers mit Dusche/WC bzw. eines Badezimmers mit separatem WC, jeweils mit Kalt- und Warmwasserversorgung;
- der Einbau einer zentralen Heizungsanlage;
- der Einbau eines zentralen Abwassersystems;
- und alle sonstigen Arbeiten, die eine Verbesserung dieser Ausstattungen/Einrichtungen bewirken.

Die Rechtsprechung hat, unter Berücksichtigung der zwischenzeitlichen Konkretisierung des Modernisierungsbegriffs der französischen Regierung, beispielsweise den (erstmaligen) Einbau eines elektronischen Türschlosses[158] oder den Einbau einer elektronischen Zugangskontrolle zu privaten Parkplätzen[159] unproblematisch als Modernisierungsmaßnahme anerkannt. Nicht als Modernisierung gilt dagegen beispielsweise der bloße, wenn auch erstmalige, (Neu-)Anstrich der Hausfassade, die Einholung eines Kostenvoranschlags für geplante Arbeiten, der Austausch kaputt gegangener Gebäudeteile, Steine, Dachziegeln oder Mauerwerke, die Sanierung bzw. Aufarbeitung eines herunter gekommenen Hauseingangsbereiches, die Reparatur defekter Elektroleitungen, oder eine (erstmalige!) Installation der grundlegenden Elektrik.[160] Auch nicht als

158 CA Paris, Urteil vom 16.9.1994, a.a.O. und Urteil vom 10.11.1994, a.a.O.

159 CA Paris, Urteil vom 3.11.1992, Loyers et copr. 1993, Nr. 83.

160 Alle: CA Paris, Urteil vom 16.9.1994, Loyers et copr. 1994, Nr. 460. Das Gericht hatte seine Entscheidung schon auf die Begriffsinterpretation aus der „réponse ministerielle" gestützt.

Modernisierung gelten die Umrüstung eines Heizölkessels auf Gasbetrieb[161], die Anbringung einer Fensterfront[162] oder der Einbau von Aufzugstüren[163].

e. Travaux d'adaptation

Ausdrücklich stellen nach Art. 14 Abs. 5 des Gesetzes von 1948 auch solche Maßnahmen Wertverbesserungsarbeiten dar, die eine Aufteilung der Räume bzw. eine Änderung des Zuschnitts der einzelnen Wohnung bewirken („Travaux d'adaptation"). Sie schaffen neuen Wohnraum und bewirken eine erweiterte und verbesserte Nutzungsmöglichkeit der vorhandenen Wohnflächen für den Mieter. Anders als die in den Artt. 11 ff. geregelten Baumaßnahmen zur Vergrößerung und Verbesserung der Mietsache heben diese das Nutzungsrecht des Mieters jedoch nicht auf.

Veränderungen der Raumaufteilung, des Grundrisses bzw. des Raumzuschnitts gelten nur dann als Modernisierung, wenn die Mietwohnung deshalb schlechter vermietet werden kann oder grundsätzlich im Verhältnis zu dem sonst vorhandenen Wohnraum unterbelegt ist („occupation insuffisante"). Dies liegt beispielsweise vor, wenn der Flurbereich der Wohnung überproportional groß ist im Vergleich zu der (kleineren) Größe der Wohnräume, so dass eine optimale Nutzung der Wohnung nicht möglich ist. Die Maßnahmen müssen insofern eine „Anpassung" an üblichere Raumgrößen darstellen.[164] Ob ein Zuschnitt tatsächlich ungünstig ist, muss von der örtlichen Baubehörde im Vorfeld offiziell festgestellt und bestätigt werden. Das Verfahren der Feststellung richtet sich wegen des Verweises aus Art. 10-7 des Gesetzes von 1948[165] nunmehr nach Art. L.621-2 und R.641-4 CCH.[166]

---

161 CA Paris, Urteil vom 10.11.1994, Loyers et copr. 1995, Nr. 148.

162 CA Paris, Urteil vom 30.5.1995, Loyers et copr. 1995, Nr. 407.

163 Hier behaupteten die Kläger, es liege eine Verbesserung der Sicherheit vor. Das Gericht sah den Einbau von Aufzugstüren aber als Instandsetzung an, da dies zu den üblichen Sicherheitsvorschriften gehöre: CA Paris, Urteil vom 10.11.1994, Loyers et copr. 1995, Nr. 149.

164 Sie werden als „travaux d'adaptation" bezeichnet.

165 In Art. 10 des Gesetzes von 1948 werden elf Fallgruppen benannt, nach denen das „Recht des Mieters zur Raumnutzung" grundsätzlich entfällt bzw. von Vornherein nicht besteht. Fallgruppe 7 betrifft dabei die Unterbelegung der Mietsache.

166 Das Verfahren richtet sich nach einem Art. 10 Abs. 7 ausführenden Dekret, das sich aber inzwischen in Art. R.641-4 CCH befindet.

D. Vergleich

I. Verbesserung statt Erhaltung

Beide Rechtsordnungen trennen innerhalb der baulichen Maßnahmen im Mietverhältnis strikt zwischen solchen Maßnahmen, die die Mietsache in ihrem vertragsgemäßen Zustand erhalten und solchen, die sie in ihrem Wert für den Mieter verbessern sollen. Während erstere zu den vertraglichen Hauptleistungspflichten des Vermieters zählen, stellen letztere darüber hinaus gehende zusätzliche Maßnahmen dar, die sich allein danach bemessen, ob sie eine objektive Wertsteigerung bewirken.

Innerhalb der Erhaltungsmaßnahmen wird zwar gesetzlich nicht näher zwischen Instandhaltung oder Instandsetzung differenziert. Beide Mietrechte gehen allgemein von ‚Reparaturarbeiten' aus und meinen Instandhaltung präventiver Art zur Vermeidung von Abnutzungsschäden und Instandsetzung als nachträgliche Wiederbeschaffungsmaßnahme.

Erhebliche Abweichungen zwischen beiden Rechtsordnungen ergeben sich allerdings bei den kleineren, durch vertragsgemäßen Gebrauch entstandenen Schäden an der Mietsache. Diese so genannten Schönheitsreparaturen sind nämlich in Deutschland gesetzlich überhaupt nicht geregelt. Der französische Gesetz- und Verordnungsgeber weist dagegen solche Kleinstreparaturen von Vornherein den Mietern zu und liefert die detaillierte Auflistung aller hiervon umfassten Maßnahmen und (Wohn-)Bereiche in einem Dekret gleich mit. Etwas Vergleichbares findet sich im deutschen Wohnraummietrecht nicht.

Hierzulande überlässt es der Gesetzgeber stattdessen den Kräften des Marktes und damit dem legitimen Gewinnstreben des Vermieters, sich seiner Hauptleistungspflichten insoweit zu entledigen, als dies von der Rechtsprechung für zulässig erachtet wird. Nur so ist zu erklären, dass die Abwälzung der Schönheitsreparaturen inzwischen gängige Mietrechtspraxis ist. Folge der regelmäßig vom Vermieter im Wege vorgefertigter Vertragsklauseln auferlegten Überbürdung auf den Mieter ist allerdings, dass von der Rechtsprechung umfangreiche AGB-Kontrollen durchgeführt werden müssen. Das Ergebnis ist schließlich eine nicht enden wollende Einzelfallrechtsprechung. Sie führt nicht nur bei juristischen Laien zu Unübersichtlichkeit; sie führt auch zu unerwünschter Rechtsunsicherheit.

Andererseits erscheint auf dem ersten Blick auch der Weg des französischen Verordnungsgebers, gleich von Vornherein alle denkbaren und dem Machtbereich des Mieters zuzuordnenden Maßnahmen en Detail aufzulisten, nicht viel überzeugender. Unklar ist, ob die mit dem Dekret beabsichtigte Entlastung der Rechtsprechung tatsächlich eingetreten ist, was nicht nachgewiesen werden kann. Das französische Wohnraummietrecht ist in diesem für die Vertragsparteien praktisch relevanten Punkt aber zumindest verständlicher und schon deshalb begrüßenswert. Frankreich hat damit in diesem Bereich, anders als Deutschland, sein Wohnraummietrecht in Grundsatz und Ausnahme den Gegebenheiten der Realität angepasst.

II. Verwirklichung staatlicher Zielvorgaben

Auf eine Legaldefinition der Modernisierung haben beide Gesetzgeber verzichtet. Stattdessen enthalten die Wohnraummietrechte (lediglich) eine Aufstellung typisierter Sammelkataloge, unter die die jeweilige Maßnahme im Einzelfall einzuordnen ist. Anders als bei Modernisierungsmaßnahmen stellt die Durchführung von Erhaltungsmaßnahmen eine gesetzliche Hauptleistungspflicht dar. Während sich also der Umfang der Erhaltungsmaßnahmen in beiden Rechtsordnungen, einmal abgesehen von dem in Frankreich zwingenden Mindestkomfort der Wohnung, ausschließlich nach dem vertraglich festgelegten Zustand bei Übergabe der Mietsache bzw. nach dem vereinbarten Gebrauch bemisst, sind Modernisierungen freiwillige Arbeiten des Vermieters, deren Umfang, mit Ausnahme der in Deutschland zwingend vorgeschriebenen Sanierungsarbeiten nach der EnEV, gesetzlich nicht vorgeschrieben wird. In Ermangelung einer Legaldefinition werden diese allein danach bemessen, ob sie in die typisierten gesetzlichen Maßnahmenkataloge eingeordnet werden können.

Modernisierung kann nur vorliegen, wenn der Mieter an ihr teilhat. So lange die Maßnahmen sich nicht direkt auf die Wohnung des Mieters beziehen, müssen sie sich zumindest steigernd auf den allgemeinen Wohnwert oder den Wohnkomfort beim Mieter auswirken. Dies bemisst aber sich nicht nach dem individuellen Geschmack des Mieters, und erst recht nicht nach demjenigen des Vermieters. Vielmehr kommt es nach dem Willen beider Gesetzgeber allein darauf an, ob ein verobjektivierter Mieter, d. h. ein „Durchschnittsmieter" in der Baumaßnahme eine Wertverbesserung sehen würde oder nicht. Damit wird einer Kategorisierung allein nach subjektiven Kriterien vollständig die Absage erteilt.

Das Fehlen einer Legaldefinition führt naturgemäß zu Ermessensspielräumen, deren Ausfüllung der Rechtsprechung zugewiesen bleibt. Das Modernisierungsrecht ist daher wie kaum ein anderer Teil des Mietrechts von Einzelfallentscheidungen der Rechtsprechung geprägt.[167] Die damit einher gehenden Rechtsunsicherheiten haben die Gesetzgeber aber bewusst zugunsten eines breiter angelegten Modernisierungsbegriffs in Kauf genommen. Ein Blick auf die in den Maßnahmenkatalogen genannten Fallgruppen zeigt, dass sich das staatliche Interesse letztlich darauf richtet, dass mit der Maßnahme wahlweise entweder:

- Wohnraum geschaffen wird, sei es durch Umbau, Anbau, Erweiterung oder Optimierung;
- Energie eingespart wird, sei es durch Senkung des Energieverbrauchs oder durch Einsparung von Energieressourcen;
- der Wohnkomfort gesteigert bzw. die Wohnsicherheit erhöht wird.

Trotz der genannten Differenzen im Detail, zeigt sich im Ergebnis, dass die beiden Rechtsordnungen in ihren Begrifflichkeiten letztlich übereinstimmen. Nennenswerte Unterschiede lassen sich dabei nicht feststellen. Die Länder verfolgen mit der verobjektivierten Wertverbesserung identische staatliche Interessen, indem sie an den Modernisierungsbegriff anerkannte umweltpolitische, sozialpolitische und wohnungspolitische Ziele knüpfen.

167 Vgl. der Begriff „Karlsruher Mietrecht“, *Börstinghaus*, NZM 2007, 897 (909). Französische Kommentatoren sprechen vom französischen Wohnraummietrecht als ein für den Laien kaum mehr zu durchschauendes „labyrinthe“ mit der „complexité d'une législation marquée par les changements d'idéologie“, zit. n. dem Code des Baux, Commentaire Joël Monéger, Introduction des Baux d'Habitation.

3. Kapitel: Rechte und Pflichten der Vertragsparteien

A. Zulässigkeit einseitiger baulicher Veränderungen

I. Pacta sunt servanda

Die einseitige Veränderung der des Vertragsgegenstandes oder der vertraglichen Vereinbarungen ist nach dem allgemeinen Grundsatz „pacta sunt servanda“[168] unzulässig. Soweit es sich also nicht um reine Instandhaltung oder Instandsetzung in Erfüllung der gesetzlichen Hauptleistungspflichten handelt, sind jegliche bauliche Veränderungen der Mietsache verboten. Hierzu bedarf es vielmehr der Zustimmung der anderen Vertragspartei. Dies haben die Gesetzgeber hierzulande in den §§ 145 ff., 535 BGB geregelt und in Frankreich schon im Code Civil, Artikel 1723. Letzterer stellt auf die Sichtweise des Vermieters ab; dagegen regelt Art. 7f des Gesetzes von 1989 die Zustimmungspflicht bei baulichen Veränderungen für den Mieter.

II. Modernisierung als Ausnahme

Anders als sonstige wesentliche bauliche Veränderungen an der Mietsache werden Modernisierungsmaßnahmen sowohl nach hiesiger, als auch nach französischer Rechtslage für zulässig erachtet. Im BGB stellt dies § 554 Abs. 2 BGB klar, im Gesetz von 1989 regelt Artikel 7e) die Zulässigkeit.

Mit Ausnahme der in Deutschland zwingenden Vorgaben aus der EnEV, kennen die Rechtsordnungen auch keine Verpflichtung zur Durchführung von Modernisierungsarbeiten. Anders als die Pflicht zur Durchführung von Erhaltungsmaßnahmen stellt die Wertverbesserung der Mietsache losgelöst von vertraglichen Regelungen eine grundsätzlich der freien Entscheidung des Eigentümers und Vermieters unterliegende Leistungserweiterung dar.

Hat sich der Vermieter einmal für die Durchführung der Verbesserungsmaßnahmen entschieden, hängt ihre Zulässigkeit losgelöst von den mietrechtlichen Vorgaben dann als allererstes von einer öffentlich-rechtlichen Genehmigungsfähigkeit ab. Denn jede Baumaßnahme bedarf der behördlichen Genehmigung. Hierzulande ist für die Erteilung der Baugenehmigung regelmäßig die Bauauf-

168 „Verträge sind zu halten“, lat., Prinzip der Vertragstreue.

sichtsbehörde der kommunalen Gebietskörperschaft zuständig.[169] In Frankreich ist dies der zuständige„ministre de la construction“ oder „préfet“, wie sich auch schon aus einem im Mietrecht verankerten Verweis ergibt.[170] Der Verweis auf die Genehmigungsbedürftigkeit der geplanten Maßnahmen hat jedoch nur Klarstellungsfunktion: Das Verfahren ist auch in Frankreich dem öffentlichen Baurecht des Code de l'Urbanisme[171] vorbehalten.[172]

Bemerkenswert ist in diesem Zusammenhang das als „Ausnahme“ konstruierte Dekret Nr. 64-1356 vom 30.9.1964, wonach bestimmte Modernisierungsarbeiten, obwohl sie Bauarbeiten sind, ausnahmsweise keiner Baugenehmigung bedürfen. Dies sind die oben in Kap. 2 C.II.2.d. genannten Maßnahmen. Sie dürfen somit jederzeit vom Vermieter auch ohne behördliche Genehmigung durchgeführt werden.

B. Planungsphase

Wenn dem Vermieter die ggf. erforderliche Baugenehmigung erteilt wurde, darf er die geplanten Maßnahmen an und in der Mietsache durchführen, auch wenn sie vermietet ist. Das Wohnraummietrecht verpflichtet ihn in der Phase vor dem ersten Spatenstich zur Information und Unterrichtung aller Mieter.

I. Ankündigungspflicht des Vermieters nach § 554 Abs. 3 BGB

Nach der gesetzlichen Anordnung des § 554 Abs. 3 BGB muss die Modernisierung rechtzeitig im Voraus angekündigt werden .

169 Vgl. die jeweiligen Bauordnungen der einzelnen Bundesländer.

170 „Autorisation préalable du ministre de la construction“, in Artt. 10, 11 Abs. 1, Art. 12 Abs. 1, Art. 14 Abs. 1 des Gesetzes von 1948.

171 Artt. L.421-1 ff.; R.421-1 ff. C. Urb., insbesondere Artt. L.430-7, R.430-1 und A.430-2 C. Urb. Hierzulande verweisen die Landesbauordnungen regelmäßig auf die Normen des Bundesbaugesetzes (BauGB) und sonstiges öffentlich-rechtliches Baunebenrecht.

172 Das Baugenehmigungsverfahren wurde erst kürzlich gesetzlich neu geregelt: Die aufgrund des Gesetzes L.2004-1343 vom 9.12.2004 von der Regierung erlassene Ordonnance Nr. 2005-1527 („relative au permis de construire et aux autorisations d'urbanisme“) vom 8.12.2005 (JO Nr. 286 vom 9.12.2005, S. 18997) vereinfachte zum 1.10.2007 das Baugenehmigungsverfahren. Seitdem existieren nur noch drei Varianten der Baugenehmigung (statt vorher elf): Die Baugenehmigung zwecks Errichtung, zwecks Umbau/Anbau, und zwecks Rückbau (Abrissgenehmigung).

1. Inhalt, Form, Frist

Der Vermieter hat hiernach grundsätzlich allen Mietern mitzuteilen,
- welche Arbeiten bzw. welche Art von Arbeiten durchgeführt werden,
- welchen Umfang diese Arbeiten haben werden,
- wann diese Arbeiten beginnen werden,
- die Dauer, und
- ob und in welcher Höhe eine Mieterhöhung zu erwarten ist[173].

Mit der Art der Maßnahme sind deren Gegenstand und die zu erwartenden Auswirkungen auf die Wohnung des Mieters gemeint. Zwar spricht das Gesetz im Gegensatz zur alten Fassung[174] auch beim *Umfang* ausdrücklich von „voraussichtlich", dies wird aber – entgegen der Gesetzesbegründung[175] – bislang von den Gerichten nur teilweise als wirkliche Erleichterung der Anforderungen an die Information des Vermieters gesehen. Teilweise wird aus Mieterschutzgründen gefordert, dass der Vermieter zumindest alles Zumutbare unternimmt, um den Mieter bereits zum Zeitpunkt der Ankündigung umfassend informieren zu können.[176] Ungefähre Angaben wie z. B. „im Sommer" oder zum „baldigen"

---

173 Soll die Miete trotz der Modernisierungsarbeiten nicht erhöht werden, entfällt die Pflicht: BayObLG, Beschluss vom 13.11.2000 – RE-Miet 1/00, NZM 2001, 89.

174 So § 541b Abs. 2 BGB a. F. in dem noch von „Art, Umfang, voraussichtlicher Dauer und zu erwartender Mieterhöhung" die Rede war.

175 BT-Drs. 14/4553, S. 49-50 „Vermieter muss nur jene Tatsachen mitteilen, die ihm bereits bei der Ankündigung bekannt sind oder die er absehen kann. Damit soll insbesondere auch dem Umstand Rechnung getragen werden, dass der Vermieter zu dem vom Gesetz vorgeschriebenen Mitteilungszeitpunkt zu präziseren Angaben häufig noch nicht in der Lage sein wird. Dies gilt umso mehr, als die Mitteilungsfrist auf drei Monate verlängert wird."

176 Beim Heizungseinbau werden z. B. genaue Angaben über Anzahl, Bauart, Heizleistung und den Ort der Aufstellung der Heizkörper, die voraussichtlichen zusätzlichen Heizkosten (str.), nach Möglichkeit sogar unter Beifügung genauer Baupläne, gefordert, LG Hamburg, Teilurteil vom 6.10.1989 – 11 S 125/89, WuM 1990, 18 „damit der Mieter die Möbel entsprechend stellen kann"; teilweise einschränkend: LG Berlin, Urteil vom 8.6.1989 – 62 S 476/88, GE 1990, 765. Nicht notwendig ist offenbar die Angabe der Außenmaße der neuen Heizkörper: LG Berlin, Urteil vom 21.3.2005 – 67 S 433/03, MM 2005, 262. Notwendig wiederum die Angabe des Verlaufs neuer Rohre: AG Neukölln, Urteil vom 13.8.2004 – 18 C 402/03, GE 2004, 1458. Lange Zeit war auch unklar, ob zusätzlich noch eine Wärmebedarfsberechnung erforderlich ist, wie sie häufig im Rahmen des alten § 3 MHRG und auch des heutigen § 559 BGB verlangt wurde und wird: So noch KG, Beschluss vom 17.8.2000 – 8 RE-Miet 6159/00, NZM 2000, 1049; LG Berlin, Urteil vom 27.10.2000 – 64 S 1/00, NJOZ 2001, 1811. Seit einem ablehnenden Rechtsentscheid des BGH (Beschluss vom 10.4.2002 – VIII ARZ 3/01, NZM 2002, 519) dürfte jedoch Einiges gegen eine solche Pflicht sprechen (dies bestätigend: LG Halle/Saale, Urteil vom 8.8.2002 – 2 S 42/01, ZMR 2003, 35).

Beginn der Modernisierungsmaßnahmen genügen jedenfalls nicht.[177] Ebenso wenig ausreichend soll die Angabe „in spätestens 3 Monaten"[178] oder „ca. 2–3 Monate"[179] sein.

Bei komplexen Arbeiten muss in der Ankündigung die voraussichtliche Dauer jeder einzelnen Baumaßnahme separat angegeben werden.[180] Ideal ist die Benennung der Kalenderwochen, da häufig genaue Tagesangaben nicht eingehalten werden können, eine Angabe in Monaten jedoch der Bestimmtheit nicht genügen würde. Im Falle einer erheblichen Verzögerung wird eine neue Mitteilung erforderlich.[181]

Der Vermieter muss, wenn er dies vorsieht, zwingend auch die nach § 559 BGB zu erwartende Mieterhöhung ankündigen. Die betragsmäßige Erhöhung – vgl. dazu unten D.I.2. – muss wiederum so präzise wie möglich angegeben werden, wobei die Anforderungen in der Praxis schwanken. Zum Teil wird eine Ankündigung erwartet, in der die Mieterhöhung schon nach einzelnen Maßnahmen und Erhöhungsbeträgen pro Quadratmeter Wohnfläche aufzuschlüsseln ist.[182] Regelmäßig reicht es aber in diesem Verfahrensstadium, nur den voraussichtlichen neuen Endbetrag der Miete zu beziffern, ggf. unter Nennung eines Betrages, um den sich die endgültige Miete äußerstenfalls noch erhöhen kann.[183]

Die Unterrichtung des Mieters muss mindestens in Textform[184] gemäß § 126b BGB erfolgen. Bei mehreren Vermietern müssen alle das Schreiben unterzeichnen.[185] Die Ankündigung muss als Willenserklärung nachweisbar auch allen

---

177 LG Köln, Urteil vom 27.8.1996 – 12 S 144/96, WuM 1997, 212 „genauest mögliche Benennung"; LG Berlin, Urteil vom 28.4.1986 – 61 S 368/85, GE 1986, 747 (749); LG Berlin, Beschluss vom 17.2.1987 – 64 S 118/86, GE 1987, 521 (523); LG Hamburg, Urteil vom 22.8.1991 – 334 S 48/91, WuM 1992, 121.

178 AG Köln, Urteil vom 22.12.2004 – 203 C 391/04, MietRB 2005, 89.

179 LG Berlin, Beschluss vom 17.2.1987 – 64 S 118/86, GE 1987, 521 (523).

180 AG Mitte, Urteil vom 17.11.2004 – 21 C 120/04, GE 2005, 1133 unter ausdrücklicher Aufgabe der vorhergehenden, anders lautenden Rspr.; vgl. auch: LG Hamburg, Urteil vom 7.10.2004 – 333 S 59/03, WuM 2005, 60: „Notwendigkeit der Darstellung aller einzelnen Etappen bei umfangreichen Modernisierungsmaßnahmen".

181 LG Berlin, Urteil vom 28.11.1988 – 61 S 166/88, GE 1989, 415 (417).

182 LG Berlin, Urteil vom 28.9.1984 – 64 S 185/84, GE 1985, 1033.

183 Vgl. LG Fulda, Urteil vom 24.1.1992 – 1 S 173/91, NJW-RR 1992, 658.

184 Die Ankündigung muss lesbar, die Person des Absenders muss angegeben und der Abschluss der Erklärung erkennbar gemacht sein. Damit ist die Form also beispielsweise gewahrt, wenn die Ankündigung als Kopie, Fax, Computer-Fax oder Email eingeht und statt mit einer persönlichen Unterschrift mit dem Zusatz „gez." endet.

185 LG Mannheim, Urteil vom 19.3.1986 – 4 S 150/85, WuM 1987, 385 f.

Mietern zugehen.[186] Wird der Vermieter durch eine Hausverwaltung, ein Facility Management oder einen Rechtsanwalt vertreten, muss eine *Original*vollmacht beigefügt sein.

Umstritten ist, ob im Falle von wochen- und monatelangen Bauarbeiten jeder Mieter separat unter Aufschlüsselung der einzelnen Wohnungen auch über die auf ihn zukommenden Kosten informiert werden muss.[187] Nicht abschließend geklärt ist daneben die Frage, ob diese Erklärungen allesamt notwendigerweise in einem einzigen Schreiben erfolgen müssen.[188] Bedeutsam ist dies für die Frage, ob die Ankündigungsfrist eingehalten wurde. Daran knüpft sich – wie weiter unten gezeigt – der Fristlauf für die möglichen Gegenrechte des Mieters an.

Die Ankündigung der Maßnahmen muss mindestens *drei Monate im Voraus* erfolgen, § 554 Abs. 3 S. 1 BGB[189], wobei es sich um eine Mindestfrist handelt. Dadurch soll es dem Mieter ermöglicht werden, die eventuelle Geltendmachung seiner Gegenrechte zu prüfen.[190]

2. Ausnahmen

Die Ankündigung ist entbehrlich, wenn der Mieter der bevorstehenden Modernisierung schon im Vorfeld wirksam zugestimmt hat[191] oder ihr nachträglich wirksam zustimmt.[192] Jeder Verzicht des Mieters auf die Ankündigung ist in

---

186 Ein bereits ausgezogener Mieter, der trotzdem im Vertrag wirksam als Mieter benannt ist, haftet für Ansprüche aus dem bestehenden Mietverhältnis als Gesamtschuldner neben dem/den anderen Mieter(n). Soll er ggf. für die Modernisierung in Anspruch genommen werden, muss er ebenfalls die Ankündigung erhalten.

187 Dagegen: LG Fulda, Urteil vom 24.1.1992 – 1 S 173/91, NJW-RR 1992, 658 f.; dafür: LG Berlin, Urteil vom 17.1.1991 – 61 S 202/90, GE 1991, 251.

188 Dafür: LG Berlin, Urteil vom 28.9.1984 – 64 S 185/84, GE 1985, 1033; LG Hamburg, Beschluss vom 30.11.2000 – 307 S 140/00, NZM 2001, 332; dagegen: LG Berlin, Urteil vom 30.8.1985 – 29 S 47/85, GE 1985, 1099; LG Berlin, Urteil vom 8.6.1989 – 62 S 476/88, GE 1990, 765.

189 In der alten Fassung (§ 541b BGB a. F.) war eine Zweimonatsfrist festgelegt.

190 Vgl. unten E.I.

191 LG Berlin, Urteil vom 14.11.1989 – 64 S 237/89, GE 1990, 315.

192 Die „Zustimmung" kann auch darin liegen, dass der Mieter die Arbeiten ggf. einfach „hinnimmt", vgl. KG, Beschluss vom 1.9.1988 – 8 RE-Miet 4048/88, GE 1988, 993; OLG Stuttgart, RE vom 26.4.1991 – 8 RE-Miet 2/90, NJW-RR 1991, 1108.

Formularverträgen, jedenfalls für Wohnraum, wegen § 554 Abs. 5 BGB unwirksam.[193]

Daneben enthält § 554 Abs. 3 S. 3 BGB auch eine sogenannte Bagatellklausel. Es bedarf hiernach keiner Ankündigung, wenn die geplanten Maßnahmen nur eine geringfügige Einwirkung auf die vermieteten Räume bedeuten und deshalb zugleich auch nur zu einer unerheblichen Mieterhöhung führen (können).[194] Die Rechtsprechung bejaht dies, wenn die Mieterhöhung nicht mehr als 5 % der bisherigen Nettokaltmiete ausmacht.[195] Maßnahmen können sein der Austausch von einfachen Heizkörperventilen gegen Thermostatventile[196], der erstmalige Einbau einer Klingelanlage[197] oder einer Antennensteckdose[198], oder der Anschluss der Wohnung an das Breitbandkabelnetz.[199] Anders bei einem An- oder Einbau eines Aufzugs im Treppenhaus[200] oder beim Legen von Heizungs- oder Wasserrohren durch das Treppenhaus und die Wohnung[201]. In jedem Fall aber muss der Vermieter auch diese Bagatellarbeiten zumindest eine angemessene Zeit vorher ankündigen. Etwa 4–6 Wochen sollen aber ausreichen. Fallen mit den geplanten Arbeiten erhebliche und unerhebliche Modernisierungsmaßnahmen zusammen, sind auch letztere im Rahmen der normalen Dreimonatsfrist (mit) anzukündigen.

3. Folgen eines Verstoßes

Die vollständige und rechtzeitige Ankündigung der Modernisierung ist Voraussetzung für die *Entstehung* und *Fälligkeit* der Duldungspflicht des Mieters aus § 554 Abs. 2 S. 1 BGB, vgl. unten C.I. Andernfalls läuft der Vermieter nicht nur

193 LG Duisburg, Urteil vom 10.5.2000 – 23 S 74/00, NZM 2000, 1000.

194 Die Unerheblichkeit bemisst sich im Verhältnis zum bereits geschuldeten Mietzins, AG Rheine, Urteil vom 22.7.2008 – 14 C 54/07, WuM 2008, 491 f.

195 LG Berlin, Urteil vom 15.4.1986 – 64 S 387/85, GE 1986, 751; LG Berlin, Urteil vom 1.8.1991 – 62 S 93/91, NJW-RR 1992, 144.

196 LG Berlin, Urteil vom 15.4.1986 – 64 S 387/85, GE 1986, 751.

197 AG Charlottenburg, Urteil vom 31.10.1988 – 18 C 353/88, GE 1989, 683.

198 LG Berlin, Urteil vom 13.9.1985 – 64 S 239/84, DWW 1985, 286.

199 AG Hamburg, Urteil vom 25.7.1990 – 41 C 669/90, WuM 1990, 498.

200 LG München I, Urteil vom 14.1.1998 – 14 S 8271/97, WuM 1998, 109.

201 LG Berlin, Beschluss vom 18.2.1986 – 64 T 2/85, GE 1986, 609.

Gefahr, trotz eines an sich berechtigten Verlangens die Duldungspflicht zunichte zu machen. Auch die anschließende Mieterhöhung bleibt ihm dann unter Umständen verwehrt.[202] Umgekehrt wiederum macht sich der Mieter gegebenenfalls schadenersatzpflichtig, wenn er trotz rechtzeitiger und vollständiger Mitteilung der Modernisierungsmaßnahmen die Durchführung der dann fälligen Maßnahmen verzögert.[203]

II. Ankündigungspflicht des Vermieters nach Art. 14 des Gesetzes L.48-1360

1. Inhalt, Form, Frist

Das französische Mietrecht regelt die Ankündigungspflicht des Vermieters in Art. 14 Abs. 3 des Gesetzes von 1948. Die Frist beträgt ebenfalls mindestens drei Monate im Voraus. Allerdings muss der Vermieter zwingend als Mittel der späteren Beweiserleichterung im Falle einer prozessualen Auseinandersetzung die Ankündigung durch eingeschriebenen Brief oder alternativ im Wege gerichtlicher Zustellung vornehmen.[204]

In all jenen Fällen, in denen die geplanten Maßnahmen nicht nur gemeinschaftliche Anlagen oder Bereiche, sondern (jedenfalls auch) die konkrete Wohnung des Mieters betreffen, muss das Ankündigungsschreiben zusätzlich den Wortlaut der Artikel 14 und 59bis des Gesetzes von 1948 enthalten. Die Integrierung des vollständigen Gesetzeswortlauts dient dem Schutz des Mieters, da das Gesetz eine umfassende Duldungspflicht vorsieht, die über das rein passive Geschehenlassen hinausgeht und auch ein aktives Mitwirken umfassen kann.[205] Mieter sollen daher rechtzeitig über ihre Rechte und Pflichten[206] bei Durchführung der Arbeiten informiert sein.

---

202 Die Formulierung „hat (...) anzukündigen" wird von der Rspr. als unabdingbare Voraussetzung angesehen, vgl. z. B. LG Berlin, Urteil vom 8.9.1998 – 63 S 192/98, NZM 1999, 219; AG Tiergarten, Urteil vom 30.9.1997 – 6 C 228/97, NZM 1998, 478. Der BGH hat allerdings klargestellt, dass zumindest eine zu spät erfolgte Modernisierungsankündigung nicht ohne Weiteres dazu führt, dass eine spätere Mieterhöhung nach den §§ 559 f. BGB ausgeschlossen wäre: BGH, Urteil vom 19.9.2007 – VIII ZR 6/07, GE 2007, 1479.

203 AG Wedding, Urteil vom 22.12.1983 – 6 C 448/83, GE 1984, 927.

204 Art. 14 Abs. 6, eingefügt durch Gesetz L.67-561 vom 12.7.1967.

205 Cour de Cassation, Civ. 3e, Urteil vom 7.3.1968, Gaz. Pal. 1968, 1. Somm. 25.

206 Vgl. weiter unten C.II.

Das Schreiben muss wie hierzulande die genaue Bezeichnung der geplanten Arbeiten und die Konditionen für ihre Durchführung enthalten. Haben die Vertragsparteien darüber hinaus individualvertraglich eine Modernisierungsabrede im Sinne des Art. 17e des Gesetzes von 1989 (vgl. unten D.II.3.) getroffen, muss das Schreiben auch schon die Modalitäten zur Berechnung der zukünftigen Miete enthalten. In jedem Fall müssen neben den einzelnen durchzuführenden Arbeiten auch der voraussichtliche Ablauf inklusive der einzelnen Bauphasen aufgelistet werden. Falls die Arbeiten nicht unter das Dekret Nr. 64-1356 vom 30.12.1964 fallen und mithin einer Baugenehmigung bedurften, muss diese ebenfalls beigefügt werden. Die Rechtsprechung im Hinblick auf die Angabe der Dauer der Beeinträchtigungen weniger streng, unter Berücksichtigung des frühen Zeitpunktes reicht eine „möglichst detaillierte" Angabe.[207] Das Gleiche gilt für die den Umständen nach detailliert mögliche Beschreibung der einzelnen anfallenden Arbeiten.[208]

2. Folgen eines Verstoßes

Weicht der Vermieter von der in Art. 14 Abs. 3 bis 7 des Gesetzes von 1948 angeordneten Form ab, indem die Maßnahmen entweder zu spät angekündigt wurden, oder in dem Ankündigungsschreiben der vollständige Wortlaut der Art. 14 und 59bis des Gesetzes von 1948 fehlt oder unvollständig ist, ist die Ankündigung fehlerhaft[209] und automatisch nichtig.[210] Eine Duldungspflicht des Mieters besteht dann nicht.

Mieter können in diesem Fall nach Art. 14 Abs. 8 eine einstweilige Verfügung beim „juge des référés" des Tribunal d'Instance erwirken. Sie können nicht nur feststellen lassen, dass eine Duldungspflicht nicht besteht. Es kann auch die Feststellung beantragt werden, dass die gesamten baulichen Arbeiten rechtswidrig sind. In diesem Fall kann auch ein Baustop verhängt werden. Alternativ kann der juge des référés dem Vermieter aufgeben, das Verfahren – nachträglich – ordnungsgemäß nachzuholen.[211] Hierfür bedarf es auch nicht der Zustimmung

207 Cour de Cassation, Civ. 3e, Urteil vom 8.2.1989, Administrer 08/09 1989.54.

208 CA Paris, Urteil vom 9.6.1995, Loyers et copr. 1996, Nr. 21.

209 CA Lyon, Urteil vom 28.1.1991, BICC 1992, Nr. 920.

210 Art. 14 Abs. 7 Halbs. 1 des Gesetzes von 1948, geändert durch Gesetz L.76-1285 vom 31.12.1976: „à peine de nullité".

211 Cour de Cassation, Civ. 3e, Urteil vom 31.10.1978, Bull. Civ. III, Nr. 328.

des Mieters. Im Falle eines positiv festgestellten Formverstoßes durch den Vermieter hat dieser die Kosten des Verfahrens zu tragen.

In der Praxis spielen einstweilige Verfügungen dieser Art allerdings kaum eine Rolle, da sie die Bauarbeiten letztlich nur verzögern, aber nicht verhindern können. Regelmäßig wird nämlich nur die Auflage erteilt, die Ankündigung den gesetzlichen Anforderungen entsprechend nachzuholen. Für den Mieter wirkt sich dieses höchstens auf seinen Anspruch auf Mietminderung aus, der nach Ablauf von 40 Tagen entsteht, wie weiter unten dargelegt wird (vgl. E.II.6.).

Außerdem sieht das Gesetz in Art. 59bis des Gesetzes von 1948 für den Fall eines Verstoßes gegen die Formvorgaben des Art. 14 eine zusätzliche Strafandrohung vor: Sobald erlaubnispflichtige Maßnahmen ohne die erforderliche Genehmigung durchgeführt werden, die Ankündigung der Maßnahmen unterbleibt, sie zu spät oder nicht in der erforderlichen Form vorgenommen wird, oder der Vermieter die Maßnahmen entgegen ein zuvor behördlich ausgesprochenes Verbot durchführen lässt, droht ihm eine Freiheitsstrafe von zwei Jahren und eine zusätzliche Geldstrafe von 4.500 €.[212] Das Gericht kann auf Kosten des Vermieters außerdem die Wiederherstellung des ursprünglichen Zustands der Mietsache anordnen und weitere Auflagen erteilen. Das Verfahren selbst richtet sich nach Artt. L. 480-1 ff. C. Urb. (dort unter „Infractions").

C. Durchführungsphase

Hat der Vermieter die geplanten Maßnahmen ordnungsgemäß angekündigt, kann er sie auch gegen den Willen des Mieters im laufenden Mietverhältnis durchführen. Die Gesetzgeber beider Länder sehen eine gesetzliche Duldungspflicht des Mieters vor. Sie soll eine ungehinderte Durchführung der Modernisierung sicherstellen.

I. Duldungspflicht des Mieters nach § 554 Abs. 2 BGB

1. Umfang

Die Pflicht des Mieters zur Duldung der angekündigten Maßnahmen ist hierzulande in § 554 Abs. 2 BGB geregelt. Sie kann sich aber auch aus § 242 BGB er-

212 Art. 59bis wurde durch Gesetz L.75-1351 vom 31.12.1975 eingefügt.

geben, wenn die Durchführung der Maßnahmen „vom Vermieter nicht zu vertreten" ist.[213] Letztere werden in § 554 Abs. 2 BGB zwar nicht erwähnt. Dies ist aber bewusst so gewählt worden: Die Intention des BGB-Gesetzgebers war es nämlich zu vermeiden, dass ein Mieter diese Art von Arbeiten durch den allgemein für Modernisierungsmaßnahmen in § 554 Abs. 2 BGB geregelten Härteeinwand noch verhindern kann. Denn andernfalls könnte der Vermieter auf der einen Seite (Staat) zu etwas gezwungen werden, was von der anderen Seite (Mieter) gleichzeitig verhindert werden könnte.[214] Der Gesetzgeber hat den sonst entstehenden Wertungswiderspruch also erkannt! Dass diese nicht vom Vermieter zu vertretenen Maßnahmen gleichwohl in § 559 Abs. 1 BGB erwähnt werden, stellt klar, dass sie als Modernisierungsmaßnahmen gelten und deshalb zur Mieterhöhung berechtigen sollen, und zwar unabhängig davon, ob sie eine Verbesserung der Mietsache oder der Wohnverhältnisse bewirken oder zur Energieeinsparung führen.

Grundsätzlich ist die Duldungspflicht umfassend; das Gesetz macht hier keinerlei Einschränkungen. Dazu gehört mindestens die passive Duldung, nämlich dass der Mieter das Betreten der Wohnung gestattet und auch die Beeinträchtigungen hinnimmt.[215] In Einzelfällen ist aber nach wie vor umstritten, inwieweit darüber hinaus eine *aktive* Mitwirkung verlangt werden kann.[216] In jedem Fall sind grundsätzlich alle Außenarbeiten zu dulden, wenn sie eine Modernisierung darstellen. Streit besteht aber über die Frage, ob ein Vermieter verpflichtet sein kann, die Duldungspflicht des Mieters nötigenfalls gerichtlich klären zu lassen.[217]

---

213 Die Duldungspflicht kann auch aus anderen Vorschriften folgen, z. B. aus § 4 Abs. 2 HeizKVO. Dies immer dann, wenn der Vermieter seinerseits zur Durchführung der Sanierungsarbeiten aufgrund öffentlich-rechtlicher Verpflichtungen herangezogen wurde; dies kann auch aus der EnEV folgen. § 554 BGB ist in diesen Fällen nicht anwendbar, selbst wenn es sich objektiv um Modernisierungsmaßnahmen in diesem Sinne handelt; vgl. BGH, Urteil vom 4.3.2009 – VIII ZR 110/08, NZM 2009, 394; *Kinne*, ZMR 2004, 397.

214 BT-Drs. 7/2011 S. 11.

215 AG Schöneberg, Urteil vom 3.4.1987 – 15 C 96/87, GE 1987, 629.

216 Sofern notwendig, ist der Mieter verpflichtet, die Möbel entspr. beiseite zu rücken oder auszuräumen: AG Charlottenburg, Urteil vom 6.4.1982 – 8 C 667/81, GE 1983, 35. Ausführlich zum Streitstand: *Kinne*/Schach/Bieber, § 554 Rn. 34; von einer umfassenden Duldungspflicht ausgehend Palandt/*Weidenkaff*, § 554 Rn. 6.

217 Dafür, wenn Mieterhöhung möglich ist: LG Berlin, Urteil vom 22.12.1983 – 61 S 345/83, WuM 1986, 138; dagegen: LG Berlin, Beschluss vom 22.2.1996 – 61 S 257/95, WuM 1996, 407.

2. Ausnahmen

Die Duldungspflicht entfällt nach § 554 Abs. 2 S. 2 BGB nur, wenn sie unzumutbare Härten für den Mieter oder die in seinem Haushalt lebenden Angehörigen mit sich bringt. Auf Härtegründe kann sich der Mieter dagegen weder bei bloßen Erhaltungsmaßnahmen im Sinne des Abs. 1, noch bei Modernisierungsmaßnahmen, die der Vermieter aufgrund öffentlich-rechtlicher Vorgaben durchführen muss, berufen. Während in Abs. 1 ein entsprechender Hinweis auf Härtegründe fehlt, werden – wie soeben unter 1. beschrieben – in § 554 Abs. 2 BGB die Maßnahmen, die vom Vermieter nicht zu vertreten sind, überhaupt nicht erwähnt.

In der gerichtlichen Praxis wird die Frage der (Un-)Zumutbarkeit der Modernisierungsmaßnahmen durch eine sowohl die Mieter- wie auch die Vermieterinteressen berücksichtigende Interessenabwägung ermittelt. Eine solche ist deshalb auch vom Vermieter bei jeder Durchführung von Modernisierungsarbeiten im Vorfeld vorzunehmen.

Erster Gesichtspunkt der Abwägung ist zunächst das Interesse des Vermieters an der Verbesserung der Immobilie. Ein bloßes Interesse an einer Mietzinserhöhung soll dabei nicht ausreichen, das der Wettbewerbsfähigkeit auf dem Mietwohnungsmarkt dagegen schon. Unberücksichtigt bleiben aber ausschließlich öffentliche Interessen, wie das des reinen Klimaschutzes. Deshalb sind Maßnahmen unzulässig, die zwar energetisch sinnvoll sein mögen, aber letztlich keine spürbare Energieeinsparung bringen. Dies kann der Fall sein, wenn die vorhandene Heizung schon optimiert ist. Zugunsten des Vermieters sollen aber auch die Interessen der anderen Mieter zu berücksichtigen sein.[218] Ziel des Gesetzgebers dürfte es sein, dass im Rahmen der vom Vermieter ohnehin vorzunehmenden Interessenabwägung allen betroffenen Mietern gegenüber in Ausnahmefällen auch die anderen Mieterinteressen Berücksichtigung finden, und zwar hier zugunsten des Vermieters.

Auf der Mieterseite sind vom Vermieter die Interessen aller Personen, die mit dem vertraglichen Mieter in seinem Haushalt leben und einen Hausstand bilden, mit zu berücksichtigen. Im Einzelfall können dies auch Mitarbeiter des Mieters zählen, sofern sie in dem Mietobjekt arbeiten.[219] Es reicht dabei schon die Unzumutbarkeit für eine einzige dieser Personen aus, um den Härteeinwand geltend machen zu können.

---

218 Str., vgl. *Staudinger/Emmerich*, § 554 Rn. 30.

219 Z. B. Hausangestellte, vgl. Palandt/*Weidenkaff*, § 554 Rn. 18.

Verbindliche Maßstäbe, ab wann Unzumutbarkeit vorliegt, haben sich in der Rechtsprechung bisher nicht herausgebildet. Nach dem Gesetzeswortlaut sind „insbesondere" die vorzunehmenden Arbeiten[220] mit den baulichen Folgen[221], aber auch vorausgegangene Aufwendungen oder *Modernisierungen des Mieters*[222] sowie auch die zu erwartende Mieterhöhung zu berücksichtigen.[223] Auch Alter und Gesundheitszustand des Mieters[224] oder ein unmittelbar bevorstehender Umzug[225] können zu seinen Gunsten den Härteeinwand begründen.

Im Ergebnis gilt regelmäßig die vorübergehende völlige Räumung der Wohnung als unzumutbar; sie ist umgekehrt nur in Ausnahmefällen bei gewichtigen Vermieterinteressen zumutbar.[226] Geringfügige Beeinträchtigungen sind aber immer hinzunehmen.[227]

---

220 V. a. Beeinträchtigungen durch Verschmutzung und Lärm, LG Mannheim, Urteil vom 3.7.1985 – 4 S 68/84, WuM 1987, 272 „Unzumutbarkeit bei einer 80jährigen Mieterin, weil völlige Unbenutzbarkeit der Wohnung zu erwarten ist"; aber: Examenskandidaten können ohne Weiteres in Bibliothek ausweichen: AG Köln, Urteil vom 5.12.1989 – 217 C 463/89, WuM 1990, 388.

221 Z. B. wenn sich der Zuschnitt bzw. die Gestaltung der Mietsache ändert und nicht mehr den Bedürfnissen des Mieters entspricht, LG Frankfurt a.M., Urteil vom 8.4.1986 – 2/11 S 351/85, WuM 1986, 138 f. So auch bei nachteiliger Raumaufteilung: LG Hamburg, Urteil vom 6.12.1988 – 16 S 181/88, WuM 1989, 174 f.

222 So zuletzt: KG, Beschluss vom 28.8.2008 – 8 U 99/08, GE 2008, 1423 ff. Es kommt darauf an, ob der Vermieter den Modernisierungsmaßnahmen des Mieters vorher zugestimmt hatte und welches Gewicht sie hatten oder ob sie ggf. inzwischen abgewohnt sind – wobei in der Regel ein Betrag in Höhe einer Jahresmiete als in vier Jahren abgewohnt gilt, LG Berlin, Urteil vom 13.3.1998 – 64 S 35/97, GE 1998, 616; LG Berlin, Urteil vom 20.4.1999 – 64 S 316/98, NZM 1999, 1036; LG Hamburg, Urteil vom 2.9.1983 – 11 S 157/83, GE 1985, 361 (363 f.). Vgl. ausführlich *Kinne*, GE 2007, 30 (34), m.w.N. Ausgeschlossen auch, wenn die Parteien dies Jahre zuvor so vereinbart hatten, vgl. LG Berlin, Beschluss vom 18.12.2008 – 67 S 324/08, MM 2009, 146.

223 Dies ist in der Regel aber eine Frage des „Wirtschaftlichkeitsgebots" im Rahmen der Mieterhöhung, vgl. weiter unten.

224 Zur Unzumutbarkeit bei akuter Bedrohung des Lebens des Mieters wegen Erfordernis der Räumung: BVerfG, Beschluss vom 14.1.1992 – 1 BvR 1273/91, WuM 1992, 104; AG Hamburg, Urteil vom 16.8.1988 – 43a C 2028/87, WuM 1988, 359.

225 KG, RE vom 27.6.1985 – 8 RE-Miet 874/85, WuM 1985, 248 (250): „Mietvertrag zumindest noch ein Jahr".

226 Vgl. LG Mannheim, Urteil vom 3.7.1985 – 4 S 68/84, WuM 1987, 272.

227 Z. B. die Verringerung der Grundfläche durch Einbau von Heizkörpern, AG Köln, Urteil vom 10.12.1985 – 208 C 372/85, WuM 1986, 313: „dauerhaftes Abrücken der Möbel wegen Fußleistenheizung"; Änderung des Zuschnitts der Wohnung durch Versetzen einer Trennwand um 40 cm: LG Berlin, Urteil vom 24.11.1989 – 63 S 268/89, GE 1990, 255.

Einen umstrittenen Punkt der Interessenabwägung stellt in der Praxis die zu erwartende Mieterhöhung dar: Grundsätzlich sieht es der Gesetzgeber nicht vor, eine gesetzlich zulässige Mieterhöhung als Ausschlusskriterium für die Frage einer Duldungspflicht heranzuziehen. Allerdings sollen so genannte Luxusmodernisierungen von Vornherein unzulässig sein, wenn dadurch die Mieterschaft willkürlich geradezu „hinausmodernisiert" werden soll.[228] Liegen solche Anhaltspunkte vor, kann sich der Mieter unter Berufung auf sein Einkommen[229] auf eine subjektive Einzelfallabwägung berufen.[230] Eine dann (erhöhte) Miete auf 20–30 % vom monatlichen Nettoeinkommen des Mieters bzw. der Mieter pro Mietvertrag soll als hinnehmbar gelten.[231] Ein Verhältnis der erhöhten Miete zum Nettoeinkommen von 40–45 % soll dagegen nicht mehr akzeptabel sein.[232] Doch selbst wenn im Einzelfall mit der Mieterhöhung die Grenze der finanziellen Unzumutbarkeit eines oder mehrerer Mieter überschritten sein sollte, muss ein Vermieter nicht vollständig auf die Maßnahmen oder eine Mieterhöhung verzichten. Die „Härte" kann dadurch beseitigt werden, dass in diesen Fällen die Miete nur bis zur Zumutbarkeitsgrenze des jeweiligen Mieters erhöht wird.[233] Auch im Ergebnis für den Mieter völlig unwirtschaftliche Modernisierungsmaßnahmen können so zu einer Duldungspflicht führen. Allerdings soll z. B. bei einer Energieeinsparmaßnahme die Mieterhöhung die tatsächliche Ein-

---

228 Dazu ausführlich Schmidt-Futterer/*Eisenschmid*, § 554 Rn. 186.

229 Die vom Mieter selbst verschuldete Verschlechterung seines Einkommens, z. B. aufgrund Arbeitsaufgabe, bleibt unberücksichtigt, wenn ihm eine Mieterhöhung ohne diese Verschlechterung zumutbar gewesen wäre, LG Berlin, Urteil vom 30.8.1985 – 29 S 47/85, GE 1985, 1099, dagegen „muss der Mieter aber wiederum nicht jedwede Anstrengung unternehmen, um sein Haushaltseinkommen zu erhöhen": LG Berlin, Urteil vom 21.3.2005 – 67 S 433/03, MM 2005, 262. Auch andere Verpflichtungen wie Ratenzahlungen privater Natur bleiben unberücksichtigt, LG Berlin, Urteil vom 4.9.1981 – 61 S 101/89, WuM 1990, 206. Ansprüche auf Sozialleistungen wie Wohngeld muss er sich allerdings anrechnen lassen: BGH, Beschluss vom 19.2.1992 – VIII ARZ 5/91, BGHZ 117, 217 (221); KG, Beschluss vom 28.5.1981 – 8 W RE-Miet 4712/81, WuM 1982, 293: „Es kommt nicht darauf an, ob er die Leistungen tatsächlich in Anspruch nimmt, sondern ob er es könnte".

230 Das wurde noch zu Beginn der 1980er Jahre anders gewertet: Entscheidend war nur, ob die Maßnahme objektiv in einem angemessenen Verhältnis zu der Erhöhung steht; das Einkommen des Mieters spielte keine Rolle, KG, RE vom 22.6.1981 – 8 W RE-Miet 4340/80, NJW 1981, 2307.

231 Vgl. nur LG Berlin, Urteil vom 28.1.1991 – 62 S 367/90, GE 1991, 573 (575): „schon Härte ab 25 % des Gesamteinkommens".

232 LG Berlin, Urteil vom 30.8.1985 – 29 S 47/85, GE 1985, 1099.

233 LG Köln, Urteil vom 30.4.1992 – 1 S 385/91, WuM 1993, 608.

sparung nicht um mehr als das Doppelte übersteigen dürfen.[234] Letztlich stellen sich diese Fragen aber eher im Rahmen des – weiter unten ausgeführten – Wirtschaftlichkeitsgebots.[235]

3. Rückausnahmen

Eine Unzumutbarkeit kann aber nach dem Wortlaut des Gesetzes jedenfalls dann nicht vorliegen, wenn die Maßnahme nur eine „Anpassung an den allgemein üblichen Zustand" nach § 554 Abs. 2 S. 4 BGB darstellt.[236] Der Gesetzgeber wollte sicherstellen, dass wohnungswirtschaftlich sinnvolle Modernisierungen trotz subjektiv stark belastenden Mieterhöhungen in jedem Fall zulässig bleiben.

II. Duldungspflicht des Mieters nach Art. 7e des Gesetzes L.89-462

1. Umfang

Die Duldungspflicht des Mieters bei „travaux d'amélioration" folgt in Frankreich unmittelbar aus Artikel 7e des Gesetzes von 1989. In Verbindung mit Art. 14 Abs. 1 des Gesetzes von 1948, der durch das Modernisierungsmietengesetz L.67-561 vom 12.7.1967 zuletzt geändert wurde, können Wohnungsvermieter Modernisierungsarbeiten in gleicher Weise wie gesetzlich vorgeschriebene Erhaltungsmaßnahmen durchführen. Die Zulässigkeit dieser Erhaltungs-

---

234 LG Berlin, Urteil vom 17.3.2000 – 65 S 352/99, NZM 2002, 64, hat eine Duldungspflicht trotz unwirtschaftlicher Heizungsumstellung bejaht und „nur" eine anschließende Mieterhöhung ablehnt. Gleiches gilt, wenn die unwirtschaftliche Maßnahme den Wohnwert verbessert: LG Berlin, Urteil vom 14.1.2003 – 64 S 49/02, GE 2003, 394.

235 So LG Berlin, Beschluss vom 17.2.1987 – 64 S 118/86, GE 1987, 521 (523); LG Berlin, Urteil vom 18.9.1995 – 61 S 195/91, GE 1996, 129; dagegen aber: LG Berlin, Urteil vom 28.10.1991 – 66 S 78/91, GE 1992, 39.

236 Der BGH legte als „allgemein üblich" den Zustand (Ausstattungsstandard) fest, der bei zwei Dritteln der Wohnungen derselben Baualtersklasse in derselben Region (Stadt oder Bundesland) erreicht ist: BGH, RE vom 19.2.1992 – VIII ARZ 5/91, BGHZ 117, 217 (223 f.); zuvor wurde teilw. eine Quote von mind. 90 % an vergleichbaren Wohnungen gefordert, vgl. KG, RE vom 19.9.1985 – 8 RE-Miet 1661/85, NJW 1986, 137. Ist ein vergleichbarer Zustand nicht ermittelbar, geht auch der BGH weiterhin von der allgemeinen Regelung gemäß § 554 Abs. 2 S. 2, 3 BGB aus, berücksichtigt aber bei der Interessenabwägung u. a. auch die erwartete Mieterhöhung: BGH, RE vom 19.2.1992 – VIII ARZ 5/91, BGHZ 117, 217 (223 ff.); für die neuen Bundesländer ließ der BGH die Frage (ausdrücklich) offen.

maßnahmen folgt aus den Artt. 1719, 1720, 1724 C.Civ.[237] Auch das französische Wohnraummietrecht sieht eine umfassende Duldungspflicht des Mieters vor. Allerdings geht das Gesetz historisch bedingt nicht nur von der rein passiven, sondern auch der aktiven „Duldungspflicht“, also einer echten Mitwirkungspflicht des Mieters aus:

Aufgrund seiner systematischen Stellung im Gesetz erlaubt Art. 14 des Gesetzes von 1948, der insoweit auf Wohnraummietverhältnisse anwendbar ist, auch eine teil- bzw. zeitweise Unbewohnbarkeit der Mietwohnung. Um die ungestörte Durchführung der Baumaßnahmen zu gewährleisten, sieht Abs. 3 deshalb auch die aktive Mitwirkungspflicht des Mieters vor. Mieter müssen deshalb nicht nur den im Auftrag des Vermieters handelnden Handwerkern den nötigen Zutritt zur Wohnung verschaffen, sondern auch aktiv daran mitwirken, indem bspw. Möbel beseitige geräumt, Leitungen freigehalten, Gardinen beiseite geschaffen oder auch ganze Räume der Wohnung vorübergehend leer geräumt werden. Aus dem Wortlaut des Abs. 3 folgt ein quasi dynamischer Duldungsumfang, je nachdem, um welche konkreten Arbeiten es sich im Einzelfall handelt.

2. Ausnahmen

Aus Art. 14 Abs. 1 des Gesetzes von 1948[238] ergibt sich, dass solche Maßnahmen unzulässig sind, die den vertragsgemäßen Gebrauch der Mietsache („Wohnen“) während der Bauphase vollständig unmöglich machen. Daraus folgt eine Unzulässigkeit solcher Maßnahmen, die für den Mieter erdrückend sind, mithin wie hierzulande eine besondere Härte darstellen würden. Unzulässig sind nach dem Wortlaut des Art. 14 Abs. 1 auch missbräuchliche Modernisierungsmaßnahmen. Insofern besteht schon nach dem Gesetzeswortlaut bei sogenannten Luxusmodernisierungen keine Duldungspflicht des Mieters.

D. Abschlussphase

Dem Vermieter ist nach Abschluss der Arbeiten unter bestimmten Voraussetzungen eine Mieterhöhung erlaubt. Anders als der anfänglichen Neuver-

237 Vgl. Art. 6 Abs. 1, und a bis c des Gesetzes von 1989.

238 Eingefügt durch das Gesetz L.64-1278 vom 23.12.1964.

mietung, bei der die Miete noch weitgehend frei[239] ausgehandelt werden kann[240], sind spätere Mietpreisänderungen im laufenden Mietverhältnis nur unter bestimmten Voraussetzungen als Mieterhöhung zulässig.

I. Anpassung der Miete in Deutschland

1. Mieterhöhung gemäß § 558 BGB

a. Voraussetzungen

Nach § 558 BGB kann ein Vermieter von seinen Mietern die Zustimmung zur Mieterhöhung verlangen, wenn die gewünschte neue Miete die ortsübliche Vergleichsmiete nicht überschreitet. Die ortsübliche Vergleichsmiete ist dabei der repräsentative Querschnitt[241] derjenigen Miete, die üblicherweise am Ort für Wohnungen vergleichbarer Art, Größe, Beschaffenheit, Lage und Ausstattung in den letzten vier Jahren vereinbart wurde. Konkret bedeutet dies, dass die Miete sich an Vergleichsobjekten mit derselben Ausstattung, also nach einer erfolgten Modernisierung an Objekten mit eben diesem Modernisierungsstandard, zu orientieren hat.[242]

Erste Voraussetzung ist demzufolge, dass im *Zeitpunkt des Zugangs* des Mieterhöhungsverlangens[243] der jeweilige Mieter weniger zahlt, als vor Ort für vergleichbaren Wohnraum üblicherweise gezahlt wird.[244] Der Nachweis kann gemäß § 558a Abs. 2 BGB entweder durch einen (qualifizierten) Mietspiegel, wenn

---

239 Das BGB setzt dies implizit mit § 535 Abs. 2 BGB voraus; Art. 17 Abs. 1 des Gesetzes von 1989 regelt die freie Miethöhe ausdrücklich; dieser Klarstellung bedurfte es, da bis zum 1.8.1997 bei einer Neuvermietung nur die durch mindestens drei Referenzen nachgewiesene Vergleichsmiete vereinbart werden konnte.

240 In Deutschland gelten die Grenzen der § 5 WiStrG, § 291 StGB, § 138 BGB.

241 BayObLG, RE vom 19.3.1981 – Allg Reg 7/81, GE 1981, 759.

242 Entscheidend ist nach dem Wortlaut des § 558 Abs. 2 BGB nicht die aktuelle Marktmiete, d. h. die in Wohnungsanzeigen genannten Marktpreise, sondern nur die „üblichen Entgelte".

243 Der Zeitpunkt ist entscheidend, BayObLG, RE vom 27.10.1992 – RE-Miet 3/92, GE 1992, 1265.

244 Keine Rolle spielt es, wenn andere Mieter im Haus weniger zahlen, der Mieter von ihnen aber dennoch keine Mieterhöhung fordert, LG Itzehoe, Urteil vom 5.9.1979 – 4 S 7/79, WuM 1980, 175.

ein solcher in der Gemeinde existiert, oder durch Hinweis auf drei Vergleichswohnungen erbracht werden, selbst wenn am Ort ein Mietspiegel existiert.[245]

Weitere Voraussetzung ist, dass die Miete seit mindestens zwölf Monaten nicht mehr erhöht wurde (*Jahressperrfrist*). An diese Frist schließt sich noch die Überlegensfrist für den Mieter an, so dass die erneute Mieterhöhung frühestens nach 15 Monaten eintreten kann.

Zusätzlich hat der Vermieter die *Kappungsgrenze* des § 558 Abs. 3 BGB zu beachten: Sie soll als Instrument des Mieterschutzes verhindern, dass Mieterhöhungen nach oben hin ausufern und unkalkulierbar werden.[246] Die Kaltmiete darf sich innerhalb von drei Jahren durch die Mieterhöhung nur um höchstens 20 % erhöhen. Allerdings gilt bei Modernisierungsarbeiten eine Ausnahme, wonach zu den 20 % weitere 11 % als Modernisierungszuschlag hinzugerechnet werden dürfen.[247] Ob die Kappungsgrenze eingehalten ist, richtet sich nach derjenigen Miete, die drei Jahre vor dem Wirksamwerden der neuen Mieterhöhung gezahlt wurde, d. h. es kommt nicht auf die Miete an, die drei Jahre vor dem Erhalt der Mieterhöhungserklärung gezahlt wurde.[248]

b. Form, Frist und Begründung

Nur wenn die Vertragsparteien die Mietanpassung frei vereinbart haben, bedarf es keiner speziellen Formanforderungen.[249] Bei der einseitigen Mieterhöhung muss sich der Vermieter dagegen an die dem Schutz des Mieters dienenden Formerfordernisse halten. Nach § 558a Abs. 1 BGB bedeutet dies zunächst einmal die Einhaltung der Textform gemäß § 126b BGB. Sein Mieterhöhungsverlangen muss er ausführlich begründen. Hierzu hat er folgende Möglichkeiten nach § 558a Abs. 2 BGB. Er kann:

245 Der Mietspiegel kann im Prozess als Beweismittel herangezogen werden, BVerfG, Beschluss vom 3.4.1990 – 1 BvR 268/90, 1 BvR 269/90, 1 BvR 270/90, WuM 1992, 48.

246 Deshalb ist sie nicht anwendbar bei freiwilligen Mieterhöhungsvereinbarungen gemäß § 557 Abs. 1 BGB, bei Staffelmieten oder Indexmieten gemäß §§ 557a, b BGB, sowie bei Neuvermietungen.

247 Sogleich unten 2. Grund ist, dass es sich hierbei um einen gesetzlichen Mieterhöhungstatbestand handelt, OLG Hamm, RE vom 30.12.1992 – 30 RE-Miet 2/91, GE 1993, 155.

248 OLG Celle, RE vom 31.10.1995 – 2 UH 1/95, GE 1996, 119.

249 § 557 Abs. 1 BGB.

- auf die konkreten Daten eines Mietspiegels im Sinne der §§ 558c und 558d BGB verweisen[250];
- auf die Auskunft aus einer Mietdatenbank Bezug nehmen[251];
- seinem Schreiben das Gutachten eines öffentlich bestellten und vereidigten Sachverständigen beifügen[252];
- drei konkrete Vergleichswohnungen benennen[253].

Das Gesetz überlässt die Auswahl dem Vermieter. Gibt es am Ort der Wohnung allerdings einen qualifizierten Mietspiegel, muss er den danach für die Wohnung maßgeblichen Preis auch dann benennen, wenn er die Mieterhöhung auf ein anderes o.g. Begründungsmittel stützt.[254]

c. Zustimmungsverfahren

Für den Eintritt der Mieterhöhung nach § 558 BGB bedarf es der Zustimmung des Mieters. Das Mieterhöhungsschreiben muss dieses Erfordernis auch explizit zum Ausdruck bringen; erweckt das Schreiben den Eindruck, dass der Vermieter die Mieterhöhung einseitig geltend machen will, so ist es unwirksam.[255] Dem

250 Zwar existiert keine gesetzliche Pflicht für Städte und Gemeinden, einen Mietspiegel zu erstellen, doch ist dieser inzwischen fast überall verbreitet. Qualifiziert sind Mietspiegel, wenn sie nach wissenschaftlichen Grundsätzen erstellt wurden und von der Gemeinde oder Interessenvertretern der Vermieter und Mieter anerkannt sind. Der einfache Mietspiegel kann von der Gemeinde oder gemeinsam vom Mieterverein und Haus- und Grundeigentümerverein erstellt worden sein. Die von Maklerverbänden veröffentlichten Mietpreistabellen stellen keinen Mietspiegel dar, vgl. OLG Hamm, RE vom 11.10.1990 – 30 RE-Miet 4/90, GE 1990, 1197.

251 Seit der Mietrechtsreform kann auch auf eine Mietdatenbank örtlicher Mietervereine oder der Gemeinde Bezug genommen werden. Ähnlich wie bei einem Mietspiegel werden hier jedoch fortlaufend Mietpreisdaten gesammelt.

252 Ein solches Gutachten ist vom Vermieter zu finanzieren und muss dem Mieterhöhungsverlangen im vollen Wortlaut beigefügt sein, vgl. OLG Braunschweig, RE 19.4.1982 – 1 UH 1/81, WuM 1982, 272. Der Sachverständige muss nachgewiesen hinreichend qualifiziert, öffentlich bestellt und vereidigt sein, BGH, RE vom 21.4.1982 – VIII ARZ 2/82, WuM 1982, 177; er darf auch ortsfremd sein, BayObLG, RE vom 23.7.1987 – RE-Miet 2/87, GE 1987, 1155.

253 Die Wohnungen dürfen dem Vermieter gehören oder sich im selben Haus befinden. Der Mieter muss nachvollziehen können, wo sich die Vergleichswohnungen befinden, d. h. mittels Straße, Hausnummer, Lage, Größe und Ausstattung. BVerfG, Beschluss vom 12.5.1993 – 1 BvR 442/93, WuM 1994, 139; BGH, RE vom 20.9.1982 – VIII ARZ 5/82, WuM 1982, 324; OLG Frankfurt, RE vom 20.3.1984 – 20 RE-Miet 2/84, WuM 1984, 123; OLG Karlsruhe, RE vom 7.5.1984 – 3 RE-Miet 1/84, WuM 1984, 188.

254 So ausdrücklich § 558a Abs. 3 BGB.

255 LG Mannheim, Urteil vom 5.4.2000 – 4 S 166/99, WuM 2000, 308; LG München II, Urteil vom 30.11.1993 – 32 S 15600/93, WuM 1996, 624.

Mieter ist von Gesetzes wegen eine Überlegensfrist eingeräumt, die mit dem Zugang des Erhöhungsverlangens des Vermieters beginnt und mit Ablauf des zweiten Kalendermonats, der auf den Zugang folgt, endet.

Lehnt der Mieter seine Zustimmung schließlich teilweise[256] oder ganz ab, kann der Vermieter folgendermaßen reagieren, wenn er die Auffassung des Mieters nicht zu akzeptieren bereit ist: Stellt sich heraus, dass das Schreiben formale Fehler aufweist, kann er diese nachbessern und ein erneutes Mieterhöhungsverlangen schicken. Andernfalls kann er die Mieterhöhung nur durchsetzen, indem er nach § 558b Abs. 2 BGB seinen Mieter innerhalb von drei Monaten nach Ablauf der gesetzlichen Überlegungsfrist auf Zustimmung verklagt.[257]

Wirksam wird die Mieterhöhung mit Beginn des Monats, der auf das Ende der Überlegensfrist des Mieters folgt, § 558b Abs. 1 BGB.

2. Mieterhöhung gemäß § 559 BGB

Anders als nach § 558 BGB kann der Vermieter nach § 559 BGB die Miete nach Abschluss der Arbeiten auch einseitig erhöhen und dabei die aufgewendeten Investitionskosten für die Modernisierung anteilig auf die Miete aufschlagen (*einseitiger Modernisierungszuschlag*). Dabei ist er nicht an die Obergrenze einer ortsüblichen Vergleichsmiete gebunden und braucht weder die Fristen, noch die Kappungsgrenze des § 558 BGB beachten.

a. Vorliegen einer Modernisierung im Sinne des § 559 Abs. 1 BGB

Die in § 559 Abs. 1 BGB genannten Maßnahmen sind trotz sprachlicher Abweichungen mit den in § 554 Abs. 2 BGB bezeichneten gleich zu setzen. Obwohl beide Vorschriften miteinander in Verbindung stehen[258], sind die Regelungsgehalte voneinander strikt zu trennen: So kann beispielsweise die Duldungspflicht nach § 554 Abs. 2 BGB gegeben sein, aber trotzdem eine anschließende Mieterhöhung nach § 559 BGB ausgeschlossen sein. Hauptunterschied zu den in § 554 Abs. 2 BGB genannten Maßnahmen ist zum einen, wie erwähnt, dass (klarstel-

256 Dies ist zulässig, BayObLG, RE vom 30.6.1989, RE-Miet 4/88, WuM 1989, 484.

257 LG Kiel, Urteil vom 17.6.1993 – 1 S 100/92, WuM 1994, 547; LG München I, Urteil vom 18.5.1994 – 14 S 23450/93, WuM 1994, 383.

258 Dies betrifft insbesondere die Fragen, inwieweit eine Duldungspflicht des Mieters bzw. eine vollständige und ordnungsgemäße Ankündigung überhaupt (Wirksamkeits-)Voraussetzung für eine spätere Mieterhöhung sind.

lend) auch die nicht vom Vermieter zu vertretenden Maßnahmen zu einer Mieterhöhung berechtigen können.[259] Andererseits müssen für die Mieterhöhung nach § 559 BGB die *baulichen* Maßnahmen *nachhaltig* sein. Letzteres stellt aber keine wesentliche Verschärfung dar, weil auch die in § 554 Abs. 2 BGB gemeinten (baulichen) Maßnahmen zumindest „auf Dauer angelegt" sein müssen. Im Übrigen kann nach oben auf Kap. 2 C.I.1. verwiesen werden.

b. Vermieter als Bauherr

Nach dem Wortlaut der Vorschrift steht das Mieterhöhungsrecht nur dem Vermieter zu, der auch die baulichen Änderungen durchgeführt hat.[260] Er darf also selbstverständlich keine Kosten für Modernisierungsmaßnahmen des Mieters auf diesen umlegen. Gleiches gilt für die Kosten aus Erschließungsmaßnahmen.[261]

Problematisch kann die Rechtslage bei einem Eigentumswechsel sein, wenn das Mietobjekt vor oder nach der Modernisierungsmieterhöhung veräußert wird. Wurden die Modernisierungsmaßnahmen noch durch den alten Eigentümer durchgeführt, kann der Erwerber die Miete streng genommen eigentlich nicht nach § 559 BGB erhöhen, solange er noch nicht im Grundbuch eingetragen ist, denn ohne vollzogenen Eigentumserwerb ist er noch nicht Vermieter im Sinne des § 566 BGB. Ist die Modernisierungsmaßnahme vorher abgeschlossen, so war der Erwerber aber nicht Bauherr. Die Rechtsprechung gesteht dem Erwerber den Anspruch auf Geltendmachung der Miete aber aufgrund des insoweit eindeutigen § 566 BGB[262] zu. [263]

c. Wirtschaftlichkeitsgebot

Die Wirtschaftlichkeit der Modernisierungsmaßnahmen hat im Rahmen einer möglichen Mieterhöhung einen anderen Stellenwert als im Rahmen der Beurteilung einer Duldungspflicht des Mieters nach § 554 BGB, wie oben unter C.I. ausgeführt wurde. So bejahten manche Gerichte eine Duldungspflicht zwar auch bei unwirtschaftlichen Modernisierungsmaßnahmen, differenzierten aber hin-

259 Vgl. schon oben Kap. 2 C.I.1.e.

260 BayObLG, Beschluss vom 24.6.1981 - Allg. Reg. 41/81, WuM 1981, 208.

261 OLG Hamm, RE vom 30.5.1983 – 4 RE-Miet 2/83, NJW 1983, 2331.

262 Abzustellen ist auf den Schutzzweck des § 566 BGB, der (nur) den Erwerber schützen soll.

263 Allerdings soll er sie aus eigenem Recht nicht geltend machen können, vgl. LG Hamburg, Urteil vom 8.5.1990 – 316 S 25/90, WuM 1991, 121. Ausführlich zuletzt BGH, Urteil vom 13.2.2008 – VIII ZR 105/07, NJW 2008, 1218.

sichtlich einer späteren Mieterhöhung.[264] Die Mieterhöhung soll nach überwiegender Auffassung insgesamt nur zulässig sein, wenn die Maßnahmen für den Mieter auch wirtschaftlich sind.[265]

In der Praxis taucht die Frage regelmäßig im Zusammenhang mit Maßnahmen der Energieeinsparung auf, da es hier auf die „Einsparung" beim Mieter ankommt. Nach dem Gesetzeswortlaut sind zwar alle Maßnahmen Modernisierung, die Einsparung verbrauchter Energie (also der Energieressourcen) bewirken. Ob aber eine Kostenersparnis beim Mieter auf Betriebskostenebene das entscheidende Kriterium sein kann, muss von der Rechtsprechung beurteilt werden. Diese ist nach wie vor uneinheitlich:

Die Grenze der Wirtschaftlichkeit soll nach obergerichtlicher Rechtsprechung jedenfalls erreicht sein, wenn die gewünschte Mieterhöhung die voraussichtliche Einsparung an Energie um mehr als 200 % übersteigt.[266] Eine Überschreitung dieser Grenze führt aber nicht zwingend dazu, dass eine Mieterhöhung von Vornherein ausgeschlossen wäre. Die Miete darf auch in diesen Fällen zumindest bis zur Zumutbarkeitsgrenze erhöht werden.[267]

d. Ankündigung der Mieterhöhung

Nach dem Abschluss[268] der Arbeiten muss die Mieterhöhung vom Vermieter (nochmals) gemäß § 559b BGB erklärt werden. Die Ankündigung im Rahmen der Duldungspflicht vor Beginn der Maßnahmen nach § 554 Abs. 2 BGB spielt insoweit für die Frage der Zulässigkeit der Mieterhöhung zunächst keine Rolle.[269]

---

264 Z. B. LG Berlin, Urteil vom 14.1.2003 – 64 S 49/02, GE 2003, 394.

265 Stg. Rspr. u. h. M.; dagegen nur: AG Lichtenberg, Urteil vom 17.6.2003 – 6 C 116/03, GE 2003, 1024 „Keine Stütze im Gesetz für eine solche Regelung".

266 OLG Karlsruhe, RE vom 20.9.1984 – 9 RE-Miet 6/83, ZMR 1984, 411; LG Freiburg, Urteil vom 7.3.1985 – 3 S 82/83, WuM 1985, 340; LG Köln, Urteil vom 29.1.1998 – 1 S 173/97, ZMR 1998, 562; LG Leipzig, Urteil vom 24.1.2002 – 12 S 6262/01, NZM 2002, 941; LG Lüneburg, Urteil vom 15.11.2000 – 6 S 75/00 , WuM 2001, 83; a. A. explizit gegen OLG Karlsruhe: AG Lichtenberg, Urteil vom 17.6.2003 – 6 C 116/03, NZM 2003, 759 unter Bezugnahme auf LG Berlin, Urteil vom 30.10.2003 – 62 S 257/03, GE 2004, 107.

267 OLG Karlsruhe, RE vom 20.9.1984 – 9 RE-Miet 6/83, ZMR 1984, 411. Nach jüngerer Rspr. des BGH – die zwar zu öffentlich gefördertem Wohnraum erging, doch ohne Weiteres auch auf frei finanzierten Wohnraum zu übertragen sein dürfte – ist die Mieterhöhung nicht auf den Umfang der Heizkostenersparnis begrenzt, vgl. BGH, Urteil vom 3.3.2004 – VIII ZR 149/03, NJW 2004, 1738, wonach „30 % Mieterhöhung bei Energieeinsparung durch neue Wärmedämmfassade um 12 %" in Ordnung ist.

268 § 559 Abs. 1 BGB: „(...) hat durchgeführt".

269 Die strikte Trennung unter Berücksichtigung des jeweiligen Schutzzwecks der Normen des § 554 BGB und § 559 BGB bejahend: BGH, Urteil vom 19.9.2007 – VIII ZR 6/07, GE 2007, 1479.

Ohne formale Mieterhöhungserklärung auf Grundlage des § 559 BGB darf die Miete nicht einseitig erhöht werden, und zwar selbst dann nicht, wenn eine Ankündigung wegen Zustimmung oder widerspruchsloser Zahlung und Hinnahme entbehrlich gewesen wäre.[270] Ob eine ursprünglich unterlassene Erhöhungserklärung später aber noch nachholbar ist, wie beispielsweise im Prozess, ist in der Gerichtspraxis sehr umstritten.[271]

Inhaltlich muss das Mieterhöhungsschreiben den auf die jeweilige Mietwohnung entfallenden Erhöhungsbetrag benennen und diesen begründen. Auch muss „in ihr die Erhöhung aufgrund der entstandenen Kosten berechnet und entsprechend den Voraussetzungen der §§ 559 und 559a BGB erläutert" werden.[272] Maßstab ist, dass der Mieter die Berechnung auch ohne besondere Vorkenntnisse als Laie verstehen und überprüfen kann.[273] Daher sind zunächst der Grund, sodann die einzelnen Maßnahmeteile und schließlich die einzelnen Rechnungspositionen zu nennen.[274]

Im Falle einer kombinierten „modernisierenden Instandhaltung"[275] darf die Miete nach dem Gesetzeswortlaut nur aufgrund der Modernisierung erhöht werden: Lassen sich die Kosten nicht teilen, muss fiktiv getrennt werden[276], was

270 LG Berlin, Urteil vom 14.11.1989 – 64 S 237/89, GE 1990, 315 (317), eine nur einmalige Zahlung reicht jedoch nicht.

271 Dafür: LG Berlin, Urteil vom 27.10.2000 – 64 S 1/00, NJOZ 2001, 1811; aber dagegen: LG Berlin, Urteil vom 14.11.1989 – 64 S 237/89, GE 1990, 315 (317): „nicht ohne Weiteres nachreichbar".

272 § 559b Abs. 1 S. 2 BGB; vgl. zu den Anforderungen an eine Mieterhöhungserklärung wegen Verbesserung der „allgemeinen Wohnverhältnisse" (Schallschutz) und des Einbaus von Isolierglasfenstern: BGH, Urteil vom 7.1.2004 – VIII ZR 156/03, GE 2004, 231.

273 LG Berlin, Urteil vom 10.10.1997 – 63 S 231/97, GE 1997, 1579 (1581); LG Halle/Saale, Urteil vom 5.9.1997 – 1 S 117/97, WuM 1997, 628; LG Rostock, Urteil vom 18.11.1998 – 1 S 97/98, WuM 2000, 24: „aus sich heraus verständlich".

274 LG Köln, Urteil vom 6.4.1989 – 1 S 516/88, WuM 1989, 308. Bei umfangreichen Arbeiten ist sogar nach einzelnen Gewerken aufzuschlüsseln: LG Berlin, Urteil vom 14.11.2000 – 64 S 265/00, GE 2001, 59 (61); LG Görlitz, Urteil vom 4.11.1998 – 2 S 55/98, WuM 1999, 44.

275 Was die Gerichte zumindest in den neuen Bundesländern bei Altbauten häufig sogar unterstellen. Hier muss dann der Vermieter einen „Gegenbeweis" antreten, LG Görlitz, Urteil vom 26.11.1997 – 2 S 96/97, WuM 1998, 181.

276 LG Hamburg, Urteil vom 29.10.1999 – 311 S 114/99, NZM 2001, 620; LG Gera, Urteil vom 23.11.1999 – 10 S 441/99, NZM 2001, 620.

ebenfalls anzugeben ist.[277] Andernfalls kann die gesamte Erhöhungserklärung unwirksam sein.[278]

Bei Energieeinsparungsmaßnahmen muss der Vermieter die nachhaltige Energiesparung nachvollziehbar darlegen und nicht bloß benennen: Der BGH fordert die genaue Aufstellung von altem und neuem Zustand im Vergleich[279] jedenfalls dort, wo die behauptete Einsparung nicht auf der Hand liegt.[280] Bei einer *Wohnwertverbesserung* hingegen soll auch die Nachhaltigkeit dargelegt werden.[281]

In der Praxis nehmen Vermieter häufig öffentliche Drittmittel in Anspruch. In diesem Fall, müssen auch diese Mittel exakt aufgelistet und von den reinen „Modernisierungskosten“ abgezogen werden.[282] Dies soll teilweise auch gelten, wenn die Drittmittel überhaupt keine konkrete Auswirkung auf die Berechnung der Mieterhöhung hatten[283], z. B. weil sie nur für gleichzeitig durchgeführte Instandsetzungsarbeiten verwendet wurden.[284]

Die Mieterhöhung ist wie die Modernisierungsankündigung mindestens in Textform gemäß § 126b BGB an alle Mieter der jeweiligen Mieteinheit zu richten und muss ihnen zugehen.[285] Probleme können sich bei umfangreichen Maßnahmen ergeben, wenn sie teilweise abgearbeitet werden: Auch hier stellt sich die Frage, ob sukzessive Mieterhöhungsschreiben zulässig sind. Ergeben sich nämlich Einzelheiten des notwendigen Inhalts der gesamten Mieterhöhungserklä-

---

277 LG Bautzen, Urteil vom 14.1.1998 – 1 S 176/97, WuM 1999, 45; LG Berlin, Urteil vom 19.8.1997 – 64 S 268/97, ZMR 1998, 166; LG Stralsund, Urteil vom 14.9.1995 – 1 S 217/94, WuM 1996, 229; LG Kassel, Urteil vom 16.4.1992 - 1 S 709/91, NJW-RR 1992, 1361; auch ausführlich: LG Gera, Urteil vom 11.8.1999 – 1 S 99/99, WuM 2000, 24.

278 LG Berlin, Urteil vom 19.8.1997 – 64 S 268/97, ZMR 1998, 166.

279 BGH, Urteil vom 25.1.2006 – VIII ZR 47/05, GE 2006, 318 für den Fensteraustausch.

280 Vgl. zuletzt AG Dortmund, Urteil vom 13.1.2009 – 425 C 8864/08: „(...) wenn objektive Tatsachen, die sich auf die verwendeten Materialien beziehen, mitgeteilt werden“. Vgl. BGH, Beschluss vom 10.4.2002 – VIII ARZ 3/01, NZM 2002, 519; Urteil vom 7.1.2004 – VIII ZR 156/03, GE 2004, 231.

281 LG Berlin, Urteil vom 14.11.2000 – 64 S 265/00, GE 2001, 59 (61).

282 S. dazu: LG Rostock, Urteil vom 18.11.1998 – 1 S 97/98, WuM 2000, 24; LG Görlitz, Urteil vom 4.11.1998 – 2 S 55/98, WuM 1999, 44. Zur vollständigen Kürzung um diese Beträge auch: KG, Beschluss vom 17.1.2002 – 8 RE-Miet 4/01, ZMR 2002, 339.

283 So: LG Berlin, Urteil vom 21.3.2003 – 63 S 262/02, GE 2003, 1020. Dagegen aber LG Berlin, Urteil vom 11.11.2002 – 67 S 118/02, GE 2003, 591; LG Berlin, Urteil vom 6.10.2003 – 67 S 169/03, GE 2004, 300.

284 LG Berlin, Urteil vom 25.4.2002 – 62 S 504/01, GE 2002, 862.

285 Eine formularvertragliche Abbedingung ist nicht möglich, vgl. AG Schöneberg, Urteil vom 18.8.1998 – 16 C 210/98, GE 1998, 1217.

rung nur aus einzelnen losen und nicht nummerierten Anlagen oder Annexen, kann die Ankündigung insgesamt unwirksam sein.[286]

Die Erklärung darf frühestens nach Abschluss aller Modernisierungsarbeiten, auf die sie Bezug nimmt, abgegeben werden. Wird sie zu spät abgegeben, kommt auch eine Verwirkung in Betracht. Andere Fristen existieren aber nicht.

e. Berechnung der erhöhten Miete

Das Gesetz sieht eine Erhöhung auf der Basis der „jährlichen Miete" vor. Entgegen früherer Diskussionen[287] gilt es heute als h. M., dass zur Ermittlung der zuletzt gezahlte monatliche Mietzins zur Berechnung anzusetzen und mit zwölf zu multiplizieren ist.[288] Bei der Berechnung sind die Gesamtkosten, und ggf. die Aufteilung auf die einzelnen Gewerke, sowie der Verteilungsschüssel für die Aufteilung auf die betroffenen Wohnungen mit anzugeben.[289] Danach ist der auf die einzelne Wohnung entfallende Teilbetrag darzulegen.[290] Ebenso ist der konkrete Erhöhungsbetrag anzugeben, hierfür reicht die Angabe eines Quadratmeterpreises. Wurden einzelne, aber in sich abgeschlossene Baumaßnahmen durchgeführt, kann die Erklärung auch auf Abschlagszahlungen gestützt werden; die weitere Erhöhung nach Erhalt der Schlussrechnung muss dann aber ausdrücklich in dem Erhöhungsschreiben vorbehalten werden.[291]

aa. Ansatzfähige Kosten

Es sind zunächst die gesamten Kosten der Modernisierung ansatzfähig. Neben den reinen Baukosten wie Handwerkerrechnungen oder Materialkosten, sind auch die Nebenkosten wie Architekten- und Ingenieurleistungen ansetzbar,

---

286 LG Berlin, Urteil vom 17.7.1998 – 64 S 353/97, NZM 1999, 460. Das soll auch bei nur vertauschten Anlagen gelten, auch wenn die Erläuterungen identisch sind: LG Erfurt, Urteil vom 17.12.1999 – 2a S 95/99, NZM 2000, 277.

287 Vgl. zum ausführlichen Streitstand noch *Thomsen*, S. 138 ff. m.w.N. Probleme ergaben sich ohnehin nur, wenn sich die Miete innerhalb der letzten zwölf Monate vor Eintritt der Mieterhöhung verändert hatte.

288 BT-Drs. 14/4553 S. 58; Schmidt-Futterer/*Börstinghaus*, § 559 Rn. 171 m.w.N.

289 Z. B. LG Halle/Saale, Urteil vom 5.9.1997 – 1 S 117/97, WuM 1997, 628.

290 In der Praxis verteilen die beauftragten Unternehmen die Kosten in den Voranschlägen und Rechnungen häufig schon von Vornherein die einzelnen Wohnungen.

291 LG Potsdam, Urteil vom 20.9.2001 – 11 S 371/00, GE 2002, 53.

wenn sie zu den Kosten für Überwachung und Planung zählen.[292] In engen Grenzen können auch Eigenleistungen des Vermieters Berücksichtigung finden, wenn er fachmännisch gearbeitet hat und durch seine Tätigkeit höhere Kosten erspart wurden. Bei unentgeltlich gewährten Leistungen eines Mieters oder Dritten können dagegen nach § 559a Abs. 1 BGB keine fiktiven Kosten in Ansatz gebracht werden.

Insgesamt ist zu beachten, dass es die alleinige Entscheidung des Vermieters ist, welcher Qualität er sich für die Ausführung der Maßnahmen bedient. Er ist keineswegs gehalten, die billigste oder qualitativ beste Art der Modernisierung zu wählen. Höchstens bei willkürlich„unangebrachtem Luxus", wie oben erörtert wurde, kann für die Mieterhöhung der Kostenansatz auf die „übliche Qualität" beschränkt werden.[293]

bb. Nicht-ansatzfähige Kosten

Was keine Modernisierung ist, ist nicht ansetzbar. Auch zählen Kosten, die nur anlässlich der Modernisierung entstanden sind, nicht dazu. Treffen Modernisierungs- auf Erhaltungsmaßnahmen, müssen die Reparaturkosten daher nachvollziehbar von den Gesamtkosten abgezogen werden, notfalls als fiktive bzw. ersparte Kosten.[294] Der Vermieter kann auch keinerlei Mietausfälle, oder Aufwendungen geltend machen, die ein Mieter nach § 554 Abs. 4 BGB erhalten hat. Bedient sich der Vermieter, was in der Praxis regelmäßig der Fall ist, eines (privaten) Bank-Kredites, so sind die dafür zu entrichtenden Zinsen nicht gesondert berücksichtigungsfähig; sie sind durch den pauschalen 11 %igen Aufschlag auf die jährliche Miete abgegolten.[295]

cc. (Öffentliche) Drittmittel

Anders als private Bankkredite sind Zinsvergünstigungen der öffentlichen Hand über § 559a BGB als öffentliche Drittmittel gesondert zu berücksichtigen: Nach

292 LG Hamburg, Urteil vom 9.11.1984 – 11 S 169/84, WuM 1985, 366; eingeschränkt für Vergütung der Bauleitungstätigkeit der Architekten: AG Hamburg, Urteil vom 15.1.1985 – 37a C 257/84, WuM 1985, 341; AG Münster, Urteil vom 19.5.1983 – 8 C 97/83, WuM 1985, 366.

293 Unangebrachter Luxus liegt z. B. noch nicht bei Fensterrahmen aus Mahagoni statt Kiefer vor: LG Hamburg, Urteil vom 21.3.1986 – 11 S 268/85, WuM 1986, 344.

294 Vgl. KG, Urteil vom 20.4.2006 – 8 U 204/05, GE 2006, 714: „Herausrechnen der ersparten Instandsetzungskosten für (vorher bestehende) Putzabplatzungen bei Modernisierung im Wege einer neuen Wärmedämmung".

295 Stdg. Rspr.: Ausschließlicher Risikobereich des Vermieters, ob er Modernisierung günstig oder ungünstig finanziert; OLG Hamburg, RE vom 14.5.1981 – 4 U 203/80, NJW 1981, 2820.

Abs. 1 zählen Kosten, die von dritter Hand gedeckt werden, nicht zu den aufgewendeten Kosten im Sinne des § 559 BGB. Praxisrelevanter ist jedoch Abs. 2 im Hinblick auf eine Anrechnung zinsverbilligter oder zinsloser Darlehen. Die Verbilligung durch die Bereitstellung und Inanspruchnahme der öffentlichen Mittel soll letztendlich ausschließlich dem Mieter zu Gute kommen; die Zinsermäßigung ist deshalb am Ende der Mieterhöhung von dem errechneten jährlichen Erhöhungsbetrag abzuziehen.

Dafür muss zunächst von dem Ursprungsbetrag des Darlehens der Unterschied zwischen dem verbilligten Zinssatz und dem *üblichen Marktzinssatz* für erststellige Hypotheken zum Zeitpunkt der Beendigung der Maßnahmen ermittelt werden. Anschließend ist dieser Betrag von dem errechneten jährlichen Mieterhöhungsbetrag abzuziehen. Werden Zuschüsse oder Darlehen zur Deckung von laufenden Aufwendungen gewährt, ist wiederum der Erhöhungsbetrag um den Jahresbetrag des Zuschusses oder des Darlehens zu mindern, Abs. 2 S. 3.[296]

Bei der Verteilung der Zuschüsse muss beachtet werden, dass diese nur bei denjenigen Maßnahmen und denjenigen Wohnungen zum Ansatz gebracht werden, für die sie gewährt worden sind. Ist nicht feststellbar, ob oder inwieweit ein Darlehen oder ein Zuschuss für eine bestimmte Wohnung gewährt worden ist, bestimmt Abs. 4 eine verhältnismäßige Aufteilung der Zuschüsse auf alle von der Modernisierung insgesamt betroffenen Wohnungen.

dd. Umlageschlüssel

In seinem letzten Teilsatz bestimmt § 559 Abs. 1 BGB, dass die Miete nur für die auf die jeweilige Wohnung aufgewendeten Kosten erhöht werden darf. Daher ist eine Aufschlüsselung auf die einzelnen Wohnungen unentbehrlich.

Aus § 559 Abs. 2 BGB folgt, dass die Kosten *angemessen* auf die einzelnen Wohnungen aufzuteilen sind, auch wenn die Maßnahmen für mehrere Wohnungen durchgeführt wurden. Dies bedeutet, dass grundsätzlich alle betroffenen Wohnungen an den Kosten beteiligt werden müssen, die einzelne Verteilung dabei nachvollziehbar und gerecht sein muss. Der Vermieter darf also nicht

296 *Beispiel:* Betragen die Kosten der Modernisierungsmaßnahme für eine Wohnung z. B. 20.000 € und liegt der Zinssatz des öffentl. Darlehens bei 2 %, so ergibt sich ein Jahreszins von 400 €. Läge der marktübliche Zins bei 7 %, so hätte sich bei seiner Inanspruchnahme eine Zinszahlung von 1.400 € ergeben. Die Differenz betrüge somit 1.000 €. Von den grds. umlegbaren 11 % Modernisierungszuschlag, 2.200 €, ist der Differenzbetrag von 1.000 € abzuziehen. Somit dürfte der Vermieter hier nur einen jährl. Betrag von 1.200 € umlegen. Ein Zuschuss aus öffentl. Haushalten wird nach § 559a Abs. 1 BGB aber direkt von den Baukosten abgezogen. Bei Kosten von 20.000 € und einem Zuschuss von 2.000 € können also insgesamt nur 18.000 € angesetzt werden; von diesem Betrag kann dann der 11 %-ige Modernisierungszuschlag umgelegt werden.

einzelne Mieter verschonen oder Kostenanteile, die von zahlungsunfähigen Mietern nicht einzuholen sind, weil bspw. Zahlungsunfähigkeit besteht oder es eine Ausschlussvereinbarung gibt, weglassen. Auch wenn ein Vermieter selbst eine Wohnung bewohnt oder andere Räume leer stehen, muss diesen Räumlichkeiten ein entsprechender Kostenanteil zugeordnet werden. Diese Anteile muss der Vermieter dann grundsätzlich selbst tragen.

Für die Frage der Angemessenheit der Verteilung kommen diverse Kriterien in Betracht: Grundsätzlich ist eine Aufteilung nach der Zahl der gemieteten Quadratmeter Wohnfläche üblich und nachvollziehbar. Dies ist aber nicht zwingend. So war es bis vor Kurzem noch möglich, dass höher gelegene Wohnungsmieter bei dem Einbau eines Fahrstuhls stärker belastet werden, als solche im Erdgeschoss oder im ersten Stock, da letztere von einer solchen Maßnahmen naturgemäß weniger stark profitieren.[297] Es ist in der Rechtsprechung bislang nicht entschieden, ob der Vermieter aufgrund des § 559 Abs. 2 BGB (i.V.m. § 315 BGB) in solchen Fällen zu einer von der Wohnfläche abweichenden Kostenverteilung nicht nur berechtigt, sondern auch verpflichtet sein kann.[298] Die Literatur nimmt nur in besonders evidenten Fällen eine unterschiedliche Wohnwertverbesserung mit unterschiedlicher Kostenfolge für einzelne Wohnungsmieter an.[299]

f. Fälligkeit

Nach § 559b Abs. 2 BGB schuldet der Mieter die erhöhte Miete mit Beginn des dritten vollen Monats nach dem Zugang der Mieterhöhungserklärung. Einer Zustimmung bedarf es nicht.

---

297 AG Düsseldorf, Urteil vom 11.1.1993 – 53 C 10937/92, WuM 1994, 548; LG Berlin, Urteil vom 10.3.1994 – 62 S 352/93, GE 1994, 703; seit einer BGH-Entscheidung zum Fahrstuhleinbau gilt dies allerdings nicht mehr, BGH, Urteil vom 20.9.2006 – VIII ZR 103/06, NJW 2006, 3557.

298 Bei Modernisierung von Fenstern kommt auch eine Aufteilung der Kosten nach der Zahl der Fenster bzw. Fensterfläche in Betracht, LG Stralsund, Urteil vom 14.9.1995 – 1 S 217/94, WuM 1996, 229; bei Wärmedämmung eines Daches sollen die Kosten nur den Dachgeschosswohnungen aufzuerlegen sein, weil nur diese Nutzen daraus zögen, AG Münster, Urteil vom 15.7.1997 – 5 C 596/96, WuM 1997, 498; ebenso ist bei einer nur teilw. Wärmedämmung – nur linke Haushälfte – nicht unbillig, auch nur für die dort angrenzenden Wohnungen die Miete zu erhöhen. Bejahend auch für den Fall, dass innen liegende Wohnungen ggf. auch von der neuen teilweisen Dämmung profitieren: KG, Urteil vom 20.4.2006 – 8 U 204/05, GE 2006, 714. In geeigneten Fällen soll eine Kostenverteilung nach der bloßen Anzahl der Wohnungen vorstellbar sein: dies bspw. bei einem Kabelanschluss für alle Mieter.

299 *Staudinger/Emmerich*, § 559 Rn. 48.

3. Ausschluss der Mieterhöhung gemäß § 559 BGB

Unabhängig von der Frage nach einer Duldungspflicht gemäß § 554 BGB existieren Fallgruppen, bei denen eine Mieterhöhung nach § 559 BGB ausgeschlossen ist.

a. Fehlende oder fehlerhafte Ankündigung der Modernisierung

Denkbar ist im Rahmen der Fehlerhaftigkeit zum einen eine gänzlich unterbliebene Modernisierungsankündigung, sowie auf der anderen Seite eine zu spät erfolgte, d. h. nicht-fristgerechte Ankündigung: Ein Großteil der Rechtsprechung ging lange Zeit davon aus, dass das Mieterhöhungsrecht des Vermieters aus § 559 BGB, dem Wortlaut des Abs. 2 Satz 2 folgend, ohne eine vorangegangene ordnungsgemäße Mitteilung über die Modernisierungsmaßnahme gänzlich entfalle[300] oder differenzierte danach, ob zumindest bei einer Außenmodernisierung der Mieter die fraglichen Maßnahmen *tatsächlich* – und nachweisbar – geduldet hatte.[301] Inzwischen hat der BGH klargestellt, dass die Ankündigung der Arbeiten nach dem gesetzgeberischen Willen von der späteren Mieterhöhung insofern zu trennen ist, als dass jedenfalls eine verspätete Ankündigung der Arbeiten der Mieterhöhung nicht ohne Weiteres entgegensteht, wenn der Mieter die Arbeiten tatsächlich geduldet hat.[302] Ist der *Maßnahme* also keine ordnungsgemäße Ankündigung vorausgegangen *und* hat der Mieter ausdrücklich widersprochen, ist eine Mieterhöhung unzulässig.[303] § 559b Abs. 2 S. 2 BGB ist dann nicht anwendbar. Hat der Mieter umgekehrt aber auf eine unwirksame Mieterhöhungserklärung hin über einen rund sechsmonatigen Zeitraum vorbehaltlos den höheren Mietzins tatsächlich gezahlt, soll er sich in der Regel anschließend nicht mehr auf die Unwirksamkeit berufen können.

b. Schriftliches Einvernehmen

Denkbar ist auch ein vertragliches Einvernehmen der Parteien. Haben die Parteien die Mieterhöhungsmöglichkeit nach § 559 BGB zugunsten des Mieters ver-

---

300 OLG Stuttgart, Beschluss vom 26.4.1991 – 8 RE-Miet 2/90, NJW-RR 1991, 1108; OLG Frankfurt, Beschluss vom 5.9.1991 – 20 RE-Miet 3/91, NJW-RR 1992, 145.

301 KG, Beschluss vom 16.7.1992 – 8 RE-Miet 3166/92, NJW-RR 1992, 1362: „Modernisierung als Mieterbereicherung." Das war allerdings schon damals umstritten.

302 BGH, Urteil vom 19.9.2007 – VIII ZR 6/07, GE 2007, 1479.

303 KG, RE vom 1.9.1988 – 8 RE-Miet 4048/88, WuM 1988, 389, und zuletzt: AG Dortmund, Urteil vom 13.1.2009 – 425 C 8864/08, WuM 2009, 120.

traglich ausgeschlossen, gilt diese Abrede. Dies kann schriftlich oder konkludent vereinbart sein.[304]

c. Verwirkung

Der Vermieter kann sein einseitiges Recht zur Mieterhöhung verwirken, wenn er sie „lange Zeit nach Abschluss der Arbeiten" nicht geltend macht. Eine Dauer von einem Jahr seit Abschluss der Arbeiten soll aber noch nicht ausreichen.[305] Entschieden wurde jedenfalls, dass vier Jahre ein zu langer Zeitraum sind.[306] Hier ist auf den Einzelfall, den Umfang der Arbeiten und die Gründe für die Nichtgeltendmachung einer Mieterhöhung abzustellen. Verwirkung kann auch eintreten, wenn der Vermieter zwar die Miete erhöht hat, den gesetzlichen Rahmen aber nicht ausgeschöpft hat. Grundsätzlich ist aber auch dies zulässig.

d. Index-/Staffelmiete

Haben die Mietvertragsparteien einen Staffelmietvertrag geschlossen, ist während dessen Laufzeit eine Mieterhöhung wegen Modernisierung gemäß § 557a Abs. 2 BGB von Vornherein ausgeschlossen. Erst nach Ablauf der Vertragslaufzeit darf dann nach § 559 BGB wieder erhöht werden. Im Vorhinein festgelegte Staffeln sollen nämlich für Vermieter und Mieter gerade die Kostensicherheit schaffen, die alle während der Mietlaufzeit anfallenden Reparaturen und Modernisierungen bereits mit berücksichtigen.

Ähnliches gilt für die sogenannte Indexmiete: Bei dieser ist eine Mieterhöhung wegen Modernisierung nach § 557b Abs. 2 BGB nur eingeschränkt möglich. Haben die Vertragsparteien vertraglich eine Indexierung auf der Basis der Lebenshaltungskosten, d. h. der früheren Preisklauselverordnung und des heutigen Preisklauselgesetzes, vereinbart, ist die Mieterhöhung nicht völlig ausgeschlossen. Eine Mieterhöhung darf in diesen Fällen jedenfalls für solche Modernisierungsarbeiten verlangt werden, die Vermieter nicht selbst zu vertreten hat, also behördlich angeordnete Modernisierungen. Zulässig ist eine solche Indexklausel nur, wenn eine Vertragsbindung von mindestens zehn Jahren vereinbart wurde. Auf eventuelle Preisrückgänge während dieser Dauer muss zugunsten des Mieters Rücksicht genommen werden.

---

304 BGH, Urteil vom 18.7.2007 – VIII ZR 285/06, NJW 2007, 3122; LG Leipzig, Urteil vom 6.11.2001 – 16 S 4038/01, GE 2001, 1671: „konkludente Vereinbarung".

305 A. A.: AG Hamburg, Urteil vom 5.2.1985 – 46 C 783/84, WuM 1985, 366.

306 LG Hamburg, Urteil vom 4.4.1989 – 16 S 345/88, WuM 1989, 308.

e. Kündigung des Mieters
Hat der Mieter selbst schon vor Beginn der Arbeiten gekündigt, muss er sie nicht mehr dulden – und erst recht keine Mieterhöhung hinnehmen. Anders ist aber der Fall zu behandeln, bei dem die Arbeiten bereits durchgeführt und abgeschlossen sind, und erst danach vom Vermieter die Kündigung ausgesprochen wird: Die Miete darf dann erhöht werden.[307]

4. Wahl- und Kombinationsmöglichkeit

Vermieter haben nach dem Gesetz grundsätzlich die Möglichkeit, zwischen den beiden Mieterhöhungsvarianten des § 558 BGB und des § 559 BGB zu wählen.[308] Insofern kann er sich für die für ihn günstigere, schnellere oder einfachere Variante einer Durchsetzung seines Mieterhöhungsbegehrens entscheiden.

Vermieter können aber auch beide Mieterhöhungsmöglichkeiten miteinander kombinieren.[309] Führt beispielsweise die Mieterhöhung nach § 559 BGB, aufgrund hoher Kürzungsbeträge nach § 559a BGB, nicht bis zur Höhe der ortsüblichen Vergleichsmiete von nicht modernisierten Wohnungen nach § 558 BGB heran, kann die Miete im Anschluss trotzdem noch nach § 558 BGB auf dieses Niveau angehoben werden. Dies folgt aus § 558 Abs. 5 BGB.[310] Vergleichsbasis der (weiteren) Erhöhung nach § 558 Abs. 1 BGB sind dann modernisierte Wohnungen, auch wenn die Miete zuvor über den Modernisierungszuschlag erhöht wurde.[311]

Umgekehrt kann ein Vermieter aber auch zunächst die Miete bis zur ortsüblichen Vergleichsmiete nach § 558 BGB anheben. Vergleichsbasis ist in diesem Fall die *unmodernisierte* Wohnung. Im Anschluss könnte er sodann von seinem einseitigen Gestaltungsrecht aus § 559 BGB Gebrauch machen und die Miete wegen Modernisierung noch einmal erhöhen.[312]

---

307 LG Düsseldorf, Urteil vom 2.2.1993 – 64 S 562/92, DWW 1993, 104; *Horst*, Wohnungsmodernisierung, S. 99.

308 Vgl. OLG Hamm, RE vom 30.10.1982 – 4 RE-Miet 6/82, NJW 1983, 289; Schmidt-Futterer/*Börstinghaus*, § 559 Rn. 22; Palandt/*Weidenkaff*, § 559 Rn. 3.

309 Vgl. LG Berlin, Urteil vom 18.11.2000 – 62 S 325/00, GE 2001, 279.

310 LG Berlin, Urteil vom 18.1.1999 – 61 S 1342/98, GE 1999, 252.

311 LG Berlin, Urteil vom 18.1.1999 – 61 S 1342/98, GE 1999, 252; OLG Hamm, RE vom 30.12.1992 – 30 RE-Miet 2/91, NJW-RR 1993, 399. Bub/Treier/*Schultz*, Rn. 590–596; Vergleichsbasis immer die modernisierte Wohnung: LG Essen, Urteil vom 14.1.1994 – 1 S 451/93, WM 1994, 317.

312 OLG Hamm, RE vom 30.12.1992 – 30 RE-Miet 2/91, NJW-RR 1993, 399; OLG Hamm, Beschluss vom 30.10.1982 – 1 RE-Miet 6/82, NJW 1983, 289.

Andersherum ist dies selbstverständlich nicht möglich: Ein Vermieter kann nicht zunächst auf Basis der *modernisierten* Wohnung eine Erhöhung auf die ortsübliche Vergleichsmiete nach § 558 BGB vornehmen, um anschließend erneut den Modernisierungszuschlag nach § 559 BGB zu verlangen.[313]

Beispiel:
Eine 65 m²-Wohnung in mittlerer Wohnlage, Altbau, Heizung, Bad und WC im Gang wird modernisiert. Die Miete beträgt 2,50 €/m², d. h. 162,50 €. Ein Bad/WC wird für 4.000 € eingebaut. Der Vermieter möchte die maximal erzielbare Miete erlangen. Im Ergebnis ist es für den Vermieter am sinnvollsten, die Miete erst bis zur ortsüblichen Vergleichsmiete anzuheben, und anschließend den Modernisierungszuschlag zu verlangen, statt nur nach §§ 559 ff. BGB zu erhöhen. Dabei muss auch der jeweilige formale Zusatzaufwand werden, bei § 558 BGB zusätzlich die Begrenzung durch Jahresgrenzen und Kappungsgrenzen sowie das Zustimmungserfordernis, bei § 559 BGB insbesondere die Kostenaufstellung unter den Bedingungen der §§ 559a und 559b BGB.

Tabelle 2: Beispiel Mieterhöhungsalternativen

Mieterhöhung gem. § 559 BGB:	
11 % von 4.000 €	440 €
monatlich (: 12)	36,67 € d.h. 0,56 €/qm
Neue Miete (162,50 € + 36,67 €)	199,17 €
Mieterhöhung gem. §§ 558, 559 BGB:	
Bisherige Miete	162,50 €
Vergleichsmiete laut Mietspiegel z.B. (60qm Altbau)	3,50 €/qm
Kappungsgrenze: 20 % auf 2,50 €/qm	0,50 €/qm
Erhöht um den möglichen Modernisierungszuschlag: (0,50 € + 0,56 €) pro qm	1,06 €/qm
Das heisst:	Gekappt werden nur Beträge größer als 3,56 €/qm.
Neue Miete (65qm x 3,50 €/qm)	227,50 €

Quelle: Eigene Darstellung.

313 AG Lichtenberg, Urteil vom 10.9.2002 – 8 C 60/02, MM 12/2002, 47; *Horst*, Wohnungsmodernisierung, S. 96; *Horst*, NZM 1999, 193.

II. Anpassung der Miete in Frankreich

Das Gesetz von 1989 regelt in seinem Art. 17 die Möglichkeiten des Vermieters, die Miete zu erhöhen, wobei das französische Mietrecht grundsätzlich von einem befristeten Mietverhältnis ausgeht. Die Gründe sind historischer Natur: Im Hinblick auf die nach dem Zweiten Weltkrieg einsetzende Mieterschutzgesetzgebung erachtete es der französische Gesetzgeber als sinnvoll, Mietern für ihre Hauptwohnsitze eine gewisse Planbarkeit zu gewährleisten, indem sie mindestens drei bzw. sechs Jahre dort verweilen können sollten. So bestimmt noch heute Art. 10 des Gesetzes von 1989, dass für Wohnraummietverhältnisse eine gesetzliche Mindestlaufzeit von drei Jahren gilt, wenn der Vermieter eine natürliche Person ist und von sechs Jahren, wenn es sich um eine juristische Person handelt.[314] Ist der Vermieter eine juristische Person, wird vom Gesetzgeber mithin (automatisch) unterstellt, dass er in der Lage ist, auf die einzelne vermietete Wohnung länger zu verzichten und sie nicht selbst für den Eigenbedarf benötigen wird. Das Mietverhältnis verlängert sich nach dem gesetzlichen Modell automatisch um dieselbe Laufzeit, wenn nicht rechtzeitig, nach Maßgabe des Art. 15 des Gesetzes von 1989, von Seiten des Mieters gekündigt wird. Die Kündigungsmöglichkeiten des Vermieters sind dagegen ähnlich wie hierzulande strikt begrenzt; es wird insofern auf ein berechtigtes, d. h. legitimes und ernsthaftes Interesse[315] abgestellt. Im Ergebnis folgt daraus auch in Frankreich ein – faktisch –auf unbegrenzte Zeit abgeschlossenes Mietverhältnis.[316]

1. Mieterhöhung nach Art. 17c des Gesetzes L.89-462

Nach Art. 17c des Gesetzes von 1989 darf die Miete „anlässlich der Verlängerung des Mietverhältnisses“ erhöht werden, wenn sie zum Zeitpunkt des *Ablaufs der vertraglichen Befristung* nicht mehr der ortsüblichen Vergleichsmiete entspricht

---

314 Eine ausnahmsweise kürzere Laufzeit von einem Jahr ist nur unter den Voraussetzungen des Art. 11 des Gesetzes von 1989 möglich. Die sehr strikte Rspr. verlangt einen gewichtigen Grund für die Verkürzung der Laufzeit: CA Paris, Urteil vom 19.2.1991, Dalloz 1993, Somm. 173: „Ein absehbares, sicher eintretendes Ereignis“.

315 Art. 15 Abs. 1 Alt. 2: „un motif légitime et sérieux“.

316 Die Parteien können auch längere Laufzeiten vereinbaren oder ein unbefristetes Mietverhältnis eingehen. Die als „ordre public“ geltenden Regelungen des Gesetzes von 1989 gelten in diesem Fall gleichwohl, so dass ein unbefristetes Wohnungsmietverhältnis aufgrund der eingeschränkten Kündigungs- und Mieterhöhungsmöglichkeiten des Vermieters eine Ausnahme darstellt.

(„manifestement sous-évalué"). Mieterhöhungen sind daher grundsätzlich nur zum Zeitpunkt des Vertragsablaufs zulässig, in der Regel also alle drei bzw. sechs Jahre, wenn nichts Abweichendes vereinbart wurde.

a. Form und Inhalt des Mieterhöhungsverlangens

Will der Vermieter die Miete zur ortsüblichen Vergleichsmiete erhöhen, muss er seinem Mieter mindestens sechs Monate vor Vertragsablauf die Fortführung des Vertragsverhältnisses „anbieten" und dabei den neuen Mietpreis „vorschlagen".

Nach Art. 15 des Gesetzes von 1989 muss dies, aus Gründen der Beweiserleichterung im Falle einer gerichtlichen Auseinandersetzung, per Einschreiben mit Rückschein oder mittels einer Zustellung durch den Gerichtsvollzieher erfolgen. Dieses „Angebot" zur Mieterhöhung[317] muss zudem den gesamten Wortlaut des Art. 17c des Gesetzes von 1989 beinhalten, die errechnete Miethöhe benennen und die der Berechnung zugrunde liegenden Vergleichsmieten aufführen.

Hierzu muss der Vermieter sich auf mindestens drei konkrete Vergleichswohnungen berufen, auf die er seine Kalkulation stützt. Die Wohnungen müssen in unmittelbarer Nachbarschaft liegen und eine gleichwertige Ausstattung aufweisen.[318] Das Gesetz verweist diesbezüglich auf Art. 19, wonach die Wohngebäude, die als Vergleichsobjekte dienen, der betreffenden Mietwohnung sowohl in Lage, Größe und Ausstattung, wie auch insbesondere im Hinblick auf die geographische Nähe ähneln müssen. Nach dem Gesetzeswortlaut muss der Vermieter solche Vergleichsobjekte aufführen, die sich „in der Nachbarschaft" und „in einem anderen Gebäude" befinden; es darf sich bei diesen aber auch um im Eigentum des Vermieters stehende Wohnungen bzw. Wohngebäude handeln.[319]

Ein Artikel 19 ausführendes Dekret Nr. 90-780 vom 21.8.1990 regelt die weiteren konkreten Anforderungen. Demzufolge müssen die drei Vergleichsobjekte wie folgt benannt werden:

- Straße und Hausnummer;
- Ausstattungsgrad und Baujahr;
- genaue Lage, Räume und Wohnfläche sowie Nutzfläche;

---

317 Das Gesetz bezeichnet diese Mieterhöhungsmöglichkeit bewusst (nur) als einen Vorschlag, vgl. „le bailleur peut proposer au locataire (...)".

318 Art. 19 Abs. 2 des Gesetzes von 1989.

319 So CA Paris, Urteil vom 1.10.1990, Dalloz 1993, Somm. 176; CA Nîmes, Urteil vom 29.5.1997, Loyers et copr. 1998, Nr. 37 (m. Anm. Vial-Pédroletti). Abweichend nur: CA Versailles, Urteil vom 17.11.1989, Rev. loyers 1990, 238 (noch zum gleichlautenden Gesetz von 1986).

- sonstige Zusätze, die die Miethöhe des Vergleichsobjekts beeinflusst haben, z. B. Sonderausstattungen wie Aufzug, Balkon usw.;
- Modernisierungszustand der Einrichtungsgegenstände, insbesondere Alter der sanitären Anlagen, des Heizwärmesystems usw.;
- Angabe über die bisherige Verbleibdauer des dort wohnenden Mieters, d. h. länger oder kürzer als drei Jahre[320].

Liegt die betroffene Wohnung des Mieters in einer kommunalen Gebietskörperschaft mit mehr als einer Million Einwohnern, erhöht sich die Anzahl der beizubringenden Vergleichswohnungen von drei auf sechs.[321] In jedem Fall müssen zwei Drittel der Referenzen sich zwingend auf Wohnraummietverhältnisse beziehen, deren Miete seit mindestens drei Jahren, der gesetzlichen Vertragsdauer, unverändert ist.

b. Berechnung

Soll sich der Mietpreis nach Maßgabe der Vergleichsmieten um *nicht mehr als 10 %* erhöhen, ist nach Abs. 7 und 8 des Artikels 17c „die jährliche Miete um ein Drittel der so errechneten Miethöhe" zu erhöhen. Dieser Hinweis im Gesetz ist letztlich nichts anderes als eine Klarstellung, dass sich jede Veränderung der Miete zu Beginn eines Vertragsverhältnisses gerecht auf die Mietvertragslaufzeit, die in der Regel drei Jahre beträgt, verteilen soll. Insofern soll bei Erhöhungen, die bis zu 10 % der bisherigen Miete ausmachen, die Erhöhung auf die Vertragsdauer gerecht verteilen. Die Verlängerung des Mietverhältnisses nach Ablauf der Vertragslaufzeit gilt dann als neuer Vertragsabschluss.

Soll die bisherige jährliche Miete dagegen um *mehr als 10 %* erhöht werden, muss der Vermieter weitergehende Berechnungen anstellen: Er muss dann den Gesamtbetrag der gesamten Mieterhöhung, nach Maßgabe der Gesamtvertragslaufzeit des Mietverhältnisses, errechnen und fiktiv zwingend davon ausgehen, dass es sich um ein sechsjähriges Mietverhältnis handelt. Der Gesamtbetrag muss daher wiederum gerecht auf die jährliche Miete verteilt werden, wobei das Gesetz davon ausgeht, dass der Gesamterhöhungsbetrag durch sechs zu teilen ist.

Die Intention des Gesetzgebers ist klar: Mieter sollen durch bestimmte Preisgrenzen vor zu hohen Mieterhöhungen geschützt werden; die gerechte Vertei-

---

320 Die Angabe dient der Überprüfung, ob der Mietvertrag bereits einmal verlängert wurde oder ob die Miete bei einer Erstvermietung gemäß Art. 17 Abs. 1 des Gesetzes von 1989 zuvor frei zwischen den Vertragspartnern ausgehandelt wurde.

321 Art. 19 Abs. 2 des Gesetzes von 1989.

lung der jährlichen Mieterhöhung auf die jeweilige Vertragslaufzeit wirkt sich letztlich wie eine Kappungsgrenze aus.[322]

Beispiel:
Eine monatliche Nettokaltmiete beträgt am 31.12., nach dreijähriger Vertragslaufzeit, genau 500 € (jährliche Miete 6.000 €, Dreijahresmiete 18.000 €). Der Vermieter verlangt anlässlich der bevorstehenden Vertragsverlängerung eine Mieterhöhung um monatlich 25 €, mithin jährlich 300 €, also „insgesamt" 900 €[323]. Das ist weniger als 10 % der bisherigen Miete. Da der Mietvertrag auf drei Jahre angelegt ist und sich automatisch um drei weitere Jahre verlängert, erhöht sich die Miete „jährlich um ein Drittel des vereinbarten Gesamtbetrages", d. h., wie vom Vermieter beabsichtigt, jährlich um 300 €, monatlich 25 €.[324] Will der Vermieter dagegen monatlich um 55 € erhöhen, was mehr als 10 % sind, so muss er ausrechnen: 55 x 12 x 3 = 1.980 €. 1.980 € : 6 Jahre : 12 Monate = 27,50 € als maximal zulässige monatliche Mieterhöhung. Hier liegt die Kappungsgrenze.

c. Zustimmung des Mieters
Das „Angebot" auf Vertragsverlängerung mit Mieterhöhung nach Art. 17c des Gesetzes von 1989 bedarf zu seiner Wirksamkeit der Zustimmung des Mieters.

Das Mieterhöhungsverlangen ist von Vornherein nichtig, wenn der Vermieter entweder die erforderlichen Referenzen nicht nachweist, oder die formalen Anforderungen des Artikels 17 des Gesetzes von 1989 im Übrigen missachtet. In diesem Fall kann sich der Mieter rückwirkend bis zu 30 Jahre später gegen die unzulässigerweise durchgesetzte Mieterhöhung gerichtlich zur Wehr setzen.[325]

Akzeptiert der Mieter die neue Miethöhe nicht oder schweigt er bis vier Monate vor Vertragsablauf, kann er die kommunale paritätische Schlichtungsstelle (*commission de conciliation*) einschalten. Sie ist ein aus Mietern und Ver-

---

322 Vgl. der Wortlaut der Art. 17c Abs. 7 und 8.

323 Es ist völlig abwegig, davon auszugehen, dass ein Vermieter die Miete als jährlichen oder gar „gesamt-mietvertraglichen" Betrag angibt; nicht nur hierzulande werden Mieten selbstverständlich schon allein wegen der regelmäßig unbegrenzten Vertragslaufzeit als „monatliche Miete" kalkuliert und sind damit von Vornherein „gerecht verteilt".

324 Ist z. B. aber Stichtag für die jährliche Indexmieterhöhung bspw. der 15.7., d. h. ein halbes Jahr früher bzw. später, kann dies für den Mieter zu geringfügigen Nachteilen führen; oder umgekehrt, wegen der später einsetzenden Indexmiete, Vorteile, zumindest in Höhe der im Laufe von sechs Monaten angesammelten Zinsen.

325 CA Paris, Urteil vom 2.4.1998, Gaz. pal. 1999.1. Somm. 8. Zuständig ist nach dem Nouveau Code de la procédure das Tribunal d'Instance.

mietern zusammengesetztes Gremium, das mindestens in jedem Département dem Tribunal d'Instance angegliedert ist. Sie wird von den Parteien häufig dem gerichtlichen Verfahren bei Mietstreitigkeiten vorgeschaltet und erfüllt als Mediationsstelle die Aufgabe, neutral zu vermitteln und Vergleichsvorschläge zu unterbreiten. Gelingt dies nicht, können die Parteien anschließend immer noch die teurere Variante der gerichtlichen Entscheidung herbeirufen, und so die neue Miete bestimmen lassen.[326] Eine Klage ist jedenfalls bis zum Stichtag des Ablaufs des Vertragsverhältnisses noch zulässig.[327]

In der Praxis übernimmt die Schlichtungsstelle eher die Funktion eines „kombinierten Mieter- und Vermietervereins". Allerdings ist die Schlichtungsstelle, anders als hierzulande die genannten Mieter- oder Vermietervereine, nur begrenzt präsent; in einigen Regionen Frankreichs ist sie nur auf departementaler Ebene eingerichtet, so dass gerade in ländlichen Regionen ihre praktische Bedeutung gering ist. Ihre Beratungsdienste sind grundsätzlich kostenpflichtig, letztlich aber in der Regel günstiger als das streitige Verfahren vor Gericht. Bei nachgewiesener Bedürftigkeit übernimmt die Kommune in der Regel die Kosten; anerkannt ist die Kostenübernahme unproblematisch bei Mietern der so genannten „HLM".

Wird bis zum Ablauf des Mietverhältnisses beim Tribunal d'Instance nicht Klage erhoben, verlängert sich das Vertragsverhältnis gemäß Art. 10 unter den bisherigen Bedingungen, d. h. regelmäßig für weitere drei Jahre, automatisch von Gesetzes wegen. Der Vermieter kann in diesem Fall wieder nur unter den strengen Voraussetzungen des Gesetzes kündigen und neu vermieten. Ein praktisches Problem ergibt sich daraus, dass die Schlichtungsstelle in der Regel bis zu diesem Zeitpunkt noch keine Entscheidung getroffen haben wird, während der Vermieter bis vor Vertragsablauf über die Klageerhebung entscheiden muss.[328] Für den Mieter folgt daraus vor allem ein effektiver Mieterschutz mit der Folge, dass die zuvor angekündigte und begehrte Mieterhöhung zur ortsüblichen Vergleichsmiete nicht wirksam wird. Die bloße Ablehnung der vom Vermieter vor Ablauf des Mietvertrages angekündigten Mieterhöhung bedeutet für den Mieter

326 Vgl. auch unten E.II.5.

327 Die Regelungen des Zivilprozessrechts sind im Nouveau Code de la Procédure geregelt.

328 Die Rspr. erachtete es lange Zeit als zulässig, dass das Gericht vor endgültiger Entscheidung der Commission angerufen werden dürfe. Ende 2006 hat der Kassationshof der Praxis entschieden, dass für einen Zeitraum von zwei Monaten eine Entscheidungsfrist einzuhalten ist, bevor der ordentliche Zivilrichter („juge d'instance") angerufen wird: Cour de Cassation, Urteil vom 13.12.2006, Nr. 05-20761.

also keinerlei Rechtsverlust oder Nachteil; auch muss er keine Beendigung des Mietverhältnisses fürchten.[329]

2. Mieterhöhung nach Art. 17d des Gesetzes L.89-462

Regelmäßig sehen Wohnraummietverträge in Frankreich eine Klausel vor, wonach sich die Miete jährlich nach dem sogenannten „Mietenindex" erhöht. Dies ist eine – von den übrigen Mieterhöhungsvarianten völlig unabhängige – Mietanpassung auf der Basis eines Preisindexes. Streng genommen ist diese Mieterhöhung die einzige, die „im laufenden Mietverhältnis" erfolgt. Denn alle anderen Mieterhöhungsvarianten stellen ausschließlich auf den Zeitpunkt des Ablaufs des Vertragsverhältnisses ab.[330]

In der Regel vereinbaren die Parteien die jährliche Anpassung der Miete, so dass sich die Miete jedes Jahr automatisch zum vereinbarten Datum erhöht bzw. andernfalls an dem Tag, an dem der Mietvertrag unterzeichnet wurde.

Berechnung

Die Erhöhung richtet sich nach dem von der Regierung herausgegebenen Mietenindex, der beim Statistischen Amt[331] veröffentlicht wird. Seit dem 10.2.2008 handelt es sich hierbei nicht mehr, wie früher, um den (reinen) Baukostenindex[332], sondern nunmehr gemäß Art. 9 des Gesetzes L.2008-111[333] um einen jährlichen Mietenindex[334] auf der Basis des Verbraucherpreisindexes.[335]

Das folgende Beispiel veranschaulicht, wie die Erhöhung berechnet wird: Ein Mietvertrag, der am 1.1.2005 unterzeichnet wurde, eine Miete von 500 € vorsieht und eine jährliche Anpassungsklausel ohne konkrete Datumsangabe vorsieht, hat den 1.1. als Stichtag für die jährlich erfolgenden Mieterhöhungen. Am 1.1.2005 war der Mietenindex des zweiten Quartals des Jahres 2004 aktuell, ver-

329 Das ist sehr umstr., da es eine grundsätzliche Ablehnung des Mieterhöhungsverlangens begünstigt und die Rechte des Vermieters auf das bloße Unterbreiten eines Vertragsangebots reduziert. Vgl. *Aubert/Bihr*, La location d'habitation, Nr. 239 m.w.N.

330 Sie ist nicht zu verwechseln mit der „Indexmiete" in Deutschland; vgl. oben D.I.3.d.

331 Institut national de la Statistique et des Études Économiques, http://www.insee.fr.

332 „Indice du coût de la construction".

333 Gesetz L.2008-111 vom 8.2.2008.

334 „Indice de référence des loyers" (IRL).

335 „Prix à la consommation hors tabac et hors loyers".

öffentlicht beim Statistischen Amt am 15.10.2004. Am 1.1.2006 erfolgt demzufolge die erste Mieterhöhung. Der Mietenindex des zweiten Quartals 2005 lautet zu diesem Zeitpunkt 102,60, war mithin um 2,6 % höher als der Referenzindex 100,00 des zweiten Quartals 2004. Die Miete erhöht sich deshalb wie folgt:

Ursprüngliche Miete	x	Mietenindex zum Stichtag (Zeitpunkt der eintretenden Mieterhöhung) / Mietenindex desselben Quartals des Vorjahres

Für das hier gewählte Beispiel folgt daraus: 500 € x (102,60 / 100,00) = 513 €.

3. Mieterhöhung nach Art. 17e des Gesetzes L.89-462

Selbstverständlich ist es den Mietvertragsparteien auch in Frankreich unbenommen, im Wege der Privatautonomie eine vertragliche Vereinbarung über die Durchführung von Modernisierungsarbeiten zu treffen. Der Gesetzgeber hat diese Möglichkeit zur individualvertraglich vereinbarten Mieterhöhung mit Art. 17e des Gesetzes von 1989 vorgesehen (Modernisierungsabrede). Dadurch können die Parteien unabhängig vom jährlichen Mietenindex auch eine höhere Miete nach Maßgabe durchgeführter oder durchzuführender Modernisierungsmaßnahmen des Vermieters treffen. Modernisierungen, die der Mieter durchführt oder durchgeführt hat, sollen dagegen nicht unter eine solche Abrede fallen.[336]

a. Form und Inhalt

Die Modernisierungsabrede kann nur dann eine Mietanpassung bewirken, wenn sie sich auf schon durchgeführte und endgültig abgeschlossene, mithin auf Dauer angelegte und erbrachte, Modernisierungsmaßnahmen bezieht. Mit dieser Klarstellung wollte der Gesetzgeber verhindern, dass ein Vermieter andere Gründe für eine Mieterhöhung vorschieben kann, um dann in missbräuchlicher Absicht die Klausel als Einfallstor für jegliche Arten von Mieterhöhungen heranzuziehen. Die Klausel selbst muss daher nach dem Gesetzeswortlaut schriftlich vorliegen und inhaltlich klar und bestimmt sein.

336 Vgl. der Wortlaut: „(...) que le bailleur fera exécuter". Der Begriff „bailleur" ist weit auszulegen und dient nur als Klarstellung, dass nicht der Mieter gemeint ist; insofern kommt auch eine Hausverwaltung, ein Facility Management o. Ä. auf Vermieterseite in Betracht.

Im Ergebnis war es das Ziel des Gesetzgebers, den Mietvertragsparteien eine Möglichkeit zur individuellen Vereinbarung aller Modalitäten von der Planung bis zur Durchführung von gewünschten Modernisierungsmaßnahmen zu verschaffen. Dabei sollte es ihnen eingeräumt werden, die Miete auch während der laufenden Vertragslaufzeit nach freien Stücken anpassen zu dürfen.

Die Vereinbarung einer solchen Modernisierungsklausel bietet sich für den Vermieter immer dann an, wenn absehbar ist, dass innerhalb der Vertragslaufzeit bzw. nach entsprechenden Vertragsverlängerungen Modernisierungen geplant werden bzw. durchgeführt werden sollen. Aus Mietersicht kann eine solche Vereinbarung sinnvoll sein, wenn es dem Mieter auf die Realisierung der Modernisierungsmaßnahmen explizit ankommt. Richtiger Zeitpunkt für die Modernisierungsvereinbarung ist deshalb der Moment des Vertragsschlusses selbst, auch wenn die Maßnahmen noch gar nicht konkret geplant sind; die Vereinbarung kann aber auch zu einem späteren Zeitpunkt nachgeholt werden.

Zwingendes Formerfordernis ist die Schriftlichkeit; mündliche Abreden reichen nicht aus.[337] Daneben muss, wie sich aus dem Wortlaut des Art. 17e ergibt, der Vermieter auch Bauherr der Modernisierungsmaßnahme(n) sein. Ebenfalls muss die Klausel konkret die von ihr umfassten Modernisierungsarbeiten benennen, vor allem die geplanten Maßnahmen, die Art, den Umfang, die erwartete Dauer und Beeinträchtigung, sowie insbesondere die konkret erwartete Mieterhöhung unter Zugrundelegung der Nettokaltmiete des Mieters.[338]

b. Berechnung

Die neue Miete kann zwischen den Vertragsparteien frei vereinbart werden.[339] Dabei ist den Vertragsparteien ein weiter Spielraum eingeräumt; so lange die Klausel inhaltlich klar und bestimmt formuliert und schließlich auch individuell aushandelt wurde, soll es den Vertragsparteien überlassen bleiben, welche Mieterhöhung sie vereinbaren.

Falls die Klausel ein konkretes Verfahren zur Berechnung der neuen Miete nicht enthält, stehen dem Vermieter grundsätzlich zwei Verfahren zur Auswahl: Entweder wählt er das formale Verfahren nach Art. 17c wie bei der Vergleichsmiete anlässlich einer Vertragsverlängerung. Dann hat er auch hier modernisierte Vergleichswohnungen zu benennen und sicherzustellen, dass eine gerechte Verteilung auf die gesamte Mietdauer, d. h. auf die jeweilige Vertragszeit,

---

337 So das CA Paris, Urteil vom 11.1.1993, Loyers et copr. 1993, Nr. 167.

338 Cour de Cassation, Civ. 3e, Urteil vom 5.6.2002, Loyers et copr. 2002, Nr. 254.

339 Cour de Cassation, Civ. 3e, Urteil vom 5.6.2002, Loyers et copr. 2002, Nr. 254.

erfolgt. Alternativ kann die Miete auch in Abhängigkeit von den tatsächlich entstandenen Baukosten neu berechnet werden.[340] In diesem Fall hängt die Mieterhöhung davon ab, ob die „Modernisierungskosten“ hinreichend dargelegt werden können. Das genaue Verfahren muss dann von den Parteien individualvertraglich bestimmt worden sein. Die Beweislast liegt in diesem Fall beim Vermieter selbst. Er hat also sicherzustellen, dass die Vertragsklausel eine betragsmäßige oder prozentuale Erhöhung der Miete vorsieht und die geltend gemachten Baukosten, die nachgewiesen werden müssen, sich im Rahmen des zuvor Vereinbarten halten.

Die Rechtsprechung[341] verlangt insofern, dass die für die Erhöhung tatsächlich entstandenen Modernisierungskosten vom Vermieter durch geeignete Quittungen nachgewiesen werden. Andernfalls sind die behaupteten Investitionen nicht nachweisbar, so dass eine Mieterhöhung nicht eintritt. Die Kosten müssen dabei auf die von der Modernisierung profitierenden Mietwohnungen im Haus anteilsmäßig nach billigen Kriterien gleichmäßig aufgeteilt werden, so dass jedes Mietverhältnis nur mit den für sie tatsächlich aufgebrachten Kosten belastet wird.[342] Wie auch hierzulande im Rahmen des § 559 BGB müssen vorhandene Leerstände berücksichtigt werden, was häufig übersehen wird, wenn der Vermieter einfach auf die gesamte Wohnquadratmeterzahl des Gebäudes abstellt.[343]

Soll die neue Miete prozentual nach Maßgabe der Summe der angefallenen Modernisierungskosten bemessen werden, soll der Vermieter nach Auffassung der Rechtsprechung primär nach dem Verfahren der Art. 17c Abs. 7 und 8 des Gesetzes von 1989 verfahren: Er muss in diesem Fall zumindest den Anteil seiner Kosten gerecht auf das gesamte Mietverhältnis verteilen, oder zumindest auf die Restlaufzeit des Vertrages bis zur nächsten Vertragsverlängerung. Wie in Deutschland tritt die Mieterhöhung in jedem Falle erst nach Abschluss der Arbeiten ein; zum Schutze des Mieters sind anders lautende Vereinbarungen unwirksam, auch wenn der Mieter rückwirkenden Mieterhöhungen zustimmen sollte.[344]

340 CA Paris, Urteil vom 12.5.1989, D. 1989. Somm. 400.

341 Cour de Cassation, Civ. 3e, Urteil vom 5.6.2002, Loyers et copr. 2002, Nr. 254.

342 CA Paris, Urteil vom 12.5.1989, D. 1989. Somm. 400.

343 Bei einer Modernisierung des Wärmedämmschutzes des gesamten Hauses bei zehn Mietparteien müssen die angefallenen Baukosten insofern von Vornherein durch zehn dividiert werden, vgl. CA Paris, Urteil vom 3.11.1992, Loyers et copr. 1993, Nr. 83.

344 So ausdrücklich Art. 17e: „la majoration du loyer consécutive à la réalisation de ces travaux“.

4. Besonderheiten für Ballungszentren

Für Ballungszentren wie den Großraum Paris[345] gelten nach Art. 18 des Gesetzes von 1989 auch heute noch gesetzliche Mietoberbegrenzungen, die ein Vermieter anlässlich einer Neuvermietung, aber auch anlässlich einer gesetzlichen oder individualvertraglichen Mieterhöhung zwingend zu beachten hat.[346] Hintergrund ist die Annahme, dass gerade in Ballungszentren das Wohnraumangebot nicht ausreicht, um die hohe Nachfrage zu bedienen; insofern besteht ein ständiger Anreiz für Vermieter, Mietwohnungen zu überteuerten Preisen auf dem Markt anzubieten. Der Gesetzgeber wollte daher überhöhten Mietpreisen in Ballungszentren mit regional begrenzter Wohnungsnot entgegentreten.

Ein jährlich von der französischen Regierung erlassenes Dekret[347] legt diese Voraussetzungen fest, unter denen in den darin genannten Kommunen die Anfangsmiete bei Erst- bzw. Neuvermietung gemäß Art. 17b festgelegt werden darf oder Mieterhöhungen nach Art. 17c des Gesetzes von 1989 zulässig sind.[348]

E. (Gegen-)Rechte des Mieters

I. Die Rechte des Mieters bei Modernisierungen in Deutschland

1. Sonderkündigungsrecht wegen Modernisierung

§ 554 Abs. 3 BGB berechtigt den Mieter, bis zum Ablauf des Monats, der auf den Zugang der Mitteilung über die beabsichtigten Modernisierungsmaßnahmen folgt, außerordentlich zum Ablauf des nächsten Monats zu kündigen. Im Falle von Bagatellmaßnahmen gilt dieses Kündigungsrecht nicht. Hintergrund ist, dass ein Mieter, der an sich die Modernisierungsmaßnahmen dulden müsste, die Chance erhält, das Mietverhältnis zu beenden, welches er unter diesen Um-

345 Tatsächlich sind neben der Cité de Paris weitere Kommunen vom Anwendungsbereich umfasst: so u. a. Kommunen im Departement Hauts-de-Seine, Seine-Saint-Denis, Val-de-Marne, und andere im Departement Essonne, Val-d'Oise, Seine-et-Marne und Yvelines.

346 Das Gesetz spricht von: „zone géographique oú le niveau et l'évolution des loyers comparés à ceux constatés sur l'ensemble du territoire révèlent une situation anormale du marché locatif (...)".

347 Zuletzt die Dekrete „relatif à l'évolution de certains loyers dans l'agglomération de Paris" Nr. 2007-1286 vom 29.8.2007 (François Fillon), und zuvor Nr. 2006-1049 vom 23.8.2006 (Dominique de Villepin).

348 Conseil d'Etat, Urteil vom 9.10.2002, Nr. 239417 hat Zulässigkeit solcher Mietobergrenzen bestätigt.

ständen nicht mehr fortsetzen möchte. Das Kündigungsrecht kann nur bis zum Ablauf des jeweiligen Monats, der auf den Zugang der Mitteilung über die Modernisierungsmaßnahmen folgt, ausgeübt werden. Gleiches gilt erst recht, wenn die Maßnahmen überhaupt nicht angekündigt wurden; zwar steht dies so nicht im Gesetz, ergibt sich aber aus dem Umkehrschluss. In diesem Fall beginnt die Kündigungsfrist mit dem Zeitpunkt, in dem eine ordnungsgemäße Mitteilung hätte erfolgen müssen; unerheblich ist, ob der Mieter das Modernisierungsverlangen des Vermieters grundsätzlich kannte.[349] Kündigt der Mieter, muss der Vermieter die Bauausführung für seinen Wohnbereich unterlassen, und zwar so lange, bis das Mietverhältnis beendet und der Mieter ausgezogen ist.

2. Sonderkündigungsrecht wegen Mieterhöhung

Auch für den Fall, dass der Vermieter die Miete nach Abschluss der Arbeiten nach Maßgabe des § 559 BGB erhöht, steht dem Mieter ein Sonderkündigungsrecht zu. Es gilt dann § 561 BGB mit doppelt so langen Fristen wie bei dem Kündigungsrecht nach § 554 Abs. 3 BGB. Ein Mieter kann also bis zum Ablauf des zweiten Monats nach Zugang der Erklärung über die Mieterhöhung das Mietverhältnis zum Ablauf des übernächsten Monats kündigen. Kündigt er, tritt gemäß § 561 Abs. 1 S. 2 BGB die Mieterhöhung bis zur Beendigung des Mietverhältnisses nicht ein.

3. Allgemeine Kündigungsrechte

Das Sonderkündigungsrecht aus § 554 Abs. 3 S. 2 BGB schließt nicht die Anwendung des Kündigungsrechts aus § 543 Abs. 2 Nr. 1 BGB aus. Jeder Mieter kann daher grundsätzlich das Mietverhältnis mit kürzeren Fristen aus wichtigem Grund kündigen, wenn die Voraussetzungen hierfür vorliegen.

Und auch die Möglichkeit zur ordentlichen Kündigung mit dreimonatiger Kündigungsfrist gemäß § 573c Abs. 1 BGB bleibt hiervon unberührt.

---

349 LG Essen, Urteil vom 29.6.1990 – 1 S 164/90, WuM 1990, 513.

4. Mietminderung

Im Falle von Bauarbeiten in und an der mieterlichen Wohnung liegt häufig eine erhebliche Gebrauchsbeeinträchtigung vor. Die Duldungspflicht aus § 554 BGB lässt dabei die §§ 535 ff. BGB unberührt.[350] Als Reaktion auf die mit den Baumaßnahmen verbundenen Unzuträglichkeiten kann der Mieter deshalb die Miete nach § 536 BGB unter Umständen auch mindern, selbst wenn er gesetzlich zur Duldung der Maßnahmen verpflichtet ist.[351]

Das Recht zur Mietminderung greift, sobald ein Mieter in seinem vertragsgemäßen Gebrauch der Mietsache gestört bzw. nicht unerheblich beeinträchtigt ist. Ein solcher Mangel liegt immer dann vor, wenn die „Tauglichkeit" zum Gebrauch der Mietsache beeinträchtigt ist, sei es infolge der Beschaffenheit der Mietsache, oder infolge von Umständen, Einwirkungen oder menschliches Verhalten. Häufige Beispiele für Störungen sind Beeinträchtigungen durch Baulärm, sowie Verschmutzungen[352] und Einschränkungen der Licht-/ Luftzufuhr durch Baugerüste oder Abdeckplanen vor den Fenstern.[353] In diesem Fall gilt die Miete qua Gesetz nach § 536 Abs. 1 BGB als gemindert. Die Minderung ist aber ausgeschlossen, wenn der Mangel vom Mieter selbst zu vertreten ist. Dies kann im Einzelfall dadurch geschehen, dass er die Arbeiten unzulässigerweise verhindert bzw. nicht durchführen lässt.[354] Ein weiterer Ausschlussgrund ist gegeben, wenn der Vermieter während der Zeit der Modernisierung eine zumutbare Ersatzwohnung zur Verfügung stellt oder für eine angemessene Hotelunterkunft sorgt.

5. Aufwendungsersatz

Nach § 554 Abs. 4 S. 1 BGB sind dem Mieter in angemessenem Umfang Aufwendungen zu ersetzen, die er infolge der Modernisierung machen musste. Insoweit

---

350 Vgl. LG Berlin, Urteil vom 18.2.1997 – 64 S 467/96, GE 1997, 619.

351 Bub/Treier/*Kraemer*, III A Rn. 1121 und zum Ganzen auch *Horst*, Praxis des Mietrechts, Rn. 530 m.w.N. auf div. Rspr.

352 LG Mannheim, Urteil vom 3.7.1985 – 4 S 29/85, WuM 1986, 139.

353 Z. B. auch Aufstellen eines Baugerüsts an der Hausfassade: KG, Urteil vom 8.1.2001 – 8 U 5875/99, GE 2001, 620; das Wohlbefinden beeinträchtigende Bauarbeiten: AG Weißwasser, Urteil vom 18.4.1994 – 3 C 701/93, WuM 1994, 601, oder vorübergehender Heizungsausfall LG Hamburg, WuM 1976, 10 in den Sommermonaten (!).

354 Vgl. LG Berlin, Urteil vom 5.3.1999 – 64 S 367/98, NZM 1999, 1137.

muss der Vermieter sogar Vorschuss leisten.[355] Aufwendungen in diesem Sinne sind z. B. Vorbereitungsmaßnahmen der Wohnung für den Umbau, d. h. der Abbau von Möbeln[356] oder deren Umstellung[357], die Beaufsichtigung der Arbeiten und die anschließende Reinigung[358]. Selbst die eigene Arbeitskraft des Mieters ist aufwendungsersatzfähig, mit Ausnahme der üblichen und zumutbaren Eigenleistungen.[359] Bei besonders intensiven Modernisierungsarbeiten kann er unter Umständen die Kosten für eine vorübergehende Unterbringung im Hotel oder Pflegeheim, abzüglich der ersparten Unterhaltskosten, ersetzt verlangen.[360] Ersatzfähig ist auch die zeitweilige Auslagerung der Möbel, deren Reparatur und die Kosten für Erneuerungen und Änderungen der Dekoration, für Tapezierung, Streichen und Reinigung.[361] Außerdem sind ersatzfähig Urlaubstage des Mieters, wenn sie eigens als gesonderter unbezahlter Urlaub genommen wurden, oder Aufwendungen, die entstanden sind, weil die angekündigten Arbeiten tatsächlich am verabredeten Tag gar nicht ausgeführt wurden.[362]

Es bedarf vor der Geltendmachung dieses Anspruchs auch keiner Aufforderung des Mieters zur Abhilfe unter Fristsetzung mit Ablehnungsandrohung.[363] Insofern bietet sich auch eine Vergleichsregelung über den (teilweisen) Erlass von Mietzahlungen für eine bestimmte Zeit an; zwar kann sich der Mieter auch im Nachhinein dann nicht mehr auf tatsächlich entstandene höhere Kosten berufen. Ein solcher Vergleich verstößt aber nicht gegen § 554 Abs. 5 BGB dar.[364]

---

355 Abs. 4 Satz 2. Ob dieser allerdings vom Mieter im Wege einer einstweiligen Verfügung geltend gemacht werden kann, ist – anders als bei der einstweiligen Verfügung gegen die Duldung – äusserst streitig, vgl. AnwK-BGB/*Riecke*, § 554 Rn. 46.

356 Selbstverständlich einschl. „Wiederaufbau" nach Abschluss der Sanierung, also z. B. Demontage und anschl. Wiederaufbau einer Einbauküche durch eine Fachfirma zur Ermöglichung einer Sanierung mit der Neuverlegung von Rohren: AG Lichtenberg, Urteil vom 26.10.2001 – 5 C 291/01, MM 2002, 142.

357 LG Dresden, Urteil vom 21.12.1995 – 9 S 305/94, ZMR 1996, 267.

358 LG Hamburg, Urteil vom 28.7.1987 – 16 S 19/87, WuM 1987, 386.

359 AG Hamburg, Urteil vom 30.1.1987 – 41 C 1230/86 , WuM 1987, 386.

360 LG Hamburg, Urteil vom 25.7.1986 – 11 S 84/86, WuM 1987, 386.

361 LG Essen, Urteil vom 21.2.1979 – 1 S 577/78, WuM 1981, 67.

362 AnwK-BGB/*Riecke*, § 554 Rn. 37.

363 LG Essen, Urteil vom 21.2.1979 – 1 S 577/78, WuM 1981, 67.

364 LG Berlin, Urteil vom 23.2.2001 – 63 S 204/00, MM 2002, 52.

6. Anfechtung der Duldungserklärung

Selbst wenn ein Mieter seine Zustimmung zur Duldung der Modernisierung grundsätzlich gegeben hat, kann er sie, falls die Voraussetzungen der §§ 119 ff. BGB vorliegen, nach den allgemeinen Regeln anschließend anfechten. Die praktische Relevanz einer solchen Anfechtung ist jedoch gering, da sich der Mieter hierzu auf einen Irrtum, eine Täuschung oder eine Drohung des Vermieters berufen muss. Ficht er erfolgreich an, so hat er auch keinen Wertverbesserungszuschlag zu zahlen, bis die Duldungspflicht vom Vermieter durchgesetzt wurde.[365]

7. Schadensersatz

Ob Mieter über die in § 554 BGB normierten Gewährleistungsrechte hinaus auch Schadensersatz nach dem allgemeinen § 536a Abs. 1 Fall 2 BGB verlangen können, ist strittig: In der Vergangenheit sind Schadensersatzansprüche nach den Regeln über die positive Vertragsverletzung gemäß §§ 280 Abs. 1, 241 Abs. 2, 311 Abs. 2 BGB zugesprochen worden.

Sie können bestehen, wenn durch fehlerhafte Ausführung einzelner Arbeiten eigene Sachen des Mieters beschädigt werden.[366] Ein Vermieter hat sich dabei das Verschulden der Arbeiter, die als seine Hilfspersonen angesehen werden, zuzurechnen.[367] Der Anspruch soll auch bestehen, wenn keine verbindlichen Absprachen mit den Mietern über Termine getroffen wurden, und sich deshalb z. B. einzelne Mieter bereithalten, um die Handwerker hereinzulassen, andere ihnen aber den Zutritt versperren.[368] Schließlich hat ein Vermieter auch die Umzugskosten zu erstatten, wenn er die zu erwartende Mietzinserhöhung zu hoch beziffert und den Mieter dadurch zum Auszug veranlasst hat.[369] Der Vermieter haftet hier aber nicht schon allein wegen der Auftragserteilung zur Modernisierung als solche. Das für den Schadensersatzanspruch notwendige Verschulden

365 LG Berlin, Urteil vom 18.11.1985 – 61 S 134/85, GE 1986, 909.

366 So z. B. durch unsachgemäßes Arbeiten eines Handwerkers, so dass ein Möbel verkratzt.

367 Vgl. BGH, Urteil vom 15.11.1989 – VIII ZR 46/89, NJW 1990, 453 (454).

368 LG Hamburg, Urteil vom 3.6.1983 – 11 S 328/82, WuM 1989, 173 „Schadensersatz wegen vergeudeten Urlaubs".

369 Vgl. OLG Karlsruhe, Beschluss vom 7.10.1981 – 3 RE-Miet 6/81, WuM 1982, 11; vgl. BayObLG, RE vom 25.5.1982 – RE-Miet 2/82, WuM 1982, 203, beide: „unberechtigte Eigenbedarfskündigung".

muss im Einzelfall vorliegen und vom Mieter dargelegt werden.[370] Es kann bejaht werden, wenn der Vermieter die zu erwartende Miete schuldhaft zu niedrig angegeben hat – und so die Duldung ausgelöst hat.[371]

8. Wiederherstellung des ursprünglichen Zustands

Selbstverständlich muss der Vermieter nach Abschluss der Modernisierung den früheren Zustand der Wohnung wiederherstellen, jedenfalls hinsichtlich des nicht von der Modernisierung betroffenen Teils. Dies ergibt sich bereits aus der generellen Pflicht des Vermieters, die Mietsache in vertragsgemäßem Zustand zu erhalten. So sind Schmutzrückstände zu beseitigen, Wandübergänge neu zu streichen, Einrichtungsgegenstände zurückzubringen und Dekorationsschäden zu beseitigen.[372] Gleiches gilt bei Außenarbeiten: Nach erfolgter Wärmedammmaßnahme sind z. B. funktionsfähige Außenjalousien wieder anzubringen[373], auch Metallgitterhaltungen von Blumenkästen an Balkonen.[374] Verweigert sich der Vermieter, kann der Mieter ihn in Verzug setzen und die Maßnahmen anschließend selbst vornehmen, um sodann Ersatz für die erforderlichen Aufwendungen zu verlangen. Allerdings verstößt es gegen den Grundsatz von Treu und Glauben, wenn der Mieter den Rückbau einer Modernisierungsmaßnahme verlangt, nur weil der Vermieter die verweigerte Duldung nicht auch gerichtlich durchsetzte, der Mieter gleichwohl aber materiell zur Duldung verpflichtet gewesen wäre.[375]

9. Kein Abweichen zum Nachteil des Mieters

Nach § 554 Abs. 5 BGB ist bei Wohnraummietverträgen jede zum Nachteil des Mieters von den Absätzen 2 bis 4 abweichende Vereinbarung unwirksam. Der „Nachteil" bemisst sich nach den Folgen im Vergleich zur gesetzlichen Regelung.

---

370 LG Berlin, Urteil vom 18.2.1997 – 64 S 467/96, GE 1997, 619 (621).

371 LG Bautzen, Urteil vom 14.1.1998 – 1 S 176/97, WuM 1999, 45.

372 LG Bonn, Urteil vom 2.7.1990 – 6 S 86/90, WuM 1990, 388.

373 LG Berlin, Urteil vom 19.6.1997 – 61 S 449/96, NZM 1998, 432.

374 AG Tempelhof-Kreuzberg, Urteil vom 6.8.1990 – 13 C 163/90, MM 1990, 353.

375 LG Berlin, Urteil vom 23.12.2003 – 65 S 179/03, ZMR 2004, 193.

In der Praxis heißt das, dass die Duldungspflichten weder einzelvertraglich, noch durch Formularmietverträge im Voraus über den Rahmen der § 554 Abs. 2 und 3 BGB erweitert werden dürfen.[376]

Unzulässig ist z. B. ein vertraglicher Verzicht des Mieters auf die Ankündigung der Maßnahmen[377] oder auch nur die Einschränkung dieser Ankündigungspflicht. Gleiches gilt für den Ausschluss oder die Beschränkung des Sonderkündigungsrechts oder des Aufwendungsersatzanspruches aus § 554 Abs. 4 BGB.[378] Vereinbarungen bei Mietvertragsabschluss, durch die sich der Mieter verpflichtet, bestimmte Modernisierungsmaßnahmen zu dulden, ohne dass die finanziellen Auswirkungen zu berücksichtigen sind, sind ebenfalls unzulässig.[379] Wenn allerdings ein Mieter in – nachgewiesener – Kenntnis der genauen baulichen und finanziellen Auswirkungen der Modernisierung eine dahingehende vertragliche Vereinbarung unterzeichnet, so ist dies zumindest ein Indiz dafür, dass er die geplante Maßnahme nicht als Härte empfindet. In Formularmietverträgen ist die Bestimmung einer generellen Duldungspflicht gegenüber bestimmten Verbesserungsmaßnahmen auch unzulässig, da dies die in Abs. 2 vorgeschriebene Interessenerwägung umgehen würde.[380]

Nachdem aber §§ 554 Abs. 5 und 559 Abs. 5 BGB nur Abweichungen zum Nachteil des Mieters ausschließen, sind vertragliche Erweiterungen der Mieterrechte wie die Einschränkung der Duldungspflicht des Mieters oder die summenmäßige Begrenzung der Mieterhöhung selbstverständlich möglich.

---

376 Sehr weitgehend diesbezüglich: LG Berlin, Urteil vom 4.9.1987 – 65 S 496/86, GE 1987, 1219, das jede Vereinbarung zur Zustimmung/Duldung für unwirksam hält.

377 LG Berlin, Beschluss vom 18.2.1986 – 64 T 2/85, GE 1986, 609.

378 LG Stuttgart, Urteil vom 31.1.1986 – 20 O 376/85, WuM 1987, 252. Keine unzulässige Abweichung liegt vor, wenn sich Vermieter und Mieter im Wege eines Vergleichs auf die Höhe eines Aufwendungsersatzanspruches des Mieters nach § 554 Abs. 4 BGB einigen: LG Berlin, Urteil vom 23.2.2001 – 63 S 204/00, MM 2002, 52 (53): „Konkretisierung des Aufwendungsersatzanspruchs durch Vereinbarung einer Monatsmiete".

379 LG Berlin, Urteil vom 4.9.1987 – 65 S 496/86, GE 1987, 1219.

380 BGH, Urteil vom 15.5.1991 – VIII ZR 38/90, NJW 1991, 1750 (1754); OLG Celle, Urteil vom 29.12.1989 – 2 U 200/88, WuM 1990, 103 (106 f.); OLG Frankfurt, Urteil vom 19.12.1991 – 6 U 108/90, WuM 1992, 56 (59 f.).

II. Die Rechte des Mieters bei Modernisierungen in Frankreich

Da französische Wohnraummieter, wie oben gesehen, grundsätzlich keine außerordentlichen Mieterhöhungen während des laufenden Mietverhältnisses zu befürchten haben, räumt ihnen der Gesetzgeber folgerichtig auch keine besondere Möglichkeit ein, sich einer den gesetzlichen Anforderungen entsprechenden ordnungsgemäßen Modernisierung oder gesetzlich zulässigen Mieterhöhung zu widersetzen. Aus diesem Grund existieren beispielsweise keine Sonderkündigungsrechte wegen oder anlässlich einer Modernisierung, und zwar auch nicht nach baulichen Veränderungen.

1. Kündigungsrecht wegen Unbewohnbarkeit

Der Mieter darf nach Art. 7e des Gesetzes von 1989 das Mietverhältnis gemäß den für alle Mietverhältnisse geltenden Bestimmungen des Art. 1724 Abs. 3 C.Civ. kündigen, wenn die Mietsache unbewohnbar bzw. die Bewohnbarkeit erheblich eingeschränkt ist. Die Kündigungsfrist folgt dabei aus dem für Wohnraummietverhältnisse spezielleren Art. 12 des Gesetzes von 1989. Letztlich ist der Verweis aber überflüssig, da es sich bei dem Kündigungsrecht des Code Civils nicht (mehr) um einen Sonderfall handelt, seit Art. 17 des Gesetzes von 1989 ein allgemeines jederzeitiges Kündigungsrecht des Mieters vorsieht. Mieter haben daher nur das – allgemeine – Kündigungsrecht.

2. Allgemeines Kündigungsrecht

Der Mietvertrag kann von dem Wohnraummieter jederzeit unter Einhaltung einer dreimonatigen Kündigungsfrist ordentlich ohne Angabe von Gründen gekündigt werden.[381] Diese Frist ist selbst bei erheblich beeinträchtigenden Modernisierungsmaßnahmen des Vermieters einzuhalten; denn ein Sonderkündigungsrecht gibt es nicht. Geschützt werden die Mieter dadurch, dass Maßnahmen, die erhebliche Beeinträchtigungen zur Folge haben und dadurch unzumutbar wären, schon nach Art. 7e des Gesetzes von 1989 und (auch) Art. 14

381 Art. 12 des Gesetzes von 1989.

Abs. 1 des Gesetzes von 1948 unzulässig sind. In diesem Fall würde also eine Duldungspflicht des Mieters von Vornherein gar nicht bestehen.[382]

Form und Frist des Kündigungsschreibens richten sich nach Art. 15-I Abs. 2 des Gesetzes von 1989. Die regelmäßige Kündigungsfrist von drei Monaten kann sich ausnahmsweise auf einen Monat reduzieren, wenn ein Umzug des Mieters durch die Aufnahme eines neuen Arbeitsverhältnisses oder den Verlust seines bisherigen Hauptarbeitsverhältnisses veranlasst wird.[383] Der Gesetzgeber hat außerdem auch für Senioren eine besondere Regelung vorgesehen: Die verkürzte Kündigungsfrist gilt nämlich auch für Mieter mit einem Lebensalter von mehr als 60 Jahren, wenn deren Gesundheitszustand einen Umzug und somit die Kündigung des Vertrages, erforderlich macht.[384]

Das Kündigungsschreiben muss dem Vermieter nach den gesetzlichen Anforderungen zwingend per Einschreiben/Rückschein oder durch gerichtliche Zustellung mittels Gerichtsvollzieher zugestellt werden. Fristbeginn ist wie hierzulande der Zeitpunkt der Zustellung des Kündigungsschreibens.

3. Schadensersatz

Erleidet der Mieter infolge der vom Vermieter durchgeführten oder beauftragten Bauarbeiten Schäden an seinen in die Mietsache eingebrachten Gütern oder sonstigem Vermögen, richtet sich sein Schadensersatzanspruch nach den (allgemeinen) Artt. 1146 ff., 1383 ff. C.Civ., sowie dem insoweit für Mietverhältnisse spezielleren 1721 C.Civ.

---

382 Wie oben gesehen, stellen Modernisierungsmaßnahmen im engeren Sinne nur solche Arbeiten dar, die entweder an gemeinschaftlich genutzten Bereichen des Gebäudes oder an privaten Bereichen des Mieters (Mietwohnung) durchgeführt werden, ohne die Gebrauchstauglichkeit vollständig aufzuheben. Andernfalls würde es sich um Maßnahmen im Sinne der Artt. 10 ff. des Gesetzes von 1948 handeln; vgl. oben Kap. 2.C.II.1.

383 Durch Art. 223 des Gesetzes L.2002-73 vom 17.1.2002 in Art. 15-I eingefügt.

384 Durch Gesetz L.94-624 vom 21.7.1994 in Art. 15-I eingefügt.

a. Responsabilité contractuelle

Art. 1146 C.Civ. regelt den auf alle Schuldverhältnisse anwendbaren allgemeinen Schadensersatzanspruch, wenn drei Voraussetzungen vorliegen:

- Die schuldhafte Nichterfüllung von vertraglichen Pflichten („faute"),
- die haftungsbegründende Kausalität zwischen Pflichtverletzung und Schaden („lien de causalité"), sowie
- das Vorliegen eines ersatzfähigen Schadens („dommage direct, actuel, certain et légitime"[385]).

Für Mietverhältnisse gilt die Sonderregelung des Art. 1721 C.Civ. Hiernach besteht ein spezieller Schadensersatzanspruch bei Nichterfüllung der vermieterseitigen Pflichten aus Art. 1720 C.Civ.[386] Es handelt sich dabei um eine verschuldensunabhängige Garantiehaftung des Vermieters. Sie umfasst in alle vor oder nach Vertragsschluss auftretenden Schäden beim Mieter, die aufgrund einer Verletzung der Hauptleistungspflichten des Vermieters entstehen, auch wenn sie dem Vermieter nicht bekannt waren. Diese Garantiehaftung ähnelt derjenigen des § 536a Abs. 1 Halbs. 1 BGB.[387]

b. Responsabilité délictuelle

Daneben kann sich der Mieter auch alle sonstigen Vermögensschäden, die bei oder infolge der Durchführung von Bauarbeiten an seinen eingebrachten Gütern entstanden sind, nach Maßgabe des Artt. 1382, 1383 C.Civ. ersetzen lassen.[388] Das französische Haftungsrecht ist angesichts der nur begrenzten gesetzlichen Regelungen[389] in großem Umfang Richterrecht.[390] Es setzt

---

385 Vgl. Cour de Cassation, Urteil vom 24.2.1970, J.C.P. 1970, II, p. 16456.

386 Art. 1720 C.Civ. wird wiederum konkretisiert durch das speziellere Gesetz von 1989; dort sind die Vermieterpflichten in Art. 6 aufgeführt.

387 Art. 1721 C.Civ. spricht allgemein von allen Fehlern oder Mängeln („vices ou défauts"), die den mieterlichen Gebrauch einschränken. Die verschuldensunabhängige Haftung des deutschen Vermieters beschränkt sich dagegen auf anfängliche Mietmängel.

388 Art. 1382 C.Civ. regelt die deliktische Haftung, Art. 1383 die quasi-deliktische Haftung; in Abgrenzung hierzu regelt Art. 1384 C.Civ. die Schadensersatzpflicht bei durch Sachen angerichteten Schäden, insbesondere die Produzentenhaftung.

389 So lautet Art. 1382 C.Civ. kurz: „Tout fait quelconque de l'homme, qui cause à autrui un dommage, oblige celui par la faute duquel il est arrivé, à le réparer."

390 *Hübner/Constantinesco*, 2. Teil § 23, 5b), unter Verweis auf Savatier, der dieses Haftungsrecht nicht zu Unrecht als „gouvernement des juges en matière de responsabilité civile" bezeichnet, in: Receuil en l'honneur d'Edouard Lambert I, 1938, S. 453ff.

- das Vorliegen einer deliktischen Handlung („faute"),
- der Kausalität („causalité"), sowie
- einen irgendwie gearteten Schaden („dommage")

voraus. Die Haftung reicht als außervertragliche Haftung sogar weiter als die §§ 823 ff. BGB: Die tatbestandsmäßige Erfassung der Vermögensschäden, der immateriellen Schäden („dommages morales") und die allgemeine Sachhaftung und Einstandspflicht für Verrichtungssgehilfen bieten dem Geschädigten einen umfassenden Schutz.[391]

4. Klage auf Nichtbestehen der Duldungspflicht

Will sich ein Mieter den ihm ordnungsgemäß mitgeteilten Modernisierungsarbeiten gerichtlich widersetzen, muss er dies innerhalb einer zweimonatigen Ausschlussfrist ab Zugang der Modernisierungsankündigung des Vermieters tun. Anders als in Deutschland ist es in Frankreich der Mieter, der sich auf berechtigte und ernsthafte Gründe stützen muss, um die geplanten Maßnahmen zu verhindern. Versäumt er diese Frist, so ist er grundsätzlich zur Duldung verpflichtet. Einer Duldungsklage des Vermieters wie in Deutschland bedarf es insofern von Vornherein nicht.

5. Commission de Conciliation

Für Streitigkeiten zwischen Vermieter und Mieter sieht die französische Rechtsordnung die Einschaltung der (in Deutschland unbekannten) paritätischen Schlichtungsstelle vor. Wie erwähnt[392] handelt es sich bei dieser „commission de conciliation" um eine staatlich betriebene Beratungsstelle, die ohne gerichtliche Befugnis allein zum Zwecke der Streitschlichtung und Vergleichsunterbreitung tätig wird. Die Vertragsparteien können die kostengünstigen Dienste der Schlichtungsstelle in Anspruch nehmen, um sich zu konkret anfallenden Mietproblemen beraten zu lassen.

Für den häufigen Fall einer vom Vermieter gewünschten Mieterhöhung nach Art. 17c des Gesetzes von 1989 muss die Schlichtungsstelle sogar zwingend

---

391 Vgl. *Hübner/Constantinesco*, 2. Teil § 23, 5b).

392 Oben D.II.1.c zur „commission de conciliation".

innerhalb einer Frist von zwei Monaten nach dem Zugang des Mieterhöhungsverlangens beim Mieter, d. h. vier Monate vor dem zeitlichen Ablauf des Vertrages[393], angerufen werden. Lässt der Vermieter die Frist verstreichen, bleibt sein Begehren unberücksichtigt und der Vertrag läuft ohne Mieterhöhung automatisch mit der vorigen Vertragslaufzeit fort. Im Übrigen kann auf die Ausführungen unter D.II. verwiesen werden.

6. Mietminderung

Eine Herabsetzung des Mietzinses ist in Frankreich vorgesehen für den Fall, dass die vom Vermieter durchgeführten Modernisierungsarbeiten länger als 40 Tage dauern. Art. 7e a. E. des Gesetzes von 1989 verweist diesbezüglich auf Art. 1724 C.Civ. Die Minderung der Miete tritt im französischen Wohnraummietrecht allerdings nicht kraft Gesetzes ein, sondern muss als ein Anspruch des Mieters dem Vermieter gegenüber geltend gemacht werden. Der historische Gesetzgeber des Code Civil sah es sogar or, dass wiederum der Vermieter seinem Mieter eine geeignete Reduzierung der vereinbarten Miete „anbieten" soll. In der Mietrechtspraxis ist diese Vorgehensweise nur noch Utopie. Außerdem finden sich bis heute in den Mietsondergesetzen auch keinerlei Regelungen zur Mietreduzierung. Eine ohne Zustimmung des Vermieters eigenmächtig vom Mieter vorgenommene Minderung der Miete ist deshalb grundsätzlich unzulässig.

Stattdessen hat der Mieter, wenn die Voraussetzungen des Art. 1724 C.Civ. erfüllt sind und eine Mietbeeinträchtigung von erheblichem Umfang über eine Dauer von mindestens 40 Tagen gegeben ist, seinen Anspruch auf Mietminderung dem Vermieter gegenüber geltend zu machen. Nach fruchtlosem Ablauf einer diesem vom Mieter gesetzten Frist kann dann der Richter als Streitschlichter („juge des référés") angerufen werden.[394]

393 Art. 17c Abs. 2 des Gesetzes von 1989 sieht vor, dass die angebotene Vertragsverlängerung mit Mieterhöhung sechs Monate vor Ablauf der Befristung erfolgen muss.

394 Vgl. CA Paris, Urteil vom 11.1.1984, D. 1984, I.R. 110. Traditionell verweist das französische Gesetz auf den „juge des référés"; historisch bedingt gilt der Richter in Frankreich als klassischer „Streitschlichter" im Falle von Streitigkeiten mit Rechtsbezug.

F. Modernisierungsmaßnahmen des Mieters

Gelegentlich möchten Mieter ihre Wohnung auch selbst modernisieren. In diesen Fällen stellt sich nicht nur die Frage, ob und inwieweit dies zulässig ist, sondern auch, welche Auswirkungen eine Wertverbesserung durch den Mieter auf den späteren Modernisierungswunsch des Vermieters haben kann.

I. Mietermodernisierung nach deutscher Rechtslage

1. Zulässigkeit

Die eigene Ausführung von baulichen Arbeiten des Mieters an der Mietsache ist gesetzlich in Deutschland nicht geregelt. Grundsätzlich bedarf daher jede Veränderung am Eigentum des Vermieters seiner Zustimmung.[395] Zustimmungspflichtig sind nach der Rechtsprechung alle Veränderungen an der Gebäudesubstanz. Umgekehrt bedarf es also keiner Zustimmung, wenn weder die Substanz beschädigt wird, noch als Folge dieser Einwirkung beeinträchtigt werden kann. Die Zustimmung darf vom Vermieter nicht verweigert werden, wenn die beabsichtigte Maßnahme üblicherweise in den Rahmen des vertragsgemäßen Gebrauchs des Mieters fällt. Dann nämlich liegt nach der Rechtsprechung jedenfalls kein erheblicher Eingriff in das Eigentum vor.[396]

2. Kollision zwischen Mieter- und Vermietermodernisierung

Für die Frage, ob eine Duldungspflicht hinsichtlich der vom Vermieter geplanten und angekündigten Modernisierungsarbeiten besteht, spielt es auch eine Rolle, ob der Mieter im Vorfeld bereits selbst solche Arbeiten in der Wohnung durchgeführt hat, und dieses mit Zustimmung des Vermieters geschah. Im Einzelfall entfällt dann die Duldungspflicht des Mieters aus § 554 Abs. 2 BGB. Ist nach der mieterlichen Modernisierung schon eine längere Zeit vergangen und gelten die

---

395 Vgl. oben unter A. Eine bauliche Veränderung ohne Zustimmung des Eigentümers stellt einen widerrechtlichen Eingriff in das Eigentumsrecht dar; § 903 BGB. Zu beachten sind auch §§ 93 ff. BGB.

396 LG Berlin, Urteil vom 26.1.1990 – 63 S 216/89, GE 1990, 869 (Anschluss einer Duschkabine); BVerfG, Kammerbeschluss vom 15.10.1999 – 1 BvR 976/89, WuM 1991, 573; Beschluss vom 9.2.1994 – 1 BvR 1687/92, WuM 1994, 251 (zum Aufstellen einer Fernsehzusatzantenne; im Einzelfall str., vgl. anders: BayObLG, RE vom 19.1.1981 – Allg Reg 103/80, WuM 1981, 80 zur CB-Dachfunkantenne).

vom Mieter durchgeführten Modernisierungsinstallationen daher schon als „abgewohnt“, soll einer Vermietermodernisierung dagegen nichts mehr im Wege stehen. An dieser Stelle kann auf die Ausführungen oben unter C.I.2. verwiesen werden, wo im Rahmen der Duldungspflicht auch auf die Mieterinteressen eingegangen wurde.

3. Wertersatz

Für auf Dauer angelegte freiwillige Wertverbesserungen durch den Mieter muss bei seinem Auszug der Vermieter in bestimmten von der Rechtsprechung anerkannten Fällen eine Entschädigung an den Mieter zahlen. Sie stellt einen „Wertersatz“ dar.

Unproblematisch besteht ein solcher Wertersatzanspruch nach Auffassung der Rechtsprechung, wenn er anlässlich der Durchführung der Arbeiten explizit vertraglich vereinbart wurde.[397] Auch für den Fall, dass der Vermieter bei Beendigung des Mietverhältnisses vom Mieter verlangt, dass die Einrichtungen in der Mietwohnung verbleiben sollen, hat er selbstverständlich einen Wertersatz hierfür zu leisten. Waren die Mieterinvestitionen erforderlich und notwendig, um die Bewohnbarkeit zu erhalten oder überhaupt herbeizuführen, handelt es sich nach den §§ 985 ff. BGB um notwendige Verwendungen, die zwar keine Modernisierungen im eigentlichen Sinne darstellen, aber ebenfalls ersatzpflichtig sind.[398]

Für alle übrigen und freiwillig vom Mieter durchgeführten Arbeiten besteht der Ersatzanspruch nur in engen Grenzen: Die Rechtsprechung bejaht ihn, wenn überhaupt, nur ausnahmsweise unter der zwingenden Voraussetzung, dass die Veränderung der Mietwohnung zumindest „auch“ im Interesse des Vermieters vorgenommen wurde.[399] Häufig scheitert der Ersatzanspruch daran, dass die Bauarbeiten des Mieters in der Regel allein in seinem eigenen Interesse lagen. Es gelten hier dieselben Anforderungen wie bei der Geschäftsführung ohne Auf-

---

397 BGH, Urteil vom 20.12.1989 – VIII ZR 203/88, ZMR 1990, 170.

398 OLG München, Urteil vom 21.4.1995 – 21 S 722/94, ZMR 1997, 236. Zu den ersatzpflichtigen notwendigen Verwendungen zählen beispielsweise die erforderlich gewordene Erneuerung der Fenster, LG Bamberg, WM 1974, 71, oder die Reparatur einer defekten Gasleitung in der Wohnung, LG Bochum, WuM 1957, 136.

399 BGH, Urteil vom 16.9.1998 – XII ZR 136/96, NZM 1999, 19.

trag nach den §§ 677 ff. BGB.[400] Die Interessenlage ist dabei vom Mieter zu beweisen.[401]

Ansonsten kommen allenfalls Bereicherungsansprüche nach den §§ 812 ff. BGB in Betracht. In diesem Fall muss durch die Maßnahme der Ertragswert der Wohnung erhöht worden sein, z. B. weil sich durch die Wertsteigerung ein höherer Mietpreis beim Neu- bzw. Nachmieter erzielen lässt.[402] Im Übrigen ist der Mieter auf eine einvernehmliche Lösung angewiesen, sei es durch eine sonstige Entschädigungsregelung oder über eine Abstandsvereinbarung mit dem Nachmieter, wenn der Vermieter dieser zustimmt.

4. Wegnahmerecht

Einrichtungen, die der Mieter selbst angebracht hat, können – und müssen – nach § 539 Abs. 2 BGB von ihm bei seinem Auszug auch wieder entfernt und mitgenommen werden. Auf die Weg- und Mitnahme hat der Vermieter einen gerichtlich durchsetzbaren Anspruch. Umgekehrt kann ein Vermieter die Wegnahme aber auch nicht mit Hilfe einer angemessenen Zahlung zu verhindern versuchen. Denn vom Mieter eingebrachte Einrichtungen, die nicht nach den §§ 94 ff. BGB fester Bestandteil des Gebäudes werden, bleiben in seinem Eigentum; der Mieter muss deshalb auch kein berechtigtes Interesse an einer Wegnahme darlegen.

---

400 Die h. M. nimmt eine Rechtsgrundverweisung an, Palandt/*Weidenkaff*, § 539 Rn. 6.

401 Doch selbst dann ist die Höhe des Wertersatzes nicht klar bemessen und Aufgabe der Rspr.

402 LG Düsseldorf, Urteil vom 15.11.2001 – 21 S 644/00, WuM 2002, 491. Das ist vom Mieter wiederum zu beweisen. Die tatsächlich aufgewendeten Kosten des Mieters spielen dann keine Rolle; der Anspruch richtet sich in diesen Fällen nach der erlangten Bereicherung; vgl. BGH, Urteil vom 8.11.1995 – XII ZR 20294, ZMR 1996, 122; OLG München, Urteil vom 21.4.1995 – 21 S 722/94, ZMR 1997, 236.

II. Mietermodernisierung nach französischer Rechtslage

1. Zulässigkeit nach dem Gesetz L.67-561

Nach den Artikeln 3 ff. des Modernisierungsmietengesetzes von 1967[403] sind Wohnraummieter in Frankreich berechtigt, bestimmte, auch bauliche, Veränderungen selbst an der Mietsache durchzuführen.

Sie dürfen auf der einen Seite nicht nur bestimmte dringend erforderliche Instandhaltungsmaßnahmen, die die Mietsache erst in einen zur Bewohnbarkeit tauglichen Zustand versetzen und insofern eigentlich Aufgabe des Vermieters sind, tätigen. Die so zulässige Selbstvornahme wird abschließend von dem ausführenden Dekret Nr. 68-976 vom 12.7.1967 geregelt. Mieter dürfen daneben auch Wertverbesserungsmaßnahmen, die eine Einsparung an Energie bewirken, selbst ausführen.

Hintergrund der Regelung ist das Fehlen einer gesetzlichen Pflicht des Vermieters zur Durchführung dieser Maßnahmen.[404] Bauliche Arbeiten, die eine Energieeinsparung bewirken (sollen), sind allerdings nur unter der eingeschränkten Voraussetzung zulässig, dass durch sie andere Mietparteien nicht beeinträchtigt werden, und zwar weder während der Durchführung, noch nach Abschluss der Arbeiten. Im Übrigen darf das Gebäude oder die Wohnung durch die Baumaßnahmen auch nicht „verunstaltet" werden. Und nicht zuletzt dürfen die Modernisierungsarbeiten des Mieters auch zu keinerlei Beeinträchtigung oder Beschädigung an der Gebäudesubstanz führen.[405]

Im Ergebnis sind „Mietermodernisierungsmaßnahmen" zwar nach dem gesetzlichen Wortlaut zulässig. Ihre Zulässigkeit ist jedoch so weit eingeschränkt, dass letztlich wiederum nur solche Maßnahmen zulässig sind, die weder in irgendeiner Form das Eigentum des Vermieters, noch das Gebrauchsrecht anderer Mieter, beeinträchtigen.

---

403 Modernisierungsgesetz L. 67-561 vom 12.7.1967.

404 Dies bestätigend Cour de Cassation, Civ. 3e, Urteil vom 16.12.1997, Rev. loyers 1998, 410, mit Anmerkung von Le Petit.

405 Art. 3 a. E.; insofern ergeben sich allerdings Schwierigkeiten bei der Bestimmung, wann tatsächlich eine Beeinträchtigung der anderen Mieter, des Ansehens oder Aussehens des Gebäudes bzw. der Gebäudesubstanz vorliegt; hierzu ergeht viel Einzelfallrechtsprechung.

2. Verfahren und Durchführung

Das Gesetz sieht dennoch auch Verfahrensvorschriften vor, die es dem Mieter erleichtern sollen, die gewünschten Maßnahmen durchführen zu können. Nach Art. 6d des Gesetzes von 1989 ist es die gesetzliche Pflicht des Vermieters, sich einer Umgestaltung der Mieträume durch den Mieter nicht zu widersetzen, sofern die Maßnahmen des Mieters die Mietsache nicht beschädigen. Das Gesetz sieht also eine echte Duldungspflicht des Vermieters vor.

Hat sich der Mieter zur Vornahme eigener Modernisierungsarbeiten entschlossen, so hat er ein ähnliches formelles Verfahren wie der Vermieter einzuhalten.[406] Er muss die Arbeiten seinem Vermieter zunächst einmal schriftlich per Einschreiben mit Rückschein ankündigen („vorschlagen"). Innerhalb von zwei Monaten ab Zugang muss der Vermieter zu dem Begehren Stellung beziehen und sich entscheiden, ob er die Arbeiten entweder selbst durchzuführen plant oder aber die Arbeiten akzeptiert und mithin duldet. Entscheidet sich der Vermieter, die Arbeiten lieber selbst auszuführen, muss dieses zwingend allein auf seine eigenen Kosten erfolgen.[407] In diesem Fall müssen die vom Mieter vorgeschlagenen Maßnahmen innerhalb eines Jahres nach Zugang der mieterlichen Ankündigung auch tatsächlich durchgeführt werden.[408] Die Wertverbesserungsmaßnahmen dürfen dann aber folgerichtig auch im Rahmen einer eventuellen Mieterhöhung nach Art. 17c des Gesetzes von 1989 berücksichtigt werden.

Für den Fall, dass der Vermieter die Maßnahmen nicht auf eigene Kosten durchführen und auch den Mieter an einer Durchführung der geplanten Maßnahmen hindern will, muss der Vermieter im einstweiligen Verfahren das Gericht anrufen. Der „juge des référés" beim Tribunal d'Instance prüft die darzulegenden Gründe[409] und wägt beiderlei Interessen ab; häufig kann ein Kompromiss dahingehend gefunden werden, dass lediglich die Art und Weise der Durchführung oder die Art der Maßnahmen angepasst wird. Das Gericht kann die Maßnahmen ganz erlauben oder ganz verbieten, beispielsweise wenn die Frage der Kostentragung nicht geklärt werden kann.

Hat der Vermieter erklärt, die gewünschten Maßnahmen auf eigene Kosten durchzuführen und hält er sich nur nicht an die Jahresfrist des Art. 4 Abs. 1 des Gesetzes L.67-561, darf der Mieter die Maßnahmen nach Ablauf der Frist auch

406 Artt. 4 und 5 des Gesetzes L.67-561, zwingend per Einschreiben/Rückschein.

407 Das Gesetz spricht unmissverständlich von: „entreprendre les travaux à ses frais".

408 Art. 4 des Gesetzes L.67-561.

409 „(...) pour un motif sérieux et légitime, s'opposer aux travaux ou à leurs modalités d'exécution."

selbst und ohne weitere Fristsetzung durchführen. Dasselbe gilt für den Fall, dass es der Vermieter versäumt hat, vor dem zuständigen Gericht Klage zu erheben oder im Falle seines Unterliegens bei Gericht.[410]

3. Wertersatz

Wurden die Formalia beachtet und hat der Mieter die gewünschten (baulichen) Veränderungen oder Umgestaltungen in zulässiger Weise nach Zustimmung des Vermieters oder nach gerichtlicher Entscheidung des juge des référés vorgenommen, kann er gemäß Art. 5 des Gesetzes L.67-561 bei Beendigung des Mietverhältnisses einen Anspruch auf Wertersatz für seine freiwilligen Investitionen geltend machen. Es handelt sich dabei nicht nur um eine reine Entschädigungsregelung, sondern um einen veritablen Wertersatz auf der Basis des jeweiligen Marktwertes der dadurch bewirkten Wertverbesserung. Die genaue Berechnung des Kostenersatzes erfolgt nach Maßgabe eines Dekrets[411] unter Berücksichtigung der tatsächlich angefallenen Kosten sowie des Marktwerts der Wohnung bzw. der Modernisierungsmaßnahme zum Zeitpunkt des Auszugs.

G. Vergleich

I. Modernisierungsfreiheit statt Sanierungszwang

Obwohl das gesetzgeberische Ziel, den vorhandenen Wohnungsbestand objektiv zu verbessern, mit dem Modernisierungsbegriff klar hervortritt, kennen das BGB und das französische Wohnraummietrecht keine gesetzliche Pflicht des Vermieters, Modernisierungsmaßnahmen durchzuführen. Nach wie vor gelten Modernisierungen als freiwillige Investitionen des Eigentümers und Vermieters in seine Immobilie, für die das Mietrecht aber eine Gegenleistung in Form einer Möglichkeit zur Mietanpassung vorsieht. Beide Rechtsordnungen räumen also zunächst (noch) der Freiheit den Vorzug vor einem Zwang zur Durchführung von anerkannten und wünschenswerten Sanierungsmaßnahmen ein. Das damit einher gehende Risiko, das „Mieter-Vermieter-Dilemma“, das darauf abstellt, dass möglicherweise von Vermieterseite überhaupt nicht modernisiert wird oder

410 Art. 4 Abs. 2 des Gesetzes L.67-561.

411 Nr. 68-977 vom 9.11.1968.

jedenfalls nur die gesetzlich zwingenden Erhaltungsmaßnahmen ausgeführt werden, wird dabei bewusst in Kauf genommen.

Es erstaunt aber, dass die Frage, *wer* die Wertverbesserungsarbeiten an der Immobilie durchführen und hierzu motiviert werden soll, nicht ganz einheitlich beantwortet wird: Während das BGB ausschließlich Vermieteranreize kennt und jede Modernisierungstätigkeit des Mieters vollständig ignoriert, widmet sich das französische Wohnraummietrecht immerhin auch dem mieterlichen Wunsch nach Wertverbesserung. So dürfen Mieter Maßnahmen, die der Energieeinsparung dienen, nach dem Modernisierungsmietengesetz von 1967 durchführen. Dies überrascht angesichts der aktuellen umweltpolitischen Debatte um den Klimaschutz und vor dem Hintergrund der Tatsache, dass dieses Recht schon seit mehr als 40 Jahren besteht, so dass es nicht einmal mehr als innovativ bezeichnet werden kann. Also berücksichtigt das französische Recht folgerichtig auch das Begehren des Mieters auf Wertersatz.[412]

Allerdings kann dieser Ansatz des französischen Gesetzgebers, eine Modernisierungstätigkeit des Mieters zu fördern, nicht seine volle Wirkung entfalten, ist sie doch in ihrer praktischen Umsetzung deutlich gehemmt: Bauliche Veränderungen des Mieters sind nämlich auch in Frankreich nur dann auch ohne die Zustimmung des Vermieters zulässig, wenn dadurch weder die Gebäudesubstanz beschädigt, noch andere Mieter oder Dritte beeinträchtigt werden. Im Übrigen bedarf es dann auch einer Zustimmung. Obwohl hierzulande der Wunsch des Mieters nach Veränderung, Aufwertung oder Umgestaltung der Mietsache gesetzlich ignoriert wird, aber gleichwohl von der Rechtsprechung anerkannt wird, sind im Hinblick auf die Rechtslage im Ergebnis keine nennenswerten Unterschiede zu verzeichnen.

II. Interessenausgleich im Mietverhältnis

Beide Rechtsordnungen verlagern den Schwerpunkt der Modernisierungstätigkeit folgerichtig auf den Vermieter als Eigentümer. Sie bejahen im Gegenzug das Bedürfnis des Mieters nach einem effektiven Mieterschutz für Fälle der Willkür oder für Härtefälle. Der Schutz des Mieters wird auf der einen Seite über zwingend vom Vermieter einzuhaltende Formvorschriften gewährleistet. Bei

412 Ursprünglich waren von der Idee des Wertersatzes nur solche Maßnahmen umfasst, die den Mindestkomfort der Mietsache und somit überhaupt erst einen bewohnbaren „Grundzustand" der Mietwohnung herbeiführen. Hatte der Mieter die Wohnung durch Herstellung des minimalen Komforts „aufgewertet", sollte ihm auch Ersatz für die erlangten Vorteile des Eigentümers zustehen.

diesen handelt es sich regelmäßig um an Fristen gebundene Ankündigungs-, Informations- und Unterrichtungspflichten des Vermieters. Dadurch soll nicht nur ein Übergehen des Mieters vermieden werden, sondern es soll dem Mieter auch ermöglicht werden, zu prüfen, ob er von eigenen Gegenrechten Gebrauch machen will.

Die Gegenrechte des Mieters sind die üblichen Rechte in einem Schuldverhältnis: Neben Schadensersatz-, Wiederherstellungsansprüchen und Kündigungsrechten können sich Mieter gegen unzumutbare Beeinträchtigungen auch effektiver zur Wehr setzen und eine Modernisierung im Einzelfall auch vollständig verhindern. Zu nennen ist hier das Recht, sich auf subjektive Härtefallgründe zu berufen. Dabei wird ausnahmsweise, im Gegensatz zu der ansonsten rein objektiven Betrachtungsweise, auf die subjektive Lebenssituation des Mieters abgestellt. In den Schutzbereich werden zusätzlich Angehörige bzw. all jene mit einbezogen, die mit dem Mieter zusammen in der betroffenen Mietwohnung leben oder arbeiten.

Ein hierzulande unbekanntes Institut ist die in Frankreich eingerichtete paritätische Schlichtungsstelle. Die praktisch bedeutsamen Unterschiede, die sich daraus für die Mietvertragsparteien ergeben, lassen sich jedoch nicht klar identifizieren: Letztlich verlagert sich der eskalierende Interessenkonflikt zwischen Vermietern und Mietern von der gerichtlichen Ebene auf eine vorgeschaltete Ebene, nämlich die auf Vergleich zielende Schlichtungsstelle. Die Rolle der Schlichtungsstelle ist dabei nicht wesentlich anders als die eines Beratung anbietenden örtlichen Mieter- oder Vermietervereins. Ausnahmsweise sieht das französische Gesetz aber auch in besonders streitanfälligen Bereichen, wie dem Recht zur Mieterhöhung, eine zwangsweise Anrufung dieser Schlichtungsstelle vor Inanspruchnahme staatlicher Gerichte vor. Einen derartigen Versuch, die staatlichen Gerichte über eine nebengeschaltete staatliche Schlichtungsstelle zu entlasten, findet man hierzulande noch nicht; und auch das Verfahren der Mediation ist im prozessintensiven Bereich der Mieterhöhungsklagen (noch) nicht etabliert.

Im Übrigen ergeben sich keine wesentlichen Unterschiede zur Rechtslage nach dem BGB. Eine Ausnahme bildet aber ausgerechnet das wohl schärfste Schwert aus der Sicht der Mieterschaft: Das Recht zur Mietminderung ist nicht umsonst das Instrument schlechthin, das es Mietern erlaubt, auf ihre Vermieter durch finanziell empfindliche Einbußen für erlittene Gebrauchsbeeinträchtigungen spürbar Druck auszuüben. Die Mietminderung spielt auch gerade bei baulichen Arbeiten eine bedeutsame Rolle: Baulärm, Staub, Dreck und optische Beeinträchtigungen führen regelmäßig zu solchen Gebrauchsbeeinträchtigungen, die die Tauglichkeit der Mietsache aufheben oder jedenfalls stark einschränken, was das Minderungsrecht auslöst. Vermieter müssen daher in der Praxis bei so gut wie jeder Modernisierung zwangsläufig mit reduzierten Mieteinnahmen rechnen.

Während die Mietminderung hierzulande kraft Gesetzes und sofort ab dem Zeitpunkt der erheblichen Gebrauchsbeeinträchtigung eintritt, auch wenn es sich um per se zulässige Bauarbeiten handelt, bedürfen Mieter in Frankreich grundsätzlich der Zustimmung ihres Vermieters. Die Mietminderung ist dort als veritabler Anspruch ausgestaltet, der frühestens nach Ablauf von 40 Tagen der behaupteten Beeinträchtigung geltend gemacht werden kann. Der französische Gesetzgeber unterstellt auf diese Weise, dass die vom Gesetz als zulässig erachteten Modernisierungsarbeiten generell – jedenfalls eine Zeit lang – für jeden Mieter auch zumutbar sind; denn andernfalls wären sie nach dem Gesetz von Vornherein unzulässig mit der Folge, dass eine Duldungspflicht des Mieters überhaupt nicht besteht. Mieter sind in Frankreich gehalten, sich im Falle erheblicher Beeinträchtigungen selbst auf Härtegründe zu berufen, notfalls mit gerichtlicher Hilfe. Gleiches gilt auch für die Durchsetzung: Akzeptiert der Vermieter das Begehren des Mieters nicht, muss der Minderungsbetrag auf Anrufung des Mieters gerichtlich festgelegt werden. Für die Praxis folgt daraus, dass die Herabsetzung der Miete im Grunde durch richterliche Erlaubnis erfolgt.

Als Schlussfolgerung kann festgestellt werden, dass sich das BGB gerade bei der für Mieter wichtigen Frage der Gegenrechte mieterfreundlicher zeigt. Das BGB bietet Mietern dieselben Rechtsinstrumente wie das französische Wohnraummietrecht, mit der kraft Gesetzes eintretenden Minderung aber die wirtschaftlich effektivere Reaktionsmöglichkeit.

III. Schaffung von Vermieteranreizen

Gezielte Modernisierungsanreize sollen vorhandene Hemmnisse bei Vermietern vor wünschenswerten, aber freiwilligen Investitionen abbauen.[413] Die im Mietrecht verankerten Regelungsinstrumente zur Förderung von Modernisierungsmaßnahmen sind deshalb als Vermieteranreize ausgestaltet. Der Vergleich zeigt, dass trotz der deutlichen Übereinstimmungen aus der Sicht des Vermieters im Detail auch erhebliche Unterschiede zu erkennen sind.

413 Vgl. BT-Drs. 14/4553, S. 36, 58 ff.: „Die Durchführung von Modernisierungen liegt im allgemeinen Interesse (...) ist volkswirtschaftlich und ökologisch sinnvoll"; Gesetz L.67-561 vom 12.7.1967 „relative à l'amélioration de l'habitat".

Die gesetzliche Duldungspflicht des Mieters stellt einen ersten und zwingend notwendigen Vermieteranreiz dar, damit überhaupt losgelöst vom eventuell gegenteiligen Willen des Mieters modernisiert werden kann. Sie ist aber letztlich nur ein Mittel zum Zweck. Ohne sie wären Vermieter auf einvernehmliche vertragliche Regelungen angewiesen; eine gerade in größeren Vermietungseinheiten kaum zu überwindende Hürde. Auf lange Zeit würden Wohnraummietverträge wie selbstverständlich Modernisierungsklauseln enthalten; die gesamte Materie würde sich auf die Rechtsprechung verlagern, wobei der AGB-Kontrolle eine (noch größere) erhebliche Bedeutung zukommen würde. Die Duldungspflicht ist dringend notwendig und verschafft die zwingend erforderliche Planungssicherheit vor dem ersten Spatenstich.

Den wichtigsten Modernisierungsanreiz stellt das Recht des Vermieters zur Refinanzierung seiner Investitionen dar. Schließlich bestimmt die Nettokaltmiete die Rentabilität des Objektes. Als wirtschaftliche Frage ist die Refinanzierung in der Regel ausschlaggebend für die Entscheidung für oder gegen eine Modernisierung. Daher kommt den Mieterhöhungsrechten im laufenden Mietverhältnis eine existenzielle Bedeutung zu: Hier ergeben sich zwischen den beiden Rechtsordnungen auch tatsächlich die größten Unterschiede.

Zwar folgen beide Wohnraummietrechte generell dem auf wirtschaftlichen Erwägungen basierenden Vergleichsmietensystem. Dabei kann über das Kriterium der Ausstattung oder der Größe in der Regel die Wertverbesserung für die Berechnung der neuen Miete herangezogen werden. Ansonsten kennt das französische Wohnraummietrecht lediglich die so genannte Indexmiete, wonach sich die Miete einmal jährlich in Abhängigkeit vom quartalsweise veröffentlichten Preisindex des Statistischen Amtes erhöht. Diese ist für modernisierende Vermieter allerdings unbedeutend, weil Modernisierungen für die Bemessung der neuen Miete keine Rolle spielen. Das BGB kennt dagegen mit dem Modernisierungszuschlag eine weitere Mieterhöhungsmöglichkeit für Vermieter neben der Vergleichsmiete. Der Modernisierungszuschlag ist dabei als einseitiges Gestaltungsrecht weder zustimmungsbedürftig, noch müssen zeitliche oder – insbesondere – preisliche Obergrenzen beachtet werden. Die neue Miete bemisst sich schließlich allein nach der Höhe der für die Wohnung tatsächlich aufgewendeten Investitionskosten, mithin rein wirtschaftlichen Kriterien.

Im Ergebnis können Vermieter nach französischer Rechtslage die Miete anlässlich oder wegen einer Modernisierung nur zum Ablauf der Vertragslaufzeit, regelmäßig alle drei oder sechs Jahre erhöhen. Nach dem BGB haben Vermieter ein echtes Wahlrecht zwischen der Vergleichsmiete und dem Modernisierungszuschlag. Dadurch können sie sich für die für sie günstigere, schnellere, oder lukrativere Variante entscheiden.

Insofern zeigt der Vergleich, dass das BGB sich in der für Vermieter wirtschaftlich wichtigsten Frage nach einer Refinanzierungsmöglichkeit vermieterfreundlicher zeigt. Vermieter haben die breitere Palette an Mieterhöhungsrechten, indem sie sich zwischen zwei Varianten für die wirtschaftlichere entscheiden können.

4. Kapitel: Staatliche Einflussnahme auf die Modernisierungstätigkeit

Einleitung: Modernisierungsanreiz als staatliche Herausforderung

Für den Vermieter sind Modernisierungsarbeiten nur dann attraktiv, wenn er daraus im Hinblick auf die weitere „Vermarktung" der Mietsache auf dem Mietwohnungsmarkt Gewinne erzielen kann.

Zum einen geschieht dies durch eine die Werthaftigkeit der Mietsache berücksichtigende höhere Neumiete. Von dem Recht zur freien Verhandlung über den Anfangsmietpreis machen Vermieter ihrem natürlichen Gewinnstreben folgend auch Gebrauch; nur so lassen sich steigende Vergleichsmieten in den Mietspiegeln erklären. In der Regel sind Mietwohnungen aber (langfristig) vermietet. Vermieter können nicht darauf warten, bis die Immobilie oder Teile von ihr leer stehen, um Baumaßnahmen realisieren zu können. Die Kündigungsrechte des Vermieters sind weitreichend eingeschränkt, und zwar sowohl in Deutschland als auch in Frankreich.[414] Es stellt sich daher die Frage, ob die bislang untersuchten, rein mietrechtlichen Anreize ausreichen, um die Modernisierungstätigkeit von privaten Vermietern anzukurbeln bzw. aufrecht zu erhalten. Die Möglichkeit zur Refinanzierung der getätigten Investitionen über die Mieterhöhung ist zwar sinnvoll, weil auch der Mieter an der Wertverbesserung teilhat. Bis die Kosten amortisiert sind, vergehen aber mitunter viele Jahre.

Staatliche Wohnungspolitik hat es sich daher zur Aufgabe gemacht, Regelungsinstrumente zu schaffen und Einfluss auf den Wohnungsmarkt und damit auch auf die Modernisierungstätigkeit zu nehmen. Sie bezweckt dabei zunächst einmal den Ausgleich bestimmter Defizite auf dem Wohnungsmarkt, d. h. die Lenkung des Wohnungsangebots auf der einen und der Wohnungsnachfrage auf der anderen Seite. Ziel ist die „Sicherung einer adäquaten Mindestwohnraumversorgung bei akzeptabler Wohnungsaufwandsbelastung für alle Haushalte, die nicht über ausreichende Kaufkraft verfügen, um sich auf dem freien Wohnungsmarkt selbst zu versorgen."[415] Die Instrumente dieser staatlichen Einflussnahme können sowohl auf die Nachfrageseite, als auch auf die Angebots-

414 § 573 BGB; Art. 15 des Gesetzes von 1989.

415 *Donner*, Ökonomische Aspekte des Wohnungswesens, S. 74.

seite des Wohnungsmarktes gerichtet sein. So stellt z. B. das Wohngeld ein Instrument zur Förderung der Nachfrageseite dar (*Subjektförderung*). Instrumente zur Förderung der Angebotsseite sind z. B. die soziale Mietwohnraumförderung, die Förderung der Wohneigentumsbildung oder auch indirekte Förderungen durch steuerliche Begünstigungen der Gebäudemodernisierung (*Objektförderung*).[416]

Im Mietwohnbereich stellt staatliche Wohnungspolitik vor allem Mietpreispolitik dar. Diese bewegt sich in aller Regel irgendwo zwischen dem Modell der *Wohnungsmarktwirtschaft* und dem Modell der *Wohnungszwangswirtschaft*.[417] So bezwecken Mietpreisbindungen eher, sozial schwächer gestellten Bevölkerungsteilen den Zugang zum Mietwohnungsmarkt zu erleichtern, indem bezahlbarer Mietwohnraum zur Verfügung gestellt wird, während eine eher marktorientierte Mietpreisbildung eine zyklische Ausgleichsfunktion erfüllt, und primär Gewinne am Markt ermöglichen soll.[418]

Zwar basieren alle Volkswirtschaften auf ökonomischen Prinzipien. Einen allein auf ökonomischen Prinzipien basierenden „idealen" Mietwohnungsmarkt gibt es in der Praxis allerdings nicht. Er würde eine reine Wohnungsmarktwirtschaft voraussetzen, mit einem uneingeschränkten Wettbewerb der Anbieter, einem rein ökonomisch definierten Nachfragerverhalten (*homo oeconomicus*)[419], einer vollständigen Marktübersicht aller Marktbeteiligten, einer Austauschbarkeit aller angebotenen Güter, mit einer Unabhängigkeit von anderen Märkten und einer hohen Markttransparenz mit nur geringen Transaktionskosten. Tatsächlich existieren aber begrenztes Bauland, regionale Teilmärkte, nicht-ökonomische Präferenzen, eine Abhängigkeit von anderen Märkten wie dem Arbeitsmarkt, eine verzögerte Angebotsanpassung mit Zugangsbarrieren wie Mindestausstattungen, Mindestgrößen, Existenzminima, und nicht zuletzt eine regelmäßig intensive öffentliche Marktintervention von staatlicher Seite. Da „Wohnen" nämlich, wie oben ausgeführt, nicht nur ein Wirtschaftsgut, sondern auch ein Menschenrecht[420] und damit Sozialgut ist, intervenieren Staaten regelmäßig in Abhängigkeit von der jeweiligen Versorgungslage auf dem Wohnungsmarkt.[421]

416 *Kofner*, S. 108 f.

417 *Kofner*, S. 117ff.; *Nörr*, Teil I, 4. Kapitel S. 58ff.; *Wolter*, S. 141–144.

418 *Kofner*, S. 118 f., 121.

419 Vgl. *Mankiw*, Teil I Kap. 1, S. 3 f.

420 Vgl. Art. 25 Abs. 1 der UN-Menschenrechtskonvention.

421 Vgl. *Mankiw*, Teil I Kap. 1: Es gibt zwei wichtige Gründe für eine Regierung, in der Marktwirtschaft zu intervenieren: zur Steigerung der Effizienz und zur Förderung der Gerechtigkeit.

A. Modernisierung im marktwirtschaftlichen System am Beispiel Deutschlands und Frankreichs

I. Wohnungspolitische Entwicklung

1. Deutschland

Infolge der Wohnungsnot, die nach dem Zweiten Weltkrieg durch die Zerstörung und Beschädigung von Wohnraum sowie den Zustrom von Flüchtlingen und Vertriebenen entstanden war, blieb 1945 die durch die Preisstoppverordnung von 1936[422] verhängte Mietpreisbindung in West- und Ostdeutschland zunächst enthalten.[423] Nach Gründung der Bundesrepublik ließ man jedoch immer weitere Freistellungen von der Mietpreisbindung zu: Die nach dem 31.12.1949 bezugsfertigen freifinanzierten Wohnungen unterfielen schon bald keiner Preisbindung mehr.[424] Für eine Mietzinserhöhung bei Verbesserungsmaßnahmen gab es dadurch bis in die 1970er Jahre keine gesetzliche Regelung mehr.

Die Einführung des § 28a MSchG durch Art. III Ziff. 4 des Gesetzes über den Abbau der Wohnungszwangswirtschaft und über ein soziales Miet- und Wohn-

---

422 Verordnung über das Verbot von Preiserhöhungen, vom 26.11.1936, RGBl. I, S. 955. Sie ging aus dem am 18.4.1936 von den Nationalsozialisten beschlossenen Mieterschutzgesetz, (RGBl. I, S. 371) hervor. Dieses war das erste Gesetz nach dem historischen Reichsmietengesetz vom 1.7.1922 (Gesetz über die Regelung der Mietzinsbildung (RMG), RGBl. I, S. 273, vorgelegt vom Reichsminister der Justiz und Reichsarbeitsminister, Verhandlungen des Reichstags Band 367, Akte Nr. 2052, S. 1767).

423 Die 1. AusfVO zur Preisstopverordnung vom 30.11.1936, RGBl. I S. 956 legte fest, dass für diejenigen Räume, die nicht dem ursprünglichen Reichsmietengesetz (RMG) unterlagen (§ 16 RMG), eine Mieterhöhung nach durchgeführten Änderungen am Wohnraum möglich sei, wenn sie den Mietwert erhöhten. Nach der 3. AusfVO vom 27.9.1937, RGBl. I S. 1127 und dem Runderlass Nr. 153/37 des Reichskommissars für Preisbildung betreffend das Verbot von Mieterhöhungen vom 19.10.1937 (zit.n. *Leist/Sammet*, S. 109ff.) aber bedurfte jede Mieterhöhung grundsätzlich der Genehmigung der Preisbildungsstelle. Nur bei den Gebrauchswert erhöhenden Arbeiten durfte die Miete erhöht werden (Ziff. 42, 62 des Runderlasses Nr. 153/37). Die Erhöhung wirkte allerdings zeitlich begrenzt bis zur Amortisation der Kosten. Spätere Richtlinien und Erlasse (Richtlinien des Reichskommissars für Preisbildung für Mietzinserhöhungen bei baulichen Verbesserungen vom 20.10.1938, Mitteilungsblatt I 1938 Nr. 34, zit. n. *Leist/Sammet*, S. 137ff.) definierten solche „Verbesserungen" und Berechnungsmethoden. Bspw. war für die Neueinrichtung einer elektrischen Treppenhausbeleuchtung eine Erhöhung von zwölf Reichsmark jährlich je Brennstelle möglich; bei Anlage einer Fahlstuhlbeleuchtung war eine Erhöhung um 15 % der Anlagekosten zulässig.

424 Erstes Wohnungsbaugesetz vom 24.4.1950, BGBl. I S. 83; dort § 27 Abs. 2.

recht vom 23.6.1960 (Abbaugesetz)[425] brachte die erste gesetzliche Regelung einer Duldungspflicht des Mieters bei Wertverbesserungsarbeiten.[426]

Erst das Städtebauförderungsgesetz vom 27.7.1971[427] enthielt wieder eine Preisbindung für Wohngebäude in förmlich festgelegten Sanierungsgebieten. Aufgrund der damaligen angespannten Lage auf dem Wohnungsmarkt[428] wurden zur Stärkung des Mieterschutzes und zur Etablierung einer intensiveren Anreizpolitik 1971 und 1974 zwei Wohnraumkündigungsschutzgesetze von der damaligen Regierungskoalition erlassen[429]: Ersteres beschränkte die Kündigungsmöglichkeiten des Vermieters, indem Kündigungen fortan nur noch bei einem gesetzlich definierten berechtigten Interesse möglich waren. Zugleich wurde als Ausgleich zugunsten des Vermieters die gesetzliche Zustimmungspflicht des Mieters zu einer Mieterhöhung bis zur ortsüblichen Vergleichsmiete eingeführt.[430] Das 2. WKSchG beabsichtigte die weitere Beruhigung der nach dem 1. WKSchG eingetretenen positiven Entwicklung der Verhältnisse und integrierte die zuvor befristeten Regelungen in das BGB. Ein eigenes Gesetz zur Regelung der Miethöhe (MHRG)[431] stellte schließlich dem bisherigen Mieterhöhungsverfahren nach Maßgabe der ortsüblichen Vergleichsmiete nun ein weiteres Verfahren zur Seite: Dem Vermieter wurde in § 3 MHRG die Möglich-

425 BGBl. I S. 389.

426 BT-Drs. 3/zu 1850, S. 8 (Bericht des Ausschusses für Wohnungswesen, Bau- und Bodenrecht).

427 Gesetz über städtebauliche Sanierungs- u. Entwicklungsmaßnahmen vom 27.7.1971, BGBl. I S. 1125; dort in § 32.

428 Der Lebenshaltungsindex stieg 1967 um 1,68 %, während sich der Wohnungsmietenindex um 6,76 % erhöhte. Das Missverhältnis bei den Preissteigerungen setzte sich stetig fort: 1968 stieg der Lebenshaltungsindex um 1,57 %, 1969 um 2,66 %. Dagegen erhöhte sich der Mietenindex um 7,59 % in 1968 und ein Jahr danach um 7,26 %. Nach dem vom Statistischen Bundesamt veröffentlichten Preisindex für Lebenshaltung, Statistisches Jahrbuch für die Bundesrepublik Deutschland 1971, S. 444; zit. n. *Thomsen*, S. 97 Fn 53.

429 1. WKSchG vom 25.11.1971, BGBl. I S. 1839 und 2. WKSchG vom 18.12.1974, BGBl. I S. 3603. Vgl. *Lutz*, „Rückkehr zum strengen Mieterschutz", S. 80 ff.

430 Regelungen im damaligen Art. 1 § 1 Abs. 4 und Art. 1 § 3 1.WKSchG.

431 MHRG vom 18.12.1974, BGBl. I S. 3603 f., verkündet als Art. 3 des 2.WKSchG vom 18.12.1974, in Kraft getreten am 1.1.1975.

keit eingeräumt, auf die Miete auch anteilig die Kosten für Modernisierungsmaßnahmen aufzuschlagen.[432]

Von dieser Regelung, die sich teilweise an die Regelungen für preisgebundenen Wohnraum und an § 32 Städtebauförderungsgesetz anlehnte, versprach man sich die *notwendige Ankurbelung* der Modernisierungstätigkeit, für die nach Auffassung der damaligen Bundesregierung ein „allgemeines dringendes Interesse"[433] bestand. Die reine Vergleichsmieterhöhung wurde als nicht ausreichend erachtet.[434] Das Gesetz sah zwar zunächst die Erhöhung der jährlichen Miete um 14 % der entstandenen Modernisierungskosten vor, um einen besonders starken Vermieteranreiz zu gewährleisten.[435] Eine Kappungsgrenze war von Vornherein nicht vorgesehen.[436] Der Bundestag folgte hier der Auffassung des Bundesrates, wonach eine solche den Anreiz der so dringend notwendigen Modernisierungen entfallen lassen würde.[437]

Die Rechtslage änderte sich durch das Gesetz zur Änderung des Bundesbaugesetzes 1976[438] und schließlich 1978 durch das Gesetz zur Änderung des Woh-

432 § 3 Abs. 1 MHG lautete: „Hat der Vermieter bauliche Maßnahmen durchgeführt, die den Gebrauchswert der Mietsache nachhaltig erhöhen, die allgemeinen Wohnverhältnisse auf die Dauer verbessern oder nachhaltig Einsparungen von Heizenergie oder Wasser bewirken (Modernisierung), oder hat er andere bauliche Änderungen auf Grund von Umständen, die er nicht zu vertreten hat, durchgeführt, so kann er eine Erhöhung der jährlichen Miete um elf vom Hundert der für die Wohnung aufgewendeten Kosten verlangen."

433 Vgl. Begründung in BT-Drs. 7/2011 S. 11: „An der Modernisierung der Altbauwohnungen, aber auch vieler nach dem Krieg gebauter Wohnungen besteht ein allgemeines dringendes Interesse."

434 Vgl. Begründung in BT-Drs. 7/2011 S. 11: „Eine Modernisierung ist jedoch oft nur bei einer entsprechenden Mieterhöhung möglich. Bei einer Erhöhung bis zur ortsüblichen Vergleichsmiete (...) ist zwar der Wohnwert nach der Modernisierung maßgebend. Die danach mögliche Erhöhung reicht jedoch zur angemessenen Deckung der Modernisierungskosten oft nicht aus."

435 Vgl. BT-Drs. 7/2011 S. 11: „[Die Vorschrift, d. Verf.] geht auch insofern weiter als § 32 des Städtebauförderungsgesetzes, als sie den umlegungsfähigen Anteil der Modernisierungskosten wie in § 12 der AltbaumietenVO mit 14 % festlegt. Hierdurch soll ein stärkerer Anreiz zur Modernisierung gegeben werden."

436 Die im Regierungsentwurf vorgesehene Kappungsgrenze, die einen Mietzins von mehr als 10 % der ortsüblichen Vergleichsmiete verhindern sollte, wurde nach Kritik des Bundesrates vom Rechtsausschuss des Bundestages nicht übernommen; vgl. Stellungnahme des BR zum 2.WKSchG, BT-Drs. 7/2011 S. 16 (9.): „(...) würde die Durchsetzung von Mieterhöhungen so erschweren, dass dadurch der Anreiz zur dringend notwendigen Modernisierung für den Vermieter weitgehend entfiele."

437 Bericht des Rechtsausschusses des BT zum 2.WKSchG, BT-Drs. 7/2638, S. 4 (8.).

438 Gesetz vom 18.8.1976, BGBl. I S. 2221: Der damalige § 3 Abs. 1 S. 6 MHRG wurde dahingehend erweitert, dass auch Kosten, die mit Zuschüssen aus öffentlicher Hand gedeckt wurden, nicht vom Mieter in Form der Mieterhöhung zu tragen sein sollten.

nungsmodernisierungsgesetzes (WoModÄndG)[439]. Erstmals wurde der Begriff „Modernisierung" in das MHRG eingefügt. Zugleich wurde der Erhöhungsbetrag von 14 % auf 11 % gesenkt. Der Ausschuss für Raumordnung, Bauwesen und Städtebau sah in seiner Beschlussempfehlung zum Gesetzgebungsverfahren[440] erstmals auch die Einbeziehung von Einsparungen von Heizenergie in § 3 MHRG vor.[441] Zugleich empfahl er eine Begrenzung auf 75 % der grundsätzlich berücksichtigungsfähigen Kosten, falls die Baumaßnahmen zugleich steuerlich oder direkt gefördert wurden. Zum Schutz der Mieter empfahl der Ausschuss aber auch eine Härtefallklausel, womit ein „erhebliches Missverhältnis" zu den erwarteten Vorteilen des Mieters verhindert werden sollte. Der Bundesrat lehnte die Vorschläge allerdings ab und berief den Vermittlungsausschuss ein. Er bewertete nämlich die 75 %-Regelung und die Härteklausel als überflüssig; dies wirke sich investitionshemmend aus.[442] Der Vermittlungsausschuss empfahl daher die Änderung der 14 %-Regelung hin zur 11 %-Regelung.[443] Die nachfolgenden Gesetze erweiterten noch den Katalog der Modernisierungsmaßnahmen und regelten Hinweispflichten, Fristen und Überleitungsvorschriften nach der Deutschen Wiedervereinigung.[444]

Die letzte Mietrechtsreform trat mit Wirkung zum 1.9.2001 in Kraft.[445] Sie bezweckte, die umfassende „Vereinfachung, Neugliederung und Modernisierung des Mietrechts".[446] Die bisherigen Regelungen außerhalb des BGB, allen voran das MHRG, wurden integriert. Der Reforminhalt bezog sich auch auf die Förderung der Modernisierung von Wohnraum, indem sich sowohl die Duldungspflicht des Mieters, als auch die Befugnis des Vermieters zur Mieterhöhung wegen baulicher Maßnahmen auf alle Arten der Energiesparmaßnahmen erstreckte. Die Ankündigungsfrist Nach § 554 Abs. 2 BGB und die Wirkungsfrist

439 WoModÄndG, vom 27.6.1978, BGBl. I S. 878.

440 BT-Drs. 8/1764 S. 15.

441 Art. 3 Ziff. 2 erweiterte den Katalog des § 3 Abs. 1 MHRG dahingehend, dass auch Heizenergie-Einsparungen zu den Modernisierungsmaßnahmen zählten.

442 Vgl. Anrufung des Vermittlungsausschuss durch den BR, BT-Drs. 8/1861 S. 8.

443 BT-Drs. 8/1932, S. 2, Beschlussempfehlung des Vermittlungsausschuss.

444 Viertes Gesetz zur Änderung mietrechtlicher Vorschriften (Vierte Mietrechtsänderungsgesetz) vom 21.7.1993, BGBl. I S. 1257, und Gesetz zu Überleitung preisgebundenen Wohnraums im Beitrittsgebiet (Mietenüberleitungsgesetz) vom 6.6.1995, BGBl. I S. 748.

445 Gesetz zur Neugliederung, Vereinfachung und Reform des Mietrechts (Mietrechtsreformgesetz) vom 19.6.2001, BGBl. I S. 1149 ff. Das Gesetz trat zum 1.9.2001 in Kraft.

446 BT-Drs. 14/4553 vom 9.11.2000, S. 1.

für die Mieterhöhung gemäß §§ 559f. BGB wurden dabei um jeweils einen Monat verlängert.

2. Frankreich

Im Rahmen der nach dem Zweiten Weltkrieg begonnenen Mietgesetzgebung wurde die Miete von Räumen zu Wohnzwecken erstmals umfassend durch das Gesetz vom 1. September 1948[447] geregelt. Es führte als erstes Sondergesetz eine Wohnraumbewirtschaftung mit regionalem Anwendungsbereich in Städten, größeren Gemeinden sowie insbesondere im Ballungszentrum Paris ein. Das Gesetz, das dem Grunde nach bis heute noch für alle vor Inkrafttreten am 1.9.1948 errichteten Wohngebäude gilt[448], enthält bzw. enthielt[449] in Abhängigkeit vom Einkommen des Mieters zwingende Mietobergrenzen.[450] Diese verteilten sich auf bestimmte Gebäudeklassen, wobei die Unterteilung in Klassen von dem jeweiligen Gebäudestandard abhängig war.[451]

Dem Inkrafttreten des Gesetzes von 1948 ging ein Beschluss vom 28.6.1945[452] voraus, wonach ein Teil der privaten Mieteinnahmen einer neu gegründeten „Caisse nationale pour l'amélioration et l'entretien de l'habitat rural et urbain" zuzuführen war. Dieser solidarische Mietenfonds benannte sich kurze Zeit später in den „Fonds national d'amélioration de l'habitat (FNAH)" um. Die FNAH wurde primär gegründet, um den privaten Wiederaufbau der vom Krieg zerstörten Gebäude mithilfe öffentlicher Mittel zu fördern. Zugleich wurden mit Inkrafttreten des Gesetzes von 1948 für alle zeitlich später errichteten Neubauten freie Miethöhen zugelassen.

Nach seinem Inkrafttreten fand das Gesetz auf so gut wie alle Mietverhältnisse Anwendung. Bald zeigte sich aber, dass es nicht zur Lösung der Wohnungsnot geeignet war. Von dem Gesetz wurden nämlich nur die Bestandsmieter ge-

---

447 L. 48-1360 vom 1.9.1948.

448 Art. 3 des Gesetzes von 1948.

449 Der Anwendungsbereich des Gesetzes von 1948 reduzierte sich durch die nachfolgenden Mietsondergesetzes und beschränkt sich heute nur noch auf vor Inkrafttreten des Gesetzes von 1989 geschlossenen Mietverträge im Großraum Paris und in Gemeinden mit einer bestimmten Mindestgröße errichteten Wohngebäude; vgl. oben Einleitung D.

450 Dekret Nr. 48-1881 vom 10.12.1948.

451 Anhang 1 zum Dekret Nr. 48-1881 vom 10.12.1948.

452 Ordonnance 45-1421 vom 28.6.1945.

schützt, nicht aber die Wohnungssuchenden „zukünftigen". So entwickelte sich ein zweigeteilter Mietenmarkt, nämlich ein regulierter für die Altbauten bis 1948 und ein freier Mietenmarkt für alle Neubauten.[453] Durch die strenge Mietenregulierung galt jedoch die Vermietung von Wohnraum für Vermieter schon bald als nicht mehr lukrativ: Insbesondere galt der private Mietsektor, der nach dem Kriegsende kaum über finanzielle Spielräume verfügte, für Vermieter als unrentabel. Trotz der starken Nachfrage nach gut ausgestattetem Wohnraum auf dem Wohnungsmarkt unterließen Vermieter es, kostspielige Instandhaltungs- oder gar Modernisierungsarbeiten durchzuführen.[454]

Der Gesetzgeber erkannte angesichts des stagnierenden Wiederaufbaus den Bedarf nach liberaleren gesetzlichen Regelungen, die sowohl der Investitionsbereitschaft des Vermieters, als auch dem Sicherungsbedürfnis der Mieter Rechnung tragen sollten.[455]

Spätestens seit einer von Abbé Pierre[456] im Jahr 1954 initiierten Hilfskampagne konzentrierte sich die staatliche Wohnungsbaupolitik des Bauministers Pierre Courant schließlich auf die soziale Wohnraumförderung, die der Staat in der Folgezeit massiv vorantrieb.[457] Im Jahr 1958 wurde eigenes ein Dekret zur „rénovation urbaine" erlassen, das den gezielten Wiederaufbau der Innenstädte vorantreiben sollte.[458] Das III. staatliche Wohnungsbauprogramm, das zunächst einen Neubau von 12.000 Wohnungen in Ballungszentren im Zeitraum 1958–1961 beabsichtigte, sollte die Wohnungsnot entschärfen und die quantitative Wohnraumversorgung für die Bevölkerung sicherstellen. In den Folgejahren wurden weitere Wohnungsbauprogramme beschlossen und der umfangreiche soziale Wohnungsbau mit seinen „habitations à loyer modéré" (HLM) geschaffen und ausgeweitet.[459]

---

453 *Mazeaud*, III, S. 483.

454 Es heißt, das Gesetz habe zur Verarmung der Vermieter geführt, *Malaurie/Aynès/Gauthier*, S. 331 Rn. 603.

455 *Malaurie/Aynès Gauthier*, a.a.O.

456 Henri Antoine Grouès, 1912–2007, von 1945–1951 unabhängiger Abgeordneter der Ersten Nationalversammlung für das Département Meurthe-et-Moselle. Nach einer Kältewelle, die Frankreich im Winter 1953/54 heimgesucht hatte und viele Menschen das Leben kostete, appelierte er an die Bevölkerung, Obdachlose in den Wohnungen aufzunehmen, was eine landesweite Hilfswelle auslöste.

457 Sogenannter Plan I.

458 Dekret vom 31.12.1958: „reconquête des centres des villes".

459 Vgl. Livre 4, Artt. L.411-1 Abs. 1, L.442-1 ff., sowie Artt. R.442-1 ff. CCH.

Diese sogenannten HLM-Wohnungen basieren noch auf dem „Loi Siegfried" vom 30.11.1894, das dem Staat die Pflicht auferlegte, „habitations à bon marché (HBM)" für bedürftige Bevölkerungsteile sicherzustellen. Im Jahr 1950 wurden die früheren HBM in HLM umbenannt. Seit dem Jahr 2000[460] sollen nicht mehr als 20 % der verfügbaren Wohnungen in Ballungszentren wie Paris HLM-Wohnungen sein.

Zur Stärkung des privaten Mietwohnsektors wurde 1971 außerdem die Nationale Agentur zur Förderung privater Wertverbesserungen des Mietwohnbestandes („Agence nationale pour l'amélioration de l'habitat", ANAH) gegründet, die bis heute mit zinsgünstigen Darlehen und Zuschüssen der öffentlichen Hand Eigentümern und Vermietern finanzielle Anreize für die Durchführung von Modernisierungsmaßnahmen leistet.

Ausgangspunkt für die weitere Neuorientierung der Wohnungspolitik war im Jahr 1975 der Barré-Report:[461]

„L'aide à la pierre, c'est fini, on passe à l'aide à la personne."

Im Jahr 1976 wurde die Wohnungspolitik im Zuge des nunmehr siebten staatlichen Wohnungsbauprogramms wiederum neu formuliert[462]: Der Staat verfolgte fortan liberalere marktorientiertere Zielsetzungen. Es sollte erstmals der *qualitativen* Verbesserung des Mietwohnbestandes ein Vorrang eingeräumt werden, primär über die staatliche ANAH.[463] Die Neuorientierung wurde durch eine Reihe von Maßnahmen umgesetzt: Noch im Jahr 1977 wurde zunächst ein allgemeines System der Wohnbeihilfen eingeführt.[464] Zugleich wurden die Förderinstrumente für den Wohnungsneubau und die Wohnungsverbesserung neu gestaltet. Wesentliche Maßnahmen waren aber die Förderung des sozialen Wohnungsbaus und der Wohnungseigentumsbildung, jeweils durch eine

460 „Loi relative à la solidarité et au renouvellement urbains" (SRU), L.2000-1208 vom 13.12.2000, JO vom 14.12.2000.

461 Dem Barré-Report von 1977 (Raymond Barré, 1924–2007) ging 1976 der sogenannte Nora-Report zur Wohnsituation in Frankreich voraus (Simon Nora, 1921–2006).

462 Plan VII, von 1976–1980.

463 Vgl. *Donner*, S. 285 f.

464 Die sogenannten „aides personalisés au logement (APL)" in der Form finanzieller Beihilfen wurden Mietern und Vermietern gewährt, wobei die Höhe sich nach dem jeweiligen Einkommen richtete. Die Stützung der Wohnungskosten sollte bis zum Niveau „angemessener Wohnungskosten" erfolgen. Daneben existierte das Sozialhilfesystem für diejenigen Haushalte, die keinen Anspruch auf die allgemeine Wohnbeihilfe hatten.

Kombination von öffentlichen Zuschüssen und zinsgestützten Darlehen.[465] Private Investitionen in den Mietwohnungsbau wurden fortan überwiegend über Steuerbegünstigungen gefördert: Im Rahmen der Einkommenssteuer konnten Eigentümer bzw. Vermieter 10 % der Investitionskosten bei der Einkommenssteuer geltend machen.

Die Ziele der Wohnungspolitik lauteten:
- Rückgang einer Konzentration auf den Wohnungsneubau hin zum Ausbau der Subjektförderung und der Aufwertung des Wohnungsbestands;
- Reduktion der staatlichen Eingriffe in den Wohnungsmarkt hin zur Schaffung größerer Spielräume für die Marktkräfte;
- Stärkere Konzentration aller verfügbaren Mittel auf bedürftige Haushalte.

Weitreichende Änderungen brachte erst wieder das nach dem Wohnungsbauminister Quilliot benannte Gesetz vom 22. Juni 1982.[466] Es führte einerseits einen starken Mieterschutz ein und sollte andererseits den freien Wohnungsbau fördern. Das Gesetz ging von einem in Art. 1 Abs. 1 erstmalig geregelten Recht auf Wohnraum („droit à l'habitat") aus. Aus den Absätzen 1 und 2 folgt jedoch, dass es sich dabei weniger um ein Recht als um ein an den Gesetzgeber gerichtetes Programm handelt, durch Aufrechterhaltung und Entwicklung des Mietsektors und der Eigentumsbildung für angemessenen Wohnraum zu sorgen.[467] Gleichzeitig war es wegen Art. 1 Abs. 3 von dem Bestreben nach einer verbesserten Auslegung des Mietrechts, im Sinne der Ausgewogenheit der vertraglichen Rechte und Pflichten der Mietvertragsparteien geprägt. Die konkreten Regelungen des Gesetzes blieben allerdings hinter dem „droit à l'habitat" zurück. Eine Verpflichtung des Vermieters zur Vermietung von Wohnraum bestand weiterhin nicht.[468] Durch Stabilisierung und Fortentwicklung des Mietsektors sollten durch das Gesetz breite Bevölkerungsschichten angemessenen Wohnraum finden. Neu war auch das verfolgte Ziel des Gesetzgebers, bei der Mietpreisbildung den Grundsatz der Parteiautonomie zu durchbrechen und sie jedenfalls teilweise durch Kollektivverträge mit wiederum strikten Mietpreisvorgaben zu regeln.[469]

---

465 Die Vergabe der Gelder erfolgte seit 1985 über die „Caisse de dépots et consignation (CDC)", vgl. http://www.caissedesdepots.fr. Gegründet wurde sie durch Gesetz vom 28.4.1816 („Loi sur les finances"); heute geregelt im Code monétaire et financier, Art. L. 518-1.

466 L. 82-526 (Quilliot).

467 *De Belot/Legrand*, Commentaire de la Loi Quilliot, Gaz. Pal. 1982, S. 397.

468 *Ferid/Sonnenberger*, S. 225 ; *Soinne/Warembourg-Auque*, J.C.P. 1983, I, 3098, Nr. 21 f.

469 *De Belot/Legrand*, Commentaire de la Loi Quilliot, Gaz. Pal. 1982, S. 397.

Dadurch wurde es institutionalisierten Vereinigungen von Mietern und Vermietern ermöglicht, dem Arbeitsrecht vergleichbare Tarifverträge über die jährlichen Mieterhöhungen abzuschließen.[470] Durch das Gesetz waren auch die Kündigungsmöglichkeiten des Vermieters stark eingeschränkt worden, so dass ein starker Rückgang der Vermietungszahlen zu verzeichnen war.[471] Diese rechtspolitischen Zielsetzungen wurden später dafür verantwortlich gemacht, dass die Investitionen im Wohnungsbau in der Folgezeit bis Mitte der 1980er Jahre stark zurückgingen.[472] Die daraus resultierenden Leerstandsproblematiken bewegten den französischen Gesetzgeber, erneut tätig zu werden.

Nach dem Regierungswechsel im Jahr 1986 trat unter der konservativbürgerlichen Regierung[473] das nach dem Wohnungsbauminister Méhaignerie benannte liberalere Gesetz vom 23. Dezember 1986[474] in Kraft. Es sollte kurzfristig die zahlreichen Mieterschutzbestimmungen des Gesetzes von 1982, die zu drastischen Wohnungsleerständen geführt hatten, aufheben.[475] Dabei versuchte es eine marktwirtschaftliche Lösung durch teilweise Freigabe der Mieten.[476] Durch den Wegfall der mit dem Gesetz von 1982 getroffenen Regelungen über die kollektivrechtlichen Beziehungen, konnte die Höhe der Miete bei zu erneuernden Mietverträgen wieder frei bestimmt werden. In der Folgezeit löste dies sprunghafte Mietsteigerungen bei auslaufenden Altverträgen aus.[477] Die Folge war ein erhebliches Ungleichgewicht des Mietgefüges im Vergleich zu dem allgemeinen Preisgefüge.[478] Vor allem im Raum Paris ergaben sich überdurchschnittliche Mieterhöhungen, die zunehmend als Fehlentwicklungen für den französischen Mietwohnungsmarkt eingestuft wurden.[479]

Der Gesetzgeber sah sich nunmehr veranlasst, ein Regelungsinstrumentarium zu schaffen, mit welchem durch die sofortige zwingende Anwendung seiner

---

470 *Schmitz-Schlär*, S. 10; *Ferid/Sonnenberger*, Band 2, 2 J, S. 79 ff.

471 *Hermann*, WuM 1988, 202.

472 *Warembourg-Auque*, La réforme des rapports locatifs, J.C.P. I., Doctr. 3290, Nr. 4 ; vgl. auch *Aubert/Bihr*, La location d'habitation, S. 2.

473 Regierung unter Jacques Chirac.

474 L.86-1290 (*Méhaignerie*).

475 *Beltz*, WuM 1990, 1.

476 Vgl. *Hübner/Constantinesco*, 3. Teil § 23, 2a.

477 *Beltz*, WuM 1990, 1.

478 *Hermann*, WuM 1988, 202.

479 *Beltz*, WuM 1990, 1.

wichtigsten Vorschriften diesen unerwünschten Entwicklungen entgegengewirkt werden konnte. Damit erklärt sich die zeitliche Nähe und Teilidentität des sachlichen Anwendungsbereiches der Gesetze von 1986 und von 1989.

Parallel zum Ausbau des sozialen Wohnraummietrechts entwickelte sich seit Mitte der 1980er Jahre auch eine einsetzende Dezentralisierungspolitik: Seit 1988 wurden die finanziellen Mittel an die Regionen verteilt, die ihrerseits über deren Verwendung frei zu entscheiden hatten. Beabsichtigt war damit eine Verlagerung des Schwerpunkts hin zu einer umfassenden Subjektförderung durch Wohnbeihilfen für Mieter und Vermieter.[480]

Im Anschluss an die Präsidentschaftswahl 1988[481] trat schließlich das bis heute umfassendste französische Mietwohnungsgesetz vom 6. Juli 1989[482] in Kraft, benannt nach dem Wohnungsbauminister Mermaz. Es führte eine Reihe neuer, zwingend anwendbarer Mietrechtsbestimmungen ein und hob das Gesetz von 1986 zu einem großen Teil auf. Auch lockerte es diverse bisherige mietrechtlichen Vorgaben im Hinblick auf die Mietpreisgestaltung, baute zugleich aber auch den Mieterschutz aus.[483] Vorrangiges Ziel des Gesetzes von 1989 sollte der Ausgleich des Mietengefälles und die Verbesserung der allgemeinen Mietensituation sein.[484] Mit der Maßgabe, die bisherigen Regelungen ausnahmslos durch neue zu ersetzen, hob das Gesetz durch Art. 25-I die ersten vier Kapitel des Gesetzes von 1986 vollständig auf. Diese enthielten allgemeine Vorschriften über die Vertragsdauer und den Mietzins. Das neue Gesetz enthielt völlig neue Kernvorschriften über die stillschweigende Vertragsfortsetzung nach Ablauf der Vertragslaufzeit, die Kündigung, die (freie) Bestimmung der Ausgangsmiete und der Miete des „neuen“ Vertrages nach Verlängerung. Neu war auch, dass das Gesetz von 1989 zwingendes Recht implementierte, was einen umfassenden Mieterschutz gewährleisten sollte.[485]

480 Vgl. Artt. L. 542-2 ff. Code de la sécurité sociale. Im Jahr 2001 erhielten insgesamt 47 % aller Mieterhaushalte und 16 % aller Vermieter- bzw. Eigentümer finanzielle Wohnbeihilfen, zit. n. *Stagel*. S. 93.

481 Wiederwahl des Präsidenten Francois Mitterands.

482 Gesetz von 1989, L.89-462 (Mermaz).

483 Das Gesetz von 1989 gilt als das „neue gemeine Wohnraummietrecht“, vgl. m.w.N. *Stabentheiner*, S. 73.

484 *Beltz*, WuM 1990, 1.

485 Vgl. *Rozès*, Répertoire de droit civil, II, Nr. 4.

3. Fazit

Nach dem Zweiten Weltkrieg stellte die massive Wohnungsnot in den meisten Ländern Europas eines der drängendsten Probleme dar. Die Zerstörung von Gebäuden, der gleichzeitig entstandene Rückstau im Wohnungsbau und die Flüchtlingsbewegungen bestimmten während vieler Jahre die Hauptausrichtung der Wohnungspolitik der Nachkriegszeit.[486] Vorrangiges Ziel war es, im Sinne der Daseinsfürsorge bezahlbaren Wohnraum für die Bevölkerung zu schaffen und die Wohnraumversorgung zu stabilisieren. Um den vorhandenen Fehlbestand abzubauen, riefen viele Länder umfangreiche soziale Wohnungsbauprogramme ins Leben, regulierten die Mietpreise und betrieben eine breite Förderpolitik. Im Allgemeinen war man der Ansicht, dass Staatsinterventionen und umfassende (Wieder-)Aufbauprogramme erforderlich sind, um den Wohnbestand zu erhalten und quantitativ wie qualitativ zu verbessern.[487]

Inzwischen aber hat sich das Umfeld geändert: Die Wohnungsnot existiert heute in dieser Form nicht mehr bzw. tritt anders in Erscheinung. Die Lage der öffentlichen Finanzen hat sich allgemein verschlechtert und die Ansichten über die Verteilung der Rollen zwischen Staat und Markt wandeln sich. Seit Jahren ist die Tendenz festzustellen, dass sich „der Staat" mit wenigen Ausnahmen immer mehr aus dem Wohnungsmarkt zurückzieht.[488] Im Zuge von Privatisierungen und Dezentralisierungen ändert sich die Wohnungsbaupolitik und mit ihr die Mietenpolitik. So auch in Deutschland und Frankreich.

Das zentralistisch geprägte Frankreich blickt ebenso wie das föderalistisch strukturierte Deutschland auf eine lange Geschichte staatlicher Einflussnahme zurück. Dass heute vergleichbare Strukturen entstanden sind, ist auf den Einfluss übergreifender Leitbilder der Moderne zurückzuführen. So waren die Zerstörungen des Krieges Auslöser für die staatliche Mietenpolitik, die seitdem das Ziel verfolgt, einen effektiven Mieterschutz zu gewährleisten. In beiden Ländern können die 80er Jahre als Phase „verdeckter Reformen" bezeichnet werden, da mit der Deregulierung und „Re-Regulierung" des Wohnungsmarktes schrittweise versucht wurde, wohnungspolitische Ziele und Instrumentarien zu korrigieren und veränderten Realitäten anzupassen. Charakteristisch für die Deregulierungspolitik war ein schrittweise vorangetriebener Rückzug des Staates aus der Wohnungsbauförderung hin zur Stärkung des freien Wohnungsmarktes.

486 *Wolter*, S. 130 ff.

487 Zu den wohnungspolitischen Phasen *Lutz*, Erster Teil, S. 27 ff. und *Wolter*, S. 130 ff.

488 Dazu auch *Wolter*, S. 109 ff., *Nörr*, Teil I, S. 57 ff. und Teil II, S. 3 ff.

Der freie Wohnungsmarkt ist schließlich das Ergebnis einer Deregulierungspolitik.

Im Ergebnis verfolgten beide Länder in der Vergangenheit vergleichbare Strategien. Sie bestanden aus Anreizen für stärkere Bauaktivitäten einerseits, einer stabilen Mietenpolitik andererseits sowie einer ergänzenden grundlegenden Förderpolitik.

II. (Verfassungs-)Rechtliche Grundlagen

1. Schutz des privaten Eigentums

Das Eigentumsrecht des Vermieters[489], die Mietsache nach seinen Wünschen zu verändern, wird als Eigentumsfreiheit vom Grundgesetz in Art. 14 Abs. 1 Satz 1 GG anerkannt. So heißt es dort ausdrücklich:

> *„(1) Das Eigentum und das Erbrecht werden gewährleistet. Inhalt und Schranken werden durch die Gesetze bestimmt (....).“*

Die französische Verfassung vom 4.10.1958[490] spricht in ihrer Präambel von den „libertés essentielles“ und meint damit die Grundrechte, wie sie schon in der Präambel der Verfassung von 1946 und der Menschen- und Bürgerrechtserklärung („Déclaration des Droits de l'Homme et du Citoyen“) vom 26.8.1789 definiert sind. Sie proklamiert in ihrem Artikel 2:

> *„Le but de toute association politique est la conservation des droits naturels et imprescriptibles de l'homme. Ces droits sont la liberté, la proprieté, la sûreté et la résistance à l'oppression.“*

Der verfassungsrechtliche Eigentumsschutz gewinnt in der Praxis dadurch an Bedeutung, dass der Inhaber des Eigentumsrechts dazu legitimiert ist, nicht nur das Eigentum wirtschaftlich zu nutzen, d. h. zu vermieten, sondern wirtschaftlich auch mit ihm zu handeln und Erträge daraus zu erzielen. Mit dem Schutz des Privateigentums schafft der Gesetzgeber insofern die rechtlichen Rahmenbedingungen für jede wirtschaftliche Betätigung des Vermieters.

---

489 Gemeint ist Vermieter, der auch das Eigentum im Sinne des Art. 544 C.Civ. an der Mietsache hat.

490 La Constitution du 4 octobre 1958, zuletzt geändert durch Verfassungsgesetz Loi Constitutionelle Nr. 2008-13 vom 4.2.2008, J.O. vom 5.2.2008.

Doch sowohl das deutsche, als auch das französische Verfassungsrecht unterwerfen den verfassungsrechtlich verankerten Schutz des Privateigentums auch einer Sozialbindung. In Deutschland erfolgt dies über Art. 14 Abs. 2 GG, in dem es heißt:

> *„Eigentum verpflichtet. Sein Gebrauch soll zugleich dem Wohle der Allgemeinheit dienen."*

Die verfassungsrechtlich geschützte Sozialbindung des Privateigentums folgt in Frankreich aus der Formulierung des Artikels 17 der Menschen- und Bürgerrechtserklärung. Dort heißt es:

> *„La Propriété étant un droit inviolable et sacré, nul ne peut en être privé, si ce n'est lorsque la nécessité publique, légalement constatée, l'exige évidemment, et sous la condition d'une juste et préalable indemnité."*

Ein Konflikt mit dieser Bindung an die gemeinschaftlichen bzw. gesellschaftlichen Interessen ergibt sich im Rahmen einer Vermietung des Eigentums zu Wohnzwecken immer dann, wenn das Eigentum als Mietwohnung zugleich eine soziale Funktion des „Wohnens" erfüllen soll und mit dem Privateigentumsrecht des Rechteinhabers, also des Vermieters, kollidiert. Vor dem Hintergrund der sozialen Funktion des „Wohnens" und der Bedeutung der Wohnung als Lebensmittelpunkt verpflichtet die Sozialbindung den Vermieter zur Rücksichtnahme auf die Gesellschaft und Rechtsordnung im Allgemeinen, aber auch auf den Mieter im Speziellen.

Die wohnungsmietrechtlichen Regelungen müssen insofern, wie oben in Kap. 3 gesehen, grundsätzlich die verschiedenen aufeinandertreffenden Interessen und das daraus entwickelte Spannungsfeld zwischen den Vertragsparteien berücksichtigen und Ausgleichsregelungen vorsehen.

2. Vertragsabschlussfreiheit

In Deutschland und Frankreich gilt die allgemeine Vertragsabschlussfreiheit. Sie kennzeichnet das Recht des Einzelnen frei zu entscheiden, ob und mit wem er Verträge schließt (Privatautonomie). In Deutschland wird sie über das Grundrecht der Allgemeinen Handlungsfreiheit gemäß Art. 2 Abs. 1 GG gewährleistet. Die „liberté contractuelle" ist in Frankreich, mangels ausdrücklicher Regelung in den Verfassungstexten einschließlich ihrer Präambeln, die ebenfalls Verfassungsrang besitzen, über Art. 1134 C.Civ. (einfach-)gesetzlich geschützt.[491] Obwohl ein Teil der Literatur der Vertragsabschlussfreiheit auch Verfassungsrang zuzusprechen versucht[492], hat der Conseil Constitutionnel eine solche Einstufung bislang abgelehnt.[493]

3. Freier Mietwohnungsmarkt

Obwohl selbst die Allgemeine Erklärung der Menschenrechte[494] ein allgemeines „Recht auf Wohnraum" in ihrem Art. 25-1 verankert, ist dieses als völkerrechtliches Manifest nicht ohne Weiteres im nationalen Recht einklagbar. Zwar hat in Deutschland jeder, soweit er sich nicht selbst helfen kann, gegen die staatliche Gewalt ein Recht auf angemessenen Wohnraum.[495] Doch beinhaltet der Anspruch des Einzelnen grundsätzlich nur das soziale Recht auf Zuschuss zur Miete oder zu vergleichbaren Aufwendungen.

In Frankreich proklamierte, wie oben erwähnt, das Wohnraummietengesetz von 1982 in seinem Artikel 1 erstmals ein „Recht auf Wohnung", das auch in das heute auf alle Wohnraummietverhältnisse anwendbare Gesetz von 1989 mit übernommen wurde.[496] Die Absätze 2 und 3 des Gesetzes verdeutlichen aber, dass es sich dabei weniger um ein echtes „Recht" als um ein bloßes „Manifest", d. h. einen sozialen Anspruch des Staates an sich selbst handelt.[497] Der Verfassungsrat hat dem Recht auf Wohnraum als politisches Ziel Verfassungsrang zuerkannt.[498] Allerdings verankert seit dem Frühjahr 2007 ein von der Nationalversammlung und dem Senat am 21.2.2007 einstimmig beschlossenes Gesetz

---

491 Dort heißt es: „(1) Les conventions légalement formées tiennent lieu de loi à ceux qui les ont faites. (2) Elles ne peuvent être révoquées que de leur consentement mutuel, ou pour les causes que la loi autorise." Der Vertrag als „Gesetz der Parteien" gilt unverbrüchlich und kann nur durch neue Parteivereinbarung – gewissermaßen derogierendes neues Gesetz – aufgehoben werden.

492 So z. B. *Terneyre, Phillipe*, P.U.G., 1993, p. 473-486.

493 Conseil Constitutionnel, Urteil vom 3.8.1994 – 94-348, RFDC 1994, S. 832, J.C.P. 1995, II, p. 22404 : „Aucune norme constitutionnelle ne garantit le principe de liberté contractuelle."

494 UNO International Bill of Human Rights, A/RES/217, UN-Doc. 217/A-(III) vom 10.12.1948.

495 § 7 SBG I.

496 Art. 1: „Le droit à l'habitat est un droit fondamental, il s'exerce dans le cadre des lois qui le régissent (...). Les droits et obligations réciproques des bailleurs et locataires doivent être équilibrés dans leurs relations individuelles comme dans leurs relations collectives". Es findet sich außerdem im sogenannten „Besson"-Gesetz L.90-449 vom 31.5.1990.

497 So auch *Malaurie/Aynès/Gauthier*, S. 330 Fn 14.

498 Conseil Constitutionnel, Entscheidung Nr. 00-436, DC vom 7.12.2000, JO vom 14.12.2000, S. 19840.

nunmehr das allgemeine einklagbare Recht auf Wohnraum für sozial Benachteiligte, das ab 1.12.2008 gerichtlich geltend gemacht werden kann.[499] Das „Recht auf Wohnraum" ist insofern in erster Linie Ausfluss eines sozialen Wohnraummietrechts, und nicht Ergebnis einer staatlichen Wohnraumbewirtschaftung. Eine staatliche Wohnraumbewirtschaftung, die in die Grundrechte Artt. 14, 12 und 2 GG der Wohnungseigentümer eingreifen würde, wird weder von Deutschland noch von Frankreich betrieben.

III. Soziales Wohnraummietrecht

Deutschland und Frankreich haben ein umfassendes soziales Wohnraummietrecht geschaffen, das die rechtsgeschäftliche Privatautonomie und das Recht des freien Eigentumsgebrauchs zugunsten eines staatlichen Mieterschutzes beschränkt.[500] Der Mieterschutz stellt damit einen strikten und zugleich unübersehbaren Rahmen für bauliche Vorhaben des Vermieters dar.[501]

Der zwingende Charakter mietrechtlicher Vorschriften kann sich einerseits ausdrücklich aus dem Wortlaut der Vorschrift[502] ergeben, wie dies bei §§ 554 Abs. 4, 559 Abs. 3, 559a Abs. 5, 559b Abs. 3, 561 Abs. 2 BGB oder in Frankreich in Artt. 1 und 2 des Gesetzes von 1989[503] der Fall ist. Daneben kann sich die Unabdingbarkeit bestimmter Regelungen aber auch aus dem Charakter der Norm ergeben, wie in § 574a BGB.

Der deutsche und der französische Staat erkennen die Notwendigkeit eines Interessenausgleichs im Schuldverhältnis grundsätzlich an. Sie haben deshalb im Interesse beider Vertragspartner im Mietrecht zwingende Regelungen geschaffen, die das natürliche Spannungsverhältnis zu einem Ausgleich bringen sollen, ohne dabei auf gezielte Anreize für die eine oder andere Seite zu verzich-

---

499 Gesetz L.2007-290 vom 5.3.2007, JO vom 6.3.2007, „Loi instituant le droit au logement opposable et portant diverses mesures en faveur de la cohésion sociale."

500 Unter Mieterschutz wird hier die Ausgestaltung der Vorschriften zugunsten des Mieters auf der Ebene des Privatrechts verstanden; der öffentlich-rechtliche Mieterschutz, d. h. Maßnahmen wie Wohngeld oder sozialer Mietwohnungsbau soll hier nicht gemeint sein. Vgl. ausführlich *Lutz*, S. 19 ff.

501 Deutlich wird dies v. a. am Kündigungsschutz; vgl. das 1. und 2. WKSchG oben A.I.1. Während die Kündigungsrechte des Vermieters eingeschränkt wurden, wurden zugleich Möglichkeiten zur Mieterhöhung im laufenden Vertrag geschaffen.

502 Zu den anderen Vorschriften vgl. *Lutz*, S. 19 ff.

503 Art. 2: „Les dispositions du présent titre sont d'ordre public". Ausführlich vgl. die Kommentierung m.w.N. im Code des Baux 2008, Dalloz, „ Régime Loi de 1989".

ten.[504] Das soziale Wohnraummietrecht zeichnet sich dabei insbesondere dadurch aus, dass seine umfassenden schützenden Komponenten gezielt vor allem die Eigentumsgarantie des Vermieters einschränken.[505] Insofern gewähren die zwingenden Bestimmungen im Mietrecht dem Mieter Schutz vor unzumutbaren Wohnsituationen und einer völligen Herabwirtschaftung bzw. einen Verfall der Mietsache. Die Grenze des Mieterschutzes wird regelmäßig dort gezogen, wo die Verantwortlichkeit für die Wohnraumwirtschaft an den Staat delegiert würde.

IV. System der Mietpreisbildung

1. Marktorientiertes Vergleichsmietensystem

Eine reine „Marktmiete" ist in Deutschland nie realisiert worden; eine weitgehende Preisfreiheit bei der Wohnraumvermietung war nur von 1900 bis 1917 gegeben, sowie kurzfristig Ende der 1960er Jahre, wobei diese Phasen ebenfalls nicht als „reines Marktmietensystem" gelten. Dieses würde vielmehr voraussetzen, dass vollständige Preisfreiheit herrscht, ein freies Kündigungsrecht beider Vertragspartner gegeben ist, Mietverträge nur auf unbestimmte Zeit geschlossen und Mietanpassungen ausschließlich mittels Änderungskündigungen zulässig sind.

Die Mietpreisbildung im privaten Mietwohnsektor erfolgt in Deutschland und Frankreich grundsätzlich nach dem Vergleichsmietensystem. Die Vergleichsmiete ist eine nach bestimmten Vorschriften ermittelte Referenzmiete für Mieterhöhungen im laufenden Mietverhältnis. Sie setzt das Prinzip der Vertragsfreiheit voraus[506], wonach sich die Mietvertragsparteien grundsätzlich über die Miethöhe im jeweiligen Mietverhältnis einigen sollen. Allerdings haben sich die Gesetzgeber zugunsten eines effektiven Mieterschutzes dafür ausgesprochen, eine (ordentliche) Kündigung des Vermieters grundsätzlich nur zu erlauben, wenn dieser ein qualifiziertes „berechtigtes Interesse" geltend machen kann.[507] Wegen der Unzulässigkeit unberechtigter Kündigungen wird dem Vermieter als Eigentümer zwar die Möglichkeit genommen, den Mietpreis im laufenden Miet-

504 Vgl. oben Kapitel 3.G.

505 Vgl. *Wolter*, S. 141 ff.

506 Vgl. oben.

507 In Deutschland in § 573 BGB, in Frankreich in Art. 15-I des Gesetzes von 1989 geregelt.

verhältnis frei zu bestimmen bzw. neu auszuhandeln. An die Stelle von Verhandlungslösungen tritt aber im Gegenzug ein Anspruch auf Erhöhung, wenn er einseitig den Wert der Mietsache verbessert hat und hierfür nun eine Gegenleistung verlangt.[508] Maßstab für die neue Miete nach dem Vergleichsmietensystem ist dann gerade nicht der „messbare Wert" der Wohnung oder der früher festgelegte Mietzins, sondern derjenige Mietzins, den auch andere Vermieter auf dem Mietwohnungsmarkt für ähnlich ausgestattete Wohnungen nehmen.[509]

Die zu ermittelnde Durchschnittsmiete ist dabei einerseits empirisch zu ermitteln, wobei die „üblichen Entgelte" als marktgerechte Mietpreise zu verstehen sind. Andererseits erfolgt die Feststellung normativ über sogenannte „Wohnwertmerkmale".[510] Sie sind im deutschen Mietrecht auf die in § 558 Abs. 2 S. 1 BGB aufgezählten beschränkt, d. h. auf Art, Größe, Ausstattung, Beschaffenheit, Lage. In Frankreich werden die zulässigen Kriterien von Art. 19 des Gesetzes von 1989 und dem – oben erwähnten – Dekret Nr. 90-780 vom 31.8.1990 abschließend bestimmt.

2. § 559 BGB als Ausnahmevorschrift

Neben der einvernehmlichen Mietanpassung gemäß § 557 Abs. 1 BGB[511] und der Mieterhöhung bis zur ortsüblichern Vergleichsmiete gemäß § 558 BGB stellt die Mieterhöhung gemäß § 559 BGB die dritte Säule im Mietpreisrecht des freifinanzierten Wohnungsbaus in Deutschland dar. Die Vorschrift macht ausnahmsweise den getätigten Aufwand, den der Vermieter in die Wohnung investiert hat, zum Maßstab für die Mieterhöhung.[512] Entscheidend für den Vermieter ist, dass die neue Miete nicht nur über diejenige für vergleichbar modernisierte Wohnungen hinausgehen kann, sondern die einmal so erhöhte Miete auf erhöhtem

508 § 558 BGB. Dennoch sind individuelle Mieterhöhungsvereinbarungen erlaubt, § 557 Abs. 1 BGB.

509 Ausführlich *Hinkelmann*, II. 2. S. 64 ff.

510 So schon Art. 1 § 3 Abs. 1 S. 1 des 1.WKSchG; s. *Kofner*, S. 171.

511 Der Gesetzgeber stellt die Einigung zwischen den Vertragsparteien grundsätzlich in den Vordergrund, denn die einvernehmliche Mieterhöhung ist an den Anfang der Vorschriften über die Mieterhöhung gestellt worden. Schon daran zeigt sich der Ausnahmecharakter der Regelung des § 559 BGB als einseitiges Gestaltungsrecht.

512 Die Berechnungsweise ähnelt dem System der Kostenmiete bei öffentlich gefördertem Wohnraum bzw. bei Sozialwohnungen, vgl. §§ 6, 13 NMV und § 11 der II. BV, die ebenfalls einseitige Erhöhungen in der Kostenmiete zulassen, sowie § 12 AMVO, der früher in vergleichbaren Fällen eine Mieterhöhung gestattete.

Niveau auch fortbesteht und keinen zeitlichen Grenzen ausgesetzt ist, selbst wenn die Modernisierungskosten nach einigen Jahren amortisiert sind.

Dogmatisch liegt dieser Regelung die Annahme zu Grunde, dass § 554 Abs. 2 BGB eine freiwillige Erweiterung der vertraglichen Leistungspflicht des Vermieters regelt. Der Modernisierungszuschlag stellt insofern lediglich das Mittel dar, das das vertragliche Gleichgewicht wiederherstellt. Auf diese Weise soll die maximale Konsequenz vermieden werden, nämlich eine Beendigung des Mietverhältnisses durch den Vermieter zum Zwecke der Anpassung an die neuen (verbesserten) Umstände durch eine Neuvermietung.[513] Insofern erklärt es sich auch, dass eine einseitige Änderungskündigung nach dem Willen des Gesetzgebers unzulässig ist. Doch § 559 BGB hat nicht nur diese *mieterschützende Bedeutung.*

Aus öffentlich-rechtlicher Sicht hat § 559 BGB auch eine wohnungs- bzw. wirtschaftspolitische Bedeutung.[514] Weil Modernisierungsmaßnahmen eine Stütze der Bauwirtschaft darstellen, wirken sich Einschränkungen bei den mietrechtlichen Umlagemöglichkeiten von Modernisierungskosten immer auch unmittelbar auf den Arbeitsmarkt aus.[515]

Die umweltpolitische Bedeutung folgt aus der Tatsache, dass die so im Gesetz implementierten Anreize für Vermieter diesen veranlassen sollen, einen umweltschonenderen Umgang mit Energien zu pflegen.[516]

V. Direkte und indirekte finanzielle Förderung

Beide Staaten beschränken sich nicht auf die reine Implementierung rechtlicher Anreize, sondern setzen gezielt finanzielle Förderanreize, um die Investitionstätigkeit von privaten Vermietern anzukurbeln.

1. Deutschland

Hierzulande stammen diese finanziellen Förderungen zumeist aus den Förderprogrammen der staatlichen *Kreditanstalt für Wiederaufbau* (KfW). Die KfW ist

513 Schmidt-Futterer/*Börstinghaus*, § 559 Rn. 13.

514 Vgl. Staudinger/*Emmerich*, § 559 Rn. 3.

515 Schmidt-Futterer/*Börstinghaus*, § 559 Rn. 5.

516 BGH, Urteil vom 3.3.2004 – VIII ZR 149/03, NJW 2004, 1738; Urteil vom 3.3.2004 – VIII ZR 153/03, NZM 2003, 379.

eine Bankengruppe, die gemäß § 1 des Gesetzes über die KfW Anstalt des öffentlichen Rechts ist, bei der der Bund mit 80 % und die Länder mit 20 % beteiligt sind. Die Tilgung der Darlehen erfolgt nach tilgungsfreien Anlaufjahren zeitlich verzögert in vierteljährlichen Annuitäten. Als Maßnahmen für private Vermieter seien beispielhaft die Programme „Standard", „Öko-Plus" und das „CO_2-Gebäudesanierungsprogramm" genannt.[517]

Gefördert wird daneben auch *indirekt*. Dies geschieht vor allem durch steuerliche Begünstigungen. Immobilien unterliegen regelmäßig einer jährlichen Abschreibung, die dazu führt, dass genutzte Gebäude automatisch einen Wertverlust erleiden. Das Steuerrecht geht hypothetisch davon aus, dass ein Gebäude am Ende seiner Nutzungsdauer wertlos ist. Um Modernisierungen voranzutreiben, erhalten Vermieter deshalb steuerliche Begünstigungen. Wie bei allen Wirtschaftsgütern können auch bei vermieteten Gebäuden die Aufwendungen für die Herstellung oder den Erwerb[518], sowie die durch Abnutzung bedingten Wertminderungen (Absetzungen für Abnutzung, Afa) als Werbungskosten[519] bei der Ermittlung von Einkünften aus Vermietung und Verpachtung von Wohneigentum steuerlich berücksichtigt werden[520]:

Lineare Abschreibung gemäß § 7 Abs. 4 EStG:
Vermietete oder teilweise vermietete Wohngebäude können bis zur vollen Absetzung mit gleich bleibenden Sätzen abgeschrieben werden: Gebäude, die vor dem 1.1.1925 (Altbauten) fertig gestellt wurden zu 2,5 %, und solche, die nach dem 31.12.1924 errichtet wurden zu 2 % der der Herstellungs- oder Anschaffungskosten. Die Nutzungsdauer für Gebäude beläuft sich nach der Vorstellung des Gesetzgebers gemäß § 7 Abs. 4 EStG somit auf 50 Jahre.

Degressive Abschreibung gemäß § 7 Abs. 5 EStG:
Je nach dem Zeitpunkt ihrer Fertigstellung bzw. der Bauantragstellung können vermietete Wohngebäude mit im Zeitverlauf abnehmenden Sätzen steuerlich abgeschrieben werden. Bei Neubauten, die also aufgrund eines nach dem 31.12.2003 gestellten Bauantrages hergestellt oder aufgrund eines nach die-

517 Ausführlich zu den Fördermitteln und Zinssätzen unter http://www.kfw-foerderbank.de.

518 Die Abschreibung der Herstellungs- oder Anschaffungskosten ist der auf jedes Jahr der Nutzung fallende Anteil der verbrauchsbedingten Wertminderung der Gebäude, Anlagen und Einrichtungen, § 7 EStG.

519 Sie gehört zu den Werbungskosten, § 9 Abs. 1 S. 3 Nr. 7 EStG, wenn das Gebäude Einkünfte erzielt, d. h. vermietet ist.

520 § 21 EStG: Erhaltungsaufwand und Herstellungskosten.

sem Zeitpunkt rechtswirksam abgeschlossenen Vertrages angeschafft worden sind, können im Jahr der Fertigstellung und in den folgenden neun Jahren jeweils 4 %, in den darauf folgenden acht Jahren 2,5 % und in den restlichen 32 Jahren jeweils 1,25 % der Herstellungs- und Anschaffungskosten abgeschrieben werden. Für vermietete Gebäude in privater Hand ist die Möglichkeit der degressiven Abschreibung für Neufälle (Stichtag war 1.1.2006) entfallen, so dass diese „Afa" nur noch für Gebäude gilt, die entweder aufgrund eines vor dem Stichtag gestellten Bauantrags oder vor dem Stichtag rechtswirksam abgeschlossenen Kaufvertrags angeschafft wurden. In Neufällen bleibt dem Vermieter somit nur die lineare Abschreibung.

Erhöhte Abschreibungen:
Steht die Immobilie unter Denkmalschutz, werden nach §§ 7i, 7h EStG Aufwendungen erhöht berücksichtigt. Gleiches gilt gemäß § 7h für Wohngebäude, die in Sanierungsgebieten und städtebaulichen Entwicklungsgebieten liegen.

Einkünfte aus Vermietung und Verpachtung:
Abschreibungen für Modernisierungs- und Erhaltungsarbeiten können in einem kürzeren Zeitraum als Anschaffungs- und Herstellungskosten steuerlich geltend gemacht werden: Sie sind als Werbungskosten absetzbar.[521] Sanierungs- und Modernisierungskosten können grundsätzlich gleichmäßig verteilt über einen Zeitraum von zwei bis fünf Jahren abgeschrieben werden. Kleinere Reparaturen sind sofort in einem Jahr absetzbar.[522]

Schwierig wird die Bemessung in der Praxis, wenn Erhaltungs- und Herstellungsmaßnahmen zusammenfallen. Die Finanzverwaltung geht dann vom Grundsatz der Einheitlichkeit von Baumaßnahmen aus, so dass insgesamt von ‚Herstellungskosten' auszugehen ist. Die Maßnahmen müssen allesamt bautechnisch ineinander greifen, weil z. B. die Erhaltungsaufwendungen durch Herstellungsaufwendungen veranlasst sind.

521 Auch Grundsteuer, Versicherung, Gebühren für Wasser, Schornsteinfeger, Schuldzinsen.

522 Käufer und Vermieter von sanierungsbedürftigen Immobilien müssen beachten, dass Renovierungsabschreibungen über einen kurzen Zeitraum in den ersten drei Jahren nach Erwerb nur dann möglich sind, wenn die Kosten nicht mehr als 15 % o. MwSt. der Anschaffungskosten betragen, § 6 Abs. 1 Nr. 1a EStG. Liegen sie höher, werden die Kosten steuerlich wie Anschaffungskosten. Folge ist, dass sie linear im Laufe von 40–50 Jahren abzuschreiben sind. Die Regelung wird als „Instandhaltungsstau-Paragraph" kritisiert, da Käufer alter Häuser notwendige Sanierungen aus Steuergründen verzögern könnten.

Komplizierter ist der Fall bei Kernsanierungen, d. h. wenn eine Grundrenovierung vorgenommen wird, bei der das Gebäude derart wiederhergestellt wird, dass von einem – aus steuerlicher Sicht – völlig neuen und nicht nur „verbesserten“ Nutzungswert ausgegangen werden muss. Dann richtet sich die Bemessung nach dem Herstellungsaufwand, d. h. nach AfA-Grundsätzen.[523]

2. Frankreich

In Frankreich erfolgt die Förderung baulicher Investitionen über Steuererleichterungen einerseits[524] und finanzielle Anreize durch zinsgünstige Darlehen und Zuschüsse andererseits.[525] Die staatliche *„Agence nationale de l'habitat“* (ANAH)[526] unterstützt gezielt Maßnahmen der privaten Vermieter zur Verbesserung der Gebäude- bzw. Wohnungsqualität durch öffentliche Mittel, vgl. Art. 321-1 CCH. Energieeinsparungsmaßnahmen werden dabei über die Programme der ANAH besonders intensiv gefördert („éco-subventions“). Die Förderung erfolgt in aller Regel über zinsgünstige Darlehen und Zuschüsse. Bedingung für die Gewährung dieser Drittmittel ist, dass die Maßnahmen die Mietsache tatsächlich verbessern, d. h. entweder Sicherheitsstandards erhöht, den Wärme- oder Schallschutz des Hauses oder der Wohnung verbessert, die Ausstattung erneuert, Mobilitätshindernisse für Behinderte beseitigt oder nachhaltige Einsparungen an Energie bewirken. Die Höhe der Zuschüsse oder Kredite erfolgt regelmäßig in Abhängigkeit von den zur Verfügung stehenden Eigenmitteln, sowie den konkret durchzuführenden Arbeiten. Je nach Aufwendungshöhe werden zwischen 15 % bis zu 70 % der Investitionskosten bezuschusst, wobei Energie einsparende Maßnahmen besonders gefördert werden.[527]

---

523 Daraus folgt die Problematik steuerlicher Gerechtigkeit: Wird investiert, erhöht sich der Wohn-/Gebrauchswert der Immobilie mitunter immens. Erhaltungs- und Investitionskosten können vom Vermieter im Rahmen seiner steuerlichen Veranlagung häufig mit berücksichtigt werden. Andererseits werden auch erhöhte Mieteinnahmen im Rahmen von § 21 EStG als Überschusseinkommensart berechnet. Für Vermieter bedeutet das eine positive Berücksichtigung seiner Modernisierungsbereitschaft nach AfA-Grundsätzen; andererseits sind aber die höheren Mieteinnahmen im Rahmen der Überschusseinnahmen aus Vermietung und Verpachtung zu versteuern.

524 Die TVA, Einkommenssteuer, vgl. Art. 31 des Code général des impôts. Ausführlich unter http://www.impots.gouv.fr.

525 Vgl. die Bestimmungen der Artt. L.301-1 ff. CCH.

526 Oben A.I.2.

527 Ausführlich zu Konditionen und Zinssätzen unter http://www.anah.fr.

In Frankreich existiert daneben als besondere Form der öffentlichen Förderung der so genannte konventionierte Wohnungsbau („*logements conventionnés*“). Die Subventionierung mit öffentlichen Mitteln soll nach wie vor zur Beseitigung des Wohnraummangels beitragen, der Wohnraumversorgung der Bevölkerungsschichten mit geringem und mittlerem Einkommen dienen und die Sanierung des Altbaubestandes fördern. Anders als in Deutschland sieht das französische Immobilienrecht mit dem konventionierten Wohnungsbau aber eine Variante der objektbezogenen Förderung von vermieteten Wohngebäuden vor, die auch auf die Normen bestehender privatrechtlicher Mietverhältnisse Auswirkungen hat: Die objektbezogene Förderung durch die ANAH setzt voraus, dass der Vermieter bzw. Eigentümer eine entsprechende Fördervereinbarung („convention“) mit dem Staat abschließt. Derartige Verträge sind öffentlich-rechtlicher Natur und entfalten eine Drittwirkung zugunsten des Mieters. Dem Mieter sind daher der Vertragsinhalt und die Berechnung der Fördermittel bekannt zu geben. Der Vertragsinhalt ist in der Regel gesetzlich vorgegeben und muss für die Fortdauer der Vermietung der Wohnimmobilie beachtet werden.

Eine Förderung der Immobilie durch öffentliche Mittel wird grundsätzlich nur dann gewährt, wenn die vermieteten Wohnungen als Hauptwohnsitz genutzt werden. Die Convention schreibt dem Vermieter sodann u. a. die Einhaltung besonderer, durch Verordnungen und den Vertrag vorgegebener Verpflichtungen vor.

Er regelt die Anzahl, die Zweckbestimmung und den Standard der zu errichtenden, instand zu setzenden oder zu modernisierenden Wohnungen. Auch enthält er eine Vielzahl von Modalitäten wie erforderliche Zwischenvermietungen, Belegungskriterien, Mieterauswahlkriterien (vor allem das Einkommen) und nicht zuletzt die Vertragsdauer und Auflösungsbestimmungen, sowie Sanktionen. Im Gegenzug wird die Immobilie finanziell durch den Staat gefördert; die Mieter kommen dabei in den Genuss dieser Förderung, wenn sie die Bedingungen des Fördervertrages akzeptieren. Nach Art. L. 353-4 CCH („Régime juridique des logements conventionnés“) gehen die Förderverträge auch im Falle einer Veräußerung der Immobilie auf den jeweiligen neuen Eigentümer über.

Für die Wirksamkeit des Fördervertrages ist deshalb nach Artt. L. 353-3, R. 353-36 und R. 353-92 CCH die Eintragung im Kataster („fichier immobilier“) bzw. Grundbuch („livre foncier“) nötig.

Neben dem allgemeinen Wohnraummietrecht sind in dem konventionierten Mietverhältnis fortan auch die Regelungen der Artt. L. 353-1 ff. CCH anwendbar. Durch Art. 40 des Gesetzes von 1989 sind insofern die mietrechtlichen Vorgaben über die Vertragsdauer, die Kündigung des Mietverhältnisses und insbesondere die Miethöhe nicht mehr anwendbar. Alle zukünftig abgeschlossenen Mietverträge müssen den Kriterien des Fördervertrages entsprechen. Mit der Entscheidung zur öffentlichen Förderung müssen Vermieter sodann allen schon bestehenden Mietern zwingend einen neuen Vertragsabschluss nach den Kriterien des Fördervertrages anbieten, Artt. R. 353-49 Abs. 1 und R. 353-11 Abs. 1 CCH. Lehnt der Mieter nach einer Überlegensfrist von sechs Monaten dieses Angebot auf neuen Vertragsabschluss ab, ist er zwar nicht den sich aus dem Fördervertrag ergebenden Verpflichtungen unterworfen, gelangt umgekehrt aber auch nicht in den Genuss der Förderung für seine Wohnimmobilie.

VI. (Vorläufige) Bilanz

1. Freier statt regulierter Mietwohnungsmarkt

In Deutschland und Frankreich findet sich als Ergebnis der Deregulierungspolitik heute ein breiter privater Mietwohnsektor.

Tabelle 3: Privater und sozialer Mietwohnsektor

	Deutschland (Alte Bundesländer, 2002)	Frankreich (1998)
Private Mietwohnungen	48 %	22 %
Soziale Mietwohnungen (preisgebunden)	7 %	18 %

Quelle: Kirchner, S. 3.

Der Anteil privat vermieteter Wohnungen beläuft sich in Deutschland inzwischen auf 48 %, was rund 13,8 Millionen Haushalten entspricht.[528] Auszugehen ist von einem Gesamtwohnungsbestand von 38,7 Mio. Wohnungen. Darunter fallen ca. 9,8 Millionen Wohnungen professionell-gewerblicher Anbieter, d. h. Genossenschaften, kommunale, öffentliche und privatwirtschaftliche Wohnungsunternehmen, kirchliche Vermieter und Sonstige, wie Banken und Fonds, und 15,1 Millionen selbst genutzte Eigentumswohnungen in Ein-/Zweifamilienhäusern und Geschosswohnungen. Weitere 13,8 Millionen Wohnungen werden privat vermietet, und hiervon wiederum ca. 3,4 Millionen als Einliegerwohnungen bei Selbstnutzern. Der Anteil der Mieterhaushalte liegt in Deutschland

528 Statistisches Bundesamt, Mikrozensus 2002, GdW-Jahresstatistik, vgl. http://www.destatis.de.

bei ca. 58 % aller Haushalte. Die Eigentumsquote beträgt rund 42 %.[529] Von den genannten Mieterhaushalten sind mithin 48 % dem privaten Sektor zuzuordnen.

Im (kontinentalen) Frankreich fallen ca. 22 % aller Hauptwohnsitze auf Mietverhältnisse des freien Mietwohnsektors, d. h. betragsmäßig rund 5,5 Millionen Haushalte. Die Eigentumsquote belief sich im Jahr 2002 auf 56 %. Rund 38 % der Gesamtbevölkerung lebte demzufolge zur Miete, wovon 22 % auf den freien Vermietungssektor und rund 16 % auf Wohnraummietverhältnisse der öffentlichen Hand fielen, d.h in den so genannten „HLM-Wohnungen", aber auch im konventionierten Wohnungsbau, den „logements conventionnés". Die restlichen ca. 6 % entfallen auf nicht gemeldete, kostenfreie oder Unvermietverhältnisse. Während sich die Eigentumsquote in Frankreich in den letzten Jahren stets geringfügig erhöht hat, blieb der freie Mietwohnsektor – und auch der öffentlich-geförderte Wohnungsbau – über die Jahre stabil.[530]

Der private Mietwohnungsmarkt weist in beiden Ländern mithin einen höheren Anteil als die Sozialwohnungen auf.

2. Sanierungszustand des Wohnbestandes

Hinsichtlich der Entwicklung des Ausstattungsgrades des vermieteten Wohnbestandes lässt sich ein guter Zustand feststellen. Die Anzahl schlecht ausgestatteter Wohnungen reduziert sich hierzulande wie in Frankreich seit Jahren zunehmend.

529 Quelle: Statistisches Bundesamt, Bestand an Wohnungen Fachserie 5, Reihe 3, 2006 http://www.destatis.de.

530 Daten aus: INSEE, Statistik „Résidences principales selon le statut d'occupation", aktualisiert 09/2004, http://www.insee.fr.

Abbildung 4: Ausstattungsgrad des Wohnbestandes Frankreich

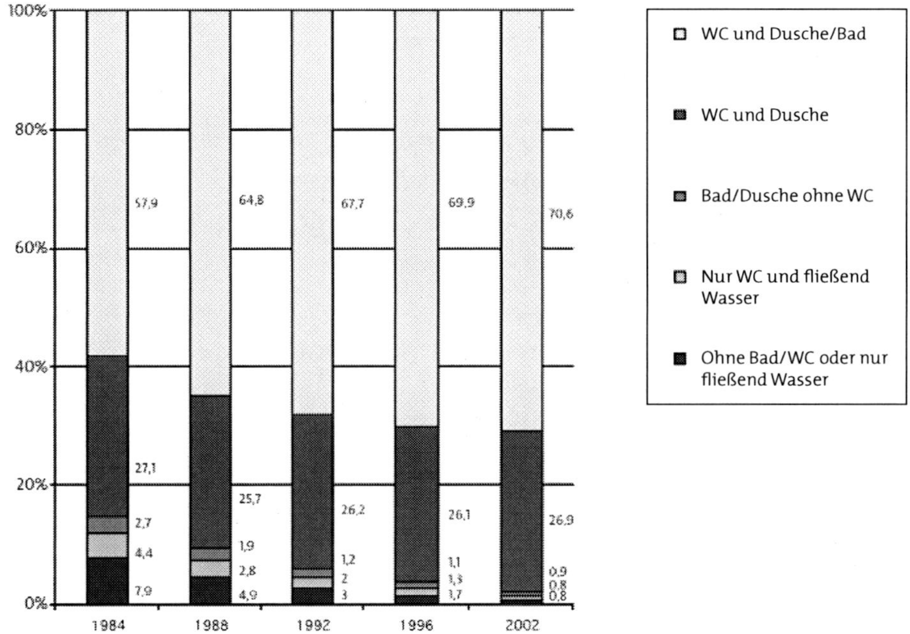

Quelle: Enquêtes Logement, Insee http://www.insee.fr

Ein Blick auf die Situation hierzulande zeigt, dass der Zustand der Wohngebäude selbst im Altbaubereich überwiegend gut ist. Abbruchreife Wohnungen machen seit Jahren nicht mehr als marktübliche 0,1–0,2 % aus, als renovierungsbedürftig werden rund 4 % der Wohngebäude bewertet, während sich rund zwei Drittel aller Mietwohngebäude bzw. Mietwohnungen in gutem Zustand, und weitere 35–50 % in einem überwiegend guten Zustand befinden.

Abbildung 5: Renovierungsbedürftigkeit von Wohngebäuden, Baujahr Vor 1990, Bewohnte Wohnungen, Hauptmieterhaushalte, BRD

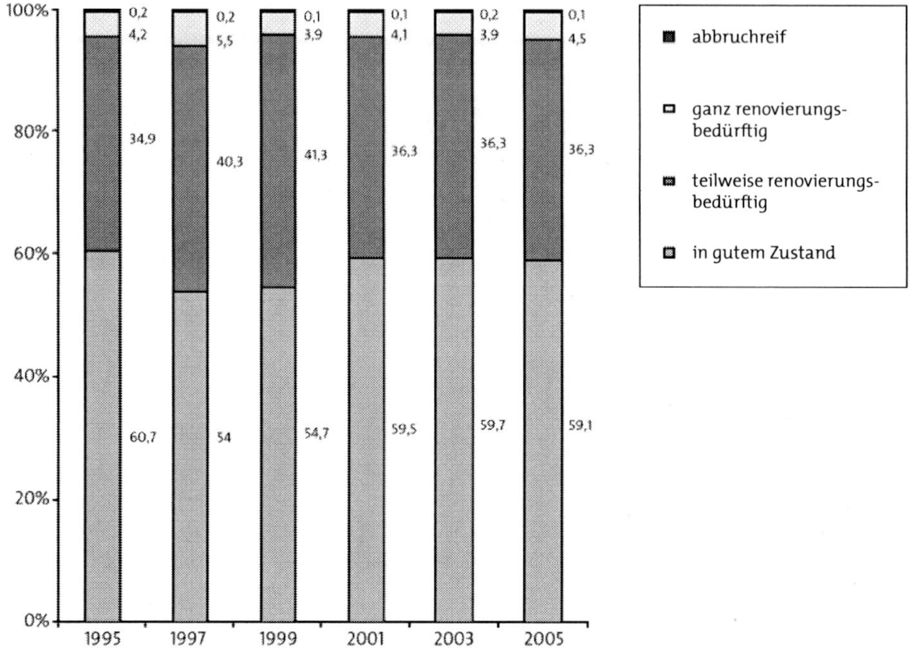

Quelle: Statistisches Bundesamt SOEP, Westdeutschland; http://www.destatis.de

Die Situation ist damit in beiden Ländern insgesamt stabil.

B. Modernisierung im planwirtschaftlichen System am Beispiel der ehemaligen DDR

I. Sozialistische Wohnungspolitik

Wie in allen sozialistischen Volkswirtschaften wurde in der ehemaligen DDR, der Vorstellung von der zentralen Leitung und Planung der sozialistischen Gesellschaft gemäß, auch die Erfüllung des Wohnungsbedarfs und der Wohnungsbedürfnisse über eine zentrale Planung angestrebt. Die sozialistische Wohnungswirtschaft war dabei geprägt von staatlichen Investitionen. Deshalb war der Wohnungsmarkt – auch der private – streng staatlich organisiert.

Unmittelbar nach ihrer Staatsgründung[531] setzte in der DDR die „Sozialisierung der Wirtschaft" ein, indem das gesamte Wirtschaftspotential sozialisiert und unter staatliche Verwaltung gestellt wurde.[532] Unter dem sowjetischen Einfluss wurde so die zentralverwaltungswirtschaftliche Ordnung sowjetischen Typs unmittelbar auch auf die Wohnungspolitik übertragen, die als Teil der Wirtschaftspolitik begriffen wurde.[533] Der Wohnungspolitik wurde ein ordnungspolitisches Fernziel zugemessen, nämlich die Schaffung sozialistischer Wohnverhältnisse.[534] Und auch der Wohnungsbau nahm aus sozialpolitischen Erwägungen heraus eine zentrale Stellung in der Politik ein.[535] Das Parteiprogramm der SED bezeichnet ihn im Jahr 1976 sogar als „Kernstück der Sozialpolitik".[536]

Während der gesamten DDR-Zeit herrschte eine straffe *Wohnungszwangswirtschaft*, ohne dass sich im Zeitablauf Lockerungstendenzen ergeben hätten.[537] Dabei spielte neben der weitgehend passiv gehandhabten Gestaltung des Mietpreisrechts vor allem auch die Wohnraumbewirtschaftung[538] eine herausragende Rolle, indem die vorhandenen Wohnungen durch die Behörden den Wohnrauminteressenten zugewiesen wurden.[539]

Die staatlichen Planungsbehörden nahmen nicht zuletzt auch entscheidenden Einfluss auf die Investitionsplanung beim Wohnungsbau: Von Anfang an war die Bautätigkeit in der DDR staatlich gelenkt, ohne dass sich eine verstärkte Bautätigkeit entfaltete. Über Investitionen in den Wohnungsbau entschied die

---

531 Die erste „Verfassung der Deutschen Demokratischen Republik", vom 19.3.1949 trat am 7.10.1949 auf dem Gebiet der sowjetischen Besatzungszone in Kraft (GBl. I 1949, S. 5–16). Sie war bereits 1946 von der Sozialistischen Einheitspartei Deutschlands (SED) als gesamtdeutsche Verfassung propagiert worden. Später folgten zwei weitere Verfassungsüberarbeitungen, so die „sozialistische" Verfassung von 1968, in Kraft getreten am 6./9.4.1968, GBl. I 1968, S. 199-222, und die 1973 im anlässlich des 25-jährigen Bestehens der DDR beschlossene revidierte Verfassung von 1974 (Verfassung vom 6.4.1968 in der Fassung vom 7.10.1974, GBl. I, Nr. 47, S. 432); vgl. dazu *Kroeschell*, S. 152.

532 *Kroeschell*, S. 143; *Steiner*, S. 78 ff.

533 *Heinisch*, 2. Kap., C.III. (S. 39); ausführlich auch bei *Steiner*, S. 78 ff.

534 *Hoffmann*, Wohnungspolitik in der DDR, S. 13 ff., 33 ff.

535 Z. B. *Honecker*, Der VIII. Parteitag und unsere nächsten Aufgaben, S. 34 ff.; *Honecker*, Neue Maßnahmen zur Verwirklichung des sozialistischen Programms des VIII. Parteitages, S. 29 f.; *Honecker*, Bericht des ZK der SED an den IX. Parteitag der SED, S. 39 f.

536 So ausdrücklich auf dem IX. Parteitag der SED vom 18.–22.5.1976 im Palast der Republik Berlin.

537 *Kofner*, S. 193; *Steiner*, S. 78 ff. und 346 ff.

538 *Kästner*, S. 43 ff.

539 *Kofner*, S. 193.

Staatsführung zentral. Der Wohnungswirtschaft blieb so nur wenig Raum für eigenwirtschaftliches Verhalten.[540] Das eigentliche „Wirtschaften“ beschränkte sich im Wesentlichen auf das reine Verwalten vorhandener Bestände.[541]

Die *Sozialisierung des Gebäudebestandes* entwickelte sich in der DDR beständig fort: Zunächst wurden keine Mieterhöhungen mehr für Bestandsgebäude zugelassen. Die Folge war der Verlust von Rentabilitätsaussichten, so dass eine ordnungsgemäße Instandhaltung der privaten Hausbesitzer stagnierte.[542]

Eine erste planmäßige *Sanierung* der Altbestände erfolgte erstmals ab den 1970er Jahren, nachdem die Ergebnisse der staatlichen Wohnungszählung vom 1.1.1971 einen überdurchschnittlich maroden Zustand der Gebäudesubstanz auf dem Staatsgebiet offenbarten. Um dem drohenden Verfall des Gebäudebestands als Wirtschaftsgut zu begegnen, präsentierte die Wirtschaftsführung der DDR im Jahr 1973 ein bis in das Jahr 1990 angelegtes Wohnungsbauprogramm, das die Sanierung und den Neubau von rund 3 Millionen Wohnungen vorsah.[543] Doch schon in den 1980er Jahren stockte diese Entwicklung infolge wirtschaftlicher Probleme. Die Neubautätigkeit wurde daraufhin schwerpunktmäßig nur noch auf die Bezirke[544] Karl-Marx-Stadt (seit 1990: Chemnitz), Dresden, Halle und Leipzig, und Ost-Berlin verlagert.[545] Für die Instandhaltung des Altbaubestandes wurden zugleich kaum noch finanzielle Mittel bereitgestellt.[546] Die Konzentration auf die Schwerpunktbezirke führte zu einem weiteren Abzug von Baukapazitäten aus den anderen Bezirken, so dass die dortigen Wohnbestände sich selbst überlassen wurden. Das Schicksal der zunehmend unbewohnbar gewordenen Altbauwohnungen war der flächendeckende Abriss und die anschließende Ersatzbebauung der Grundstücksflächen mit sogenannten Plattenbauwohnungen[547]; fortan bevorzugte die Staatsführung ausschließlich diesen

540 *Kofner*, a.a.O.

541 *Wolter*, S. 386 ff. und 489 ff.

542 So genannte „Stoppmieten“ der DDR-Zeit, *Kofner*, S. 194.

543 *Heinisch*, a.a.O.; *Wolter*, S. 346 ff.

544 Die DDR war in 15 Bezirke unterteilt, ein Bezirk war die größte Gebietseinheit; vgl. *Bundesministerium für innerdeutsche Beziehungen*, DDR-Handbuch, Stichwort Bezirk, S. 221.

545 Mindestens 40 % der Bautätigkeit verteilte sich auf die vier o.g. Bezirke, sowie weitere rund 11 % auf Ost-Berlin; *Heinisch*, a.a.O., m.w.N.

546 *Kofner*, S. 194 m.w.N.

547 *Kofner*, S. 194. Schon seit 1954 wurden Wohnungen und Wohnungseinheiten in industrieller Bauweise gebaut. Diese Form des Wohnungsbaus ist charakterisiert durch Wandkonstruktionen als Querwandtragwerke in Montagebauweise.

komplexen industriellen Wohnungsbau. Verschärft wurde die Problematik weiter durch eine unzureichende Infrastruktur, denn in vielen Bezirken konnten die für bestehende und neu zu errichtende Gebäude benötigten Betonplatten und -fertigteile weder industriell produziert noch angeliefert werden.[548]

II. (Verfassungs-)Rechtliche Grundlagen

1. Eigentumsschutz

Der Schutz des Eigentums erfolgte über Artikel 10 und 11 der Verfassung der DDR vom 6.4.1968.[549] Dort hieß es in Art. 10 zunächst:

> *„(1) Das sozialistische Eigentum besteht als gesamtgesellschaftliches Volkseigentum, als genossenschaftliches Gemeineigentum werktätiger Kollektive sowie als Eigentum gesellschaftlicher Organisationen der Bürger.*
> *(2) Das sozialistische Eigentum zu schützen und zu mehren ist Pflicht des sozialistischen Staates und seiner Bürger."*

Und in Art. 11 Absätze 1 und 3:

> *„(1) Das persönliche Eigentum der Bürger und das Erbrecht sind gewährleistet. Das persönliche Eigentum dient der Befriedigung der materiellen und kulturellen Bedürfnisse der Bürger. (...)*
> *(3) Der Gebrauch des Eigentums (...) darf den Interessen der Gesellschaft nicht zuwiderlaufen."*

Die Verfassung schützte das private Eigentum diesem Wortlaut zufolge nur in seiner Funktion zur „Befriedigung der materiellen und kulturellen Lebensbedürfnisse der Bürger". Der Schutz des Privateigentums erfolgte also gerade nicht seiner selbst Willen, sondern war ausschließlich der Verwirklichung dieser gesetzlichen Verpflichtung untergeordnet.

Insofern verwundert es auch nicht, dass die Eigentumsverhältnisse einem stetigen Wandel unterlagen: Der Mietwohnungsbau wurde primär durch die volkseigenen Betriebe und die Genossenschaften gesteuert. Bis zum Ende der 1980er Jahre befanden sich etwa zwei Fünftel des Wohnungsbestandes in Volkseigentum, ein Fünftel war genossenschaftliches Eigentum und nur zwei Fünftel des

548 *Heinisch*, a.a.O., m.w.N.

549 Dort in Kapitel 2 sogar unter dem Titel „Ökonomische Grundlagen (...)".

Wohnungsbestandes stand in privatem Eigentum. Dieser Anteil des privaten Eigentums hatte sich seit 1959 mehr als halbiert.[550]

2. Recht auf Wohnraum

In die Verfassung der DDR vom 6.4.1968 wurde auch ein Grundrecht auf Wohnraum aufgenommen.[551] Proklamiert wurde es in Art. 37 Abs. 1:

> *„Jeder Bürger (...) hat das Recht auf Wohnraum für sich und seine Familie entsprechend den volkswirtschaftlichen Möglichkeiten und örtlichen Bedingungen. Der Staat ist verpflichtet, dieses Recht durch die Förderung des Wohnungsbaus, die Werterhaltung vorhandenen Wohnraums und die öffentliche Kontrolle über die gerechte Verteilung des Wohnraums zu verwirklichen."*

Satz 2 dieses Art. 37 Abs. 1 der Verfassung legte damit explizit die staatlichen Instrumentarien für die Verwirklichung des mit Artt. 10 und 11 der Verfassung verankerten Ziels fest, nämlich die Förderung des Wohnungsbaus, die Werterhaltung vorhandenen Wohnraums und die öffentliche Kontrolle über die gerechte Verteilung.

3. Lenkung des Wohnraums

Die allgemeine Verteilung des Wohnraums wurde über das Recht der staatlichen Wohnraumlenkung realisiert. Diese war in einer eigens hierfür erlassenen Wohnraumlenkungsverordnung (WLVO)[552] geregelt. Die Verknüpfung des Wohnraummietrechts nach dem ZGB mit der WLVO wurde dabei über § 96 ZGB hergestellt. Hiernach wurde der gesamte zur Verfügung bzw. Vermietung stehende Wohnraum der staatlichen Wohnraumlenkung unterworfen und in den Dienst der Gewährleistung des Grundrechts auf Wohnraum gestellt.

---

550 Zit. n. *Kofner*, S. 194; vgl. auch *Kästner*, S. 16, 31 ff.

551 Die 1. Verfassung der DDR aus dem Jahr 1949 kannte ein solches noch nicht, bzw. regelte nur ein Grundrecht auf Unverletzlichkeit der Wohnung in Art. 8.

552 Wohnraumlenkungsverordnung nebst Durchführungsbestimmungen, vom 16.10.1985, GBl. I, S. 301, S. 308. Die vorige Fassung der WLVO stammte vom 14.9.1967, GBl. II, S. 733.

4. Wohnraummietrecht im ZGB

Die DDR lebte von ihrer Gründung am 7.10.1949 bis zum Inkrafttreten des Zivilgesetzbuches (ZGB)[553] am 1.1.1976 immerhin rund 26 Jahre mit dem auf dem Gebiet der DDR zunächst fortgeltenden Bürgerlichen Gesetzbuch (BGB) der Bundesrepublik Deutschland. Doch schon bald nach Errichtung der DDR wurden verschiedene „Rechtszweige" ausgegliedert, abgeändert und später erste eigene Gesetzesbücher kodifiziert, die das BGB-Recht den sozialistischen Bedürfnissen anpassten.[554] Der ernsthafte Wille zur Kodifikation eines eigenen Zivilgesetzbuches wurde erstmals auf der staats- und rechtswissenschaftlichen Konferenz vom 2./3.4.1958 (Babelsberger Konferenz) geäußert, auf der die SED eine Überwindung des „engen, bürgerlichen Rechtshorizonts"[555] gefordert hatte: „Unsere Juristen müssen begreifen, dass der Staat und das von ihm geschaffene Recht dazu dienen, die Politik von Partei und Regierung durchzusetzen."[556]

Eine Kommission unterbreitete daraufhin erste Empfehlungen im Hinblick auf die Schaffung eines eigenen Zivilgesetzes. Die Vorschläge konnten allerdings infolge zeitgleich erlassener sowjetischer Richtlinien nicht mehr umgesetzt werden. Erst 1964 wurde nach einem Beschluss des VI. Parteitags der SED eine neue Kommission eingesetzt, die die Ausarbeitung des Gesetzes zur Aufgabe hatte.[557] Nachdem am 3.5.1971 Erich Honecker als Nachfolger Walter Ulbrichts Erster Sekretär[558] des Zentralkomitees der SED wurde, intensivierte die neue Parteiführung noch im selben Jahr auf dem VIII. Parteitag der SED die Bestrebungen um ein sozialistisches Zivilrecht.[559] Eine erste Lesung des so erarbeiteten Entwurfs fand schließlich am 27.9.1974 in der Volkskammer statt. Verabschiedet

553 Zivilgesetzbuch der DDR, vom 19.6.1975, GBl. I (Nr. 27), S. 465; vgl. auch § 15 II EGZGB.

554 Z. B. das Familiengesetzbuch der DDR, vom 20.12.1965, GBl. I 1966 (Nr. 1), S. 1 und ein Gesetzbuch der Arbeit vom 12.4.1961, Inkrafttreten am 1.7.1961, GBl. I 1961 (Nr. 5), S. 27.

555 Walter Ulbricht (SED), vgl. das *Protokoll der Babelsberger Konferenz*, S. 38.

556 Walter Ulbricht (SED), in: *Protokoll der Babelsberger Konferenz*, S. 38 f.

557 *Heinisch*, 2. Kap., B.II.1. (S. 36) m.w.N., u. a. mit Verweis auf das Protokoll des VI. Parteitages der SED, Band IV 1963, S. 371.

558 Später „Generalsekretär".

559 Zu diesem Zweck wurde ein „Rat für staatsrechtswissenschaftliche Forschung der DDR" gegründet, der wissenschaftliche Vorarbeiten übernehmen sollte.

wurde der Entwurf am 19.6.1975[560] nach Beratung im Verfassungs- und Rechtsausschuss der Volkskammer.[561] Zeitgleich mit dem Inkrafttreten des neuen ZGB wurde gemäß § 15 Abs. 2 EGZGB am 1.1.1976 das BGB außer Kraft gesetzt.

Die mietrechtlichen Regelungen fanden sich fortan im Zweiten Kapitel des Dritten Teils zur „Wohnungsmiete", in den §§ 43–283 ZGB unter der Überschrift „Verträge zur Gestaltung des materiellen und kulturellen Lebens".

III. Bauliche Maßnahmen im Mietverhältnis

1. Erhaltungsmaßnahmen

a. Durch den Vermieter

§ 101 ZGB regelte neben dem vom Vermieter herzustellenden Zustand der Mietsache bei der Übergabe an den Mieter auch seine Instandhaltungspflicht während der Laufzeit des Mietvertrages. Zu Beginn eines Mietverhältnisses wurde nach dem Gesetz allgemein ein Zustand verlangt, der das „Wohnen entsprechend den Grundsätzen des sozialistischen Wohnverhaltens"[562] ermöglichen konnte. Die konkreten Anforderungen an diesen Zustand waren davon abhängig, ob es sich um eine erstmalige Vermietung (in einem Neubau) oder um eine Anschlussvermietung handelte:

Bei einem Erstbezug des Mieters waren zunächst „allgemeine" ästhetische Anforderungen zu erfüllen.[563] Um aber auch den individuellen Vorlieben des Mieters entgegenzukommen, regelte § 3 Abs. 3 der Anordnung über die Ausstattung der Wohnungen im volkseigenen und genossenschaftlichen Wohnungsbau[564], dass Mietern vor dem Einzug in die Wohnung die Auswahl des Tapeten- und Teppichmusters aus dem Angebot des General- bzw. Hauptauftragnehmers des Vermieters zu ermöglichen war. In der Praxis waren aber auch vertragliche Ver-

560 *Heinisch*, 2. Kap., B.II.1. (S. 36), mit Verweis auf das Sekretariat der Volkskammer der DDR, „Das sozialistische Zivilrecht der DDR – Materialien der 15. Tagung der Volkskammer der DDR am 19.6.1975", Heft 12, 6. Wahlperiode, Berlin 1975.

561 Zugleich wurden das Einführungsgesetz zum Zivilgesetzbuch (GBl. I 1975, S. 517) und das Gesetz über das gerichtliche Verfahren in Zivil-, Familien- und Arbeitsrechtssachen („Zivilprozessordnung") erlassen (GBl. I 1975, S. 533).

562 *Mühlmann*, Miete, S. 26.

563 *Ministerium der Justiz*, ZGB-Kommentar § 104 Anm. 1.2 f.

564 Vom 10.7.1973, GBl. I, S. 389.

einbarungen nicht unüblich, in denen sich ein Vermieter anteilig an den vom Mieter selbst ausgeführten Einzugsrenovierungen beteiligte.[565]

Beim Wiederbezug einer Mietwohnung mussten lediglich die vorhandenen Tapeten und Teppiche des früheren Mieters eine vertragsgemäße Nutzung des neuen Mieters zulassen und ermöglichen. Eine Renovierung war dann grundsätzlich nicht mehr erforderlich, auch wenn die letzte Ausbesserung bereits zeitlich länger zurücklag.[566] Das Pendant zu dieser Regelung bildete § 105 ZGB, der das Nutzungsrecht des Mieters regelte und ihm ein „pflegliches Behandeln" der Wohnung abverlangte.

Für die Dauer des Mietverhältnisses auferlegte § 101 S. 2 ZGB dem Vermieter eine allgemeine Instandhaltungspflicht. Zu den Instandhaltungsmaßnahmen zählten zumindest alle Arten von Reparatur- und Wartungsarbeiten, d. h. sowohl präventive Maßnahmen vor Eintritt einer Beschädigung (Instandhaltung), als auch Reparaturarbeiten nach Schadenseintritt durch physischen Verschleiß (Instandsetzung).[567]

b. Durch den Mieter

Das ZGB regelte aber auch Erhaltungsmaßnahmen des Mieters: Mit dem vom Mieter geforderten „malermäßigen Zustand" der Mietwohnung brach das ZGB mit der Rechtslage des BGB. Das ZGB normierte in § 104 Abs. 1 S. 2 ZGB unter der Überschrift „Malerarbeiten" die originäre Zuständigkeit des Mieters zur Ausführung der „malermäßigen Instandhaltung" seiner Wohnung. Vergleichbar ist diese Regelung mit der heutigen Praxis bei den Schönheitsreparaturen.[568]

Zu diesen Arbeiten zählten nach dem gesetzgeberischen Verständnis sämtliche Arbeiten im Inneren der Wohnung, die zur Beseitigung gewöhnlicher Abnutzungserscheinungen als Folge der vertragsgemäßen, aber auch darüber hinausgehenden Nutzung der Mietsache, oder auch durch bauliche Veränderungen des Mieters, erforderlich wurden.[569] Zu nennen sind hier insbesondere die Erneuerung des Farbanstrichs von Wänden, Decken und Türen, von inneren Fensterrahmen, Fußböden, Rohrleitungen sowie der Tapeten.

565 *Mühlmann*, Miete, S. 35 f.

566 *Ministerium der Justiz*, ZGB-Kommentar § 104 Anm. 1.2.

567 *Ministerium der Justiz*, ZGB-Kommentar § 101 Anm. 1; vgl. oben Kap. 2 A.I.1.

568 Oben Kap. 2 A.I.2.

569 *Ministerium der Justiz*, ZGB-Kommentar § 104 Anm. 1.2

Begründet wurde die Mieterpflicht mit der Doppelfunktion dieser Reparaturarbeiten: Zwar dienten der Farbanstrich bzw. die unter dem Begriff „malermäßige Instandhaltung“ fallenden Arbeiten dem Schutz der Bausubstanz einerseits, doch erfüllten die Arbeiten hauptsächlich die kulturell-ästhetischen Anforderungen an das Wohnen allgemein. Da nämlich jeder Mieter selbst ein besonderes Interesse an der Gestaltung seiner Wohnung habe, müsse er sich auch um die Art und Weise der Ausgestaltung und Individualisierung kümmern.[570] Ausnahmevereinbarungen sollten aber dennoch möglich bleiben, so dass Abs. 2 des § 104 ZGB abändernde vertragliche Regelungen ausdrücklich erlaubte. Derartige Regelungen ergaben sich beispielsweise bei Untervermietungen.[571]

Dem Mieter oblag allerdings nicht nur die Durchführung dieser Instandhaltungsarbeiten, sondern auch die Entscheidung darüber, wann und wie diese im Einzelnen erfolgen sollten. Ein Anspruch des Vermieters auf Durchführung war nicht vorgesehen. Eine Ausnahme sollte nur für den Fall eines drastischen Verschleißes der Mietsache gelten: Wenn nämlich die Bausubstanz der Mietsache bzw. des Wohngebäudes in Mitleidenschaft gezogen wurde, sollte der Vermieter ausnahmsweise auf Durchführung klagen dürfen.[572]

c. (Gegen)Rechte des Vermieters

Kam ein Mieter seiner Pflicht zur Durchführung der malermäßigen Instandhaltungsarbeiten nicht nach, gewährte § 107 Abs. 2 ZGB dem Vermieter jedoch zumindest einen Schadensersatzanspruch bzw. einen Ersatzanspruch gemäß § 107 Abs. 3 i.V.m. §§ 330 ff. ZGB[573]. Allerdings traf das Gesetz keine Anforderungen an den Zustand der Mietsache bei Beendigung des Mietverhältnisses. Es blieb also unklar, wie weit die Pflicht zur Durchführung von Malerarbeiten überhaupt reichen konnte. Der Mieter hatte nämlich wegen § 123 Abs. 2 S. 1 ZGB

---

570 *Mühlmann*, Miete, S. 34.

571 *Ministerium der Justiz*, ZGB-Kommentar, a.a.O.

572 *Mühlmann*, Miete, S. 36; *Ministerium der Justiz*, a.a.O.

573 Schadensersatzansprüche waren unter dem Titel „Wiedergutmachung von Schäden“ in den §§ 330 ff. ZGB geregelt.

die Wohnung nicht zu renovieren[574]; es genügte vielmehr, sie besenrein zurückzugeben.[575]

Hintergrund dieser widersprüchlichen Regelung ist die Annahme, dass es sozialistischem Wohnverhalten entspreche, wenn der Mieter sich auf die nunmehr neu zu beziehende Wohnung konzentriere.[576] Eine Ausnahme sollte wiederum nur für den Fall gelten, dass eine nicht hinnehmbare übermäßige Abnutzung oder Verunstaltung der Mietsache vorlag; denn dieses widerspreche sozialistischem Wohnverhalten.[577] In diesen Fällen sollte nach § 107 Abs. 3 ZGB der Mieter zusätzlich auch die über die vom Vermieter auszuführende Renovierung hinausgehenden Kosten ersetzen.[578]

d. (Gegen)Rechte des Mieters

Je nachdem, von wem ein auftretender Mangel zu beseitigen war, löste sein Vorhandensein unterschiedliche Rechtsfolgen aus. Für vom Vermieter zu beseitigende Mängel galt gemäß § 107 Abs. 1 BGB[579], dass der Mieter ihm diese zuallererst anzuzeigen hatte. Dem Mieter wurde dabei nach Satz 2 abverlangt, alles Zumutbare zu tun, um die Ausweitung des Mangels zu verhindern; als Beispiele wurden genannt, dass er bei einem Rohrbruch das Wasser abdrehen oder ein zerbrochenes Fenster notdürftig zunächst abdichten sollte.[580] Verletzte der Mieter seine *Anzeigepflicht*, machte er sich allerdings selbst schadensersatzpflichtig.[581]

574 § 123 Abs. 2 ZGB unter dem Titel „Beendigung des Mietverhältnisses" lautete: „Mit der Beendigung des Mietverhältnisses ist der Mieter verpflichtet, die Wohnung zu räumen und an den Vermieter herauszugeben. Bis zur Räumung gilt für die beiderseitigen Rechte und Pflichten der bisherige Mietvertrag."

575 KG, Beschluss vom 16.10.2000 – 8 RE-Miet 7674/00, n.v.: „In einem zum Zeitpunkt der Geltung des ZGB geschlossenen Mietvertrag über eine im ehemaligen Ost-Berlin gelegene Wohnung ist der Mieter bei Beendigung des Mietverhältnisses nicht zur Durchführung von Schönheitsreparaturen verpflichtet. Hat der Mieter während der Mietzeit keine oder nur unzureichende Instandhaltungsarbeiten durchgeführt, so ist er (...) zum Schadensersatz nur insoweit verpflichtet, als hierdurch Mängel an der Substanz des Wohnraums verursacht worden sind oder ein erhöhter Aufwand an Arbeit, Anstrich und Kosten wegen übermäßiger Abnutzung bei der Renovierung erforderlich werden (...)."

576 *Ministerium der Justiz*, ZGB-Kommentar § 104 Anm. 1.3; *Mühlmann*, Miete, S. 67.

577 Vgl. *Heinisch*, 2. Kap. B. (S. 129).

578 *Ministerium der Justiz*, ZGB-Kommentar § 104 Anm. 1.3.

579 § 107 Abs. 1 ZGB: „Mängel, die während der Mietzeit auftreten und vom Vermieter zu beseitigen sind, hat der Mieter dem Vermieter unverzüglich anzuzeigen und die Mietergemeinschaft darüber zu informieren. Der Mieter hat alles Zumutbare zu tun, um ihre Ausweitung zu verhindern."

580 *Ministerium der Justiz*, ZGB-Kommentar § 107 Anm. 1.

581 Oben c.

Das Gesetz sah auch eine *Mietminderung* vor, § 108 Abs. 1 ZGB.[582] Sie trat jedoch nicht wie nach dem BGB qua Gesetz ein, sondern war als Anspruch des Mieters formuliert.[583] Die Vertragsparteien hatten hierbei nach Abs. 1 Satz 2 eine zusätzliche Vereinbarung über den Umfang und die Höhe der Mietminderung zu treffen.[584] Die Höhe sollte in jedem Falle der tatsächlichen Beeinträchtigung des Gebrauchswertes entsprechen.[585] Im Falle einer Nicht-Einigung zwischen Vermieter und Mieter konnte auch eine gerichtliche Entscheidung erzwungen werden.[586]

Abs. 2 erweiterte den Anspruch des Mieters auf den Ersatz des durch die Nichterfüllung der Instandhaltungspflicht entstandenen Schadens an Eigentum oder Gesundheit.[587] Vermieter konnten sich jedoch von ihrer Verantwortlichkeit nach den §§ 333, 334 ZGB entlasten.[588] Alternativ konnten sie auch einen Mitverschuldensanteil des Mieters über §§ 341, 107 Abs. 3 ZGB geltend machen.

Ein Mieter konnte aber auch nach § 109 Abs. 1 ZGB dazu berechtigt sein, notwendige Reparaturmaßnahmen selbst durchzuführen. Das Recht auf Selbstvornahme sollte ihn schützen, indem ihm zuerkannt wurde, die schnellstmögliche Wiederherstellung des vertragsgemäßen Zustands der Wohnung herbeizuführen.[589] Die Selbstvornahme setzte aber die vorherige Anzeige des Mangels[590] unter Fristsetzung beim Vermieter voraus.[591] Einer Frist bedurfte es nicht in

---

582 Die Rechtswissenschaft der DDR begründete dies mit dem Charakter des Mietverhältnisses als Austauschverhältnis: Der Mietpreis sei das Äquivalent für die nutzbare Wohnung, so dass im Falle einer Leistungsstörung die Gegenleistung ebenfalls gestört sei, vgl. *Ministerium der Justiz*, ZGB-Kommentar § 108 Anm. 1.3 und *Mühlmann*, Miete, S. 43.

583 Anders als § 536 BGB formuliert, vgl. oben.

584 Dies sollte konfliktvorbeugend wirken, vgl. *Mühlmann*, Miete, S. 43.

585 *Ministerium der Justiz*, ZGB-Kommentar § 108 Anm. 1.2.

586 *Ministerium der Justiz*, a.a.O.

587 Über § 82 Abs. 3 ZGB zählten hierzu Eigentumsbeschädigungen und Gesundheitsbeschädigungen, und zwar nicht nur des Mieters, sondern auch der neben dem Mieter in der Wohnung lebenden Personen, z. B. seiner Kinder. Letztere hatten eigene Ersatzansprüche gegen den Vermieter.

588 Vgl. *Ministerium der Justiz*, ZGB-Kommentar § 333 f.

589 *Ministerium der Justiz*, ZGB-Kommentar § 109. Alternativ konnte sich die Mängelbeseitigungspflicht des Mieters aber auch gemäß § 275 ZGB aus einem Auftrag zwischen Vermieter und Mieter ergeben, oder beispielsweise über die Verpflichtung der Mietergemeinschaft zur Vornahme bestimmter Eigenleistungen.

590 Vgl. zur Mängelanzeige, § 107 Abs. 1 ZGB; *Ministerium der Justiz*, ZGB, §109 Anm. 1.1.

591 In der Regel nicht kürzer als 1 Monat, § 109 Abs. 1 S. 2 ZGB. Dies stellte insofern eine besondere Regelung des Schuldnerverzugs im Sinne des § 85 Abs. 1 ZGB dar, vgl. *Mühlmann*, Miete, S. 44.

Fällen von Gefahr in Verzug.[592] Rechtsfolge war schließlich ein Anspruch des Mieters auf Ersatz der Aufwendungen, Satz 1 a. E. ZGB.[593] Neben der Liquidierung seiner Aufwendungen durfte er gemäß § 109 Abs. 2 S. 1 ZGB alternativ auch mit dem Mietpreisanspruch des Vermieters aufrechnen.[594]

2. Modernisierungsmaßnahmen

Das ZGB enthielt keinerlei Definition von Modernisierungs- oder Wertverbesserungsarbeiten. Allerdings fand sich in § 103 Abs. 2 ZGB, der Regelungen über die Miethöhe traf, ein Hinweis, wonach ein „erhöhter Wohnkomfort" als Modernisierung gewertet wurde.

Die Rechtsprechung grenzte den Modernisierungsbegriff negativ von dem ursprünglich bei Beginn des Mietverhältnisses bestehenden Erhaltungszustand der Mietwohnung ab.[595] So galt jeder Zustand, der über den originären Zustand bei Übergabe der Mietsache hinausging, als Verbesserung des Wohnkomforts und damit als Modernisierung.[596] Eine Wohnkomfortverbesserung wurde ausdrücklich jedenfalls bejaht, wenn die Wohnung „mit Innen-WC, mit Bad beziehungsweise Dusche oder moderner Heizung" [597] ausgestattet war.

a. Vermietermodernisierung

Nach § 110 Abs. 1 ZGB bestand die allgemeine Duldungspflicht des Mieters bei vom Vermieter durchzuführenden Baumaßnahmen jeglicher Art. In § 110 Abs. 1 ZGB hieß es dazu:

> *„(1) Kann die Wohnung, wegen Maßnahmen zum Um- und Ausbau sowie zur Modernisierung von Wohnraum zeitweilig nur beschränkt genutzt werden, sollen Mieter und Vermieter vereinbaren, welche Rechte und Pflichten sich daraus für sie ergeben."*

---

592 § 109 Abs. 1 S. 3 ZGB. Vgl. ausführlich hierzu *Heinisch*, 5. Kap. B.V. (S. 110).

593 Hatte der Mieter entgegen dem Wortlaut des Absatzes 1 keine Frist gesetzt, so konnte er lediglich über §§ 356 f. ZGB die Rückgabe unberechtigt erlangter Leistungen verlangen; ein Anspruch aus § 109 Abs. 2 ZGB schied dann aus. Vgl. dazu *Mühlmann*, Miete, S. 45 f.

594 Siehe *Ministerium der Justiz*, ZGB-Kommentar § 109 Anm. 1.2.; *Heinisch*, a.a.O. (S. 111).

595 Z. B. Oberstes Gericht, Urteil vom 3.3.1964, NJ 1964, 501.

596 Vgl. oben zum Zustand der Wohnung bei Beginn des Mietverhältnisses unter III. 1. a.

597 *Donda*, Lexikon der Wirtschaft (1987), S. 307.

Inhaltlich war die Duldungspflicht dahingehend eingeschränkt, dass es im Interesse des Mieters erforderlich war, dass

> *„die Baumaßnahmen gesellschaftlich gerechtfertigt sind und dabei auch seine persönlichen Interessen gebührend berücksichtigt werden. Das gilt auch dann, wenn die Wohnung selbst nicht unmittelbar berührt wird, sondern gemeinschaftlich genutzte Räumlichkeiten um- oder ausgebaut bzw. modernisiert werden".*[598]

Insofern wurden zugunsten des Mieters seine der Durchführung entgegenstehenden persönlichen Interessen berücksichtigt. Zu seinen Lasten wurden aber auch besondere gesellschaftliche Interessen berücksichtigt. Aus dem Wortlaut der Vorschrift ergibt sich, dass in erster Linie solche Maßnahmen zulässig waren, die vorrangig „gesellschaftlich gerechtfertigt" waren; nur „dabei" waren anlässlich dieser Prüfung auch die persönlichen Interessen des Mieters zu berücksichtigen.

Bei der Durchsetzung der Duldungspflicht wurde auf „vorbereitende Gespräche" der Betriebe der Wohnungswirtschaft mit den betroffenen Mietern gesetzt. Für den Fall, dass der Mieter der Durchführung baulicher Maßnahmen nicht unmittelbar zustimmte oder seine Bereitschaft bekundete, führten „in der Regel weitere, eingehende Gespräche unter Einbeziehung von Vertretern der Hausgemeinschaft zum Erfolg".[599] Lehnte der Mieter die Durchführung geplanter Maßnahmen des Vermieters hingegen (endgültig) ab, konnte der Vermieter auf zeitweilige Räumung der Wohnung klagen[600] oder eine staatliche Anordnung zum Wohnungswechsel beantragen.[601] In der Regel wurde jedoch aufgrund fehlenden Ersatzwohnraums eine Klage auf zeitweise (Teil-)Räumung der Wohnung als geeignet angesehen.[602]

§ 110 Abs. 1 ZGB forderte die Vertragsparteien außerdem dazu auf, eine Vereinbarung über die zu erwartenden und hinzunehmenden Rechtsbeeinträchtigungen zu treffen. In dieser Vereinbarung sollten dann auch die Pflichten des Mieters zur aktiven Unterstützung und für eine ungehinderte Durchführung

---

598 *Ministerium der Justiz*, ZGB-Kommentar, § 110 Anm. 1.1; *Mühlmann*, Miete, S. 47; (ohne Autor): „Fragen und Antworten", NJ 1976, 141.

599 *Nissel*, NJ 1986, 363 f.

600 *Ministerium der Justiz*, ZGB-Kommentar § 110 Anm. 2.2.

601 *Ministerium der Justiz*, ZGB-Kommentar § 110 Anm. 2.4.; *Nissel*, NJ 1986, 363.

602 *Nissel*, NJ 1986, 363 (364).

der Arbeiten festgelegt werden.[603] Die Mitwirkungspflicht des Mieters konnte, je nach konkreter Vereinbarung, neben der (passiven) Duldung und Zutrittsgewährung der Mietsache auch Reinigung, Schuttbeseitigung oder die Übernahme weiterer Vorbereitungsmaßnahmen, wie das Beiseiteräumen der Möbel und Entfernen vorhandener Gardinen usw. umfassen.[604]

b. Staatlich angeordnete Modernisierungsmaßnahmen

Zu den die Duldungspflicht des Mieters auslösenden baulichen Arbeiten zählten nach § 110 Abs. 2 ZGB auch solche, die staatlich angeordnet waren. Nach dem Wortlaut der Norm gab es hier keinen Spielraum bei der Entscheidung, ob diese zulässig waren oder nicht; als „staatlich angeordnete Maßnahmen" auferlegten sie dem Mieter in jedem Falle eine Duldungspflicht.[605] Die Interessen der Mieter seien insofern bei der Entscheidungsfindung bereits berücksichtigt worden, so dass es auch nicht möglich war, Unterlassungsansprüche gegen den Vermieter geltend zu machen.[606] Dass es nach der alltäglichen Praxis wohl zu bezweifeln war, dass die Interessen angemessen Berücksichtigung fanden, war hinzunehmen.

Bei der staatlichen Anordnung von baulichen Maßnahmen sah § 110 Abs. 2 ZGB für den Fall, dass die Arbeiten tiefgreifend bzw. besonders umfangreich waren, auch die Möglichkeit eines Wohnungswechsels vor. Weigerte sich der Mieter gegen den vorgesehenen Wohnungswechsel, so sah § 12 Abs. 4 WRLVO eine dahingehende verpflichtende Anordnung vor. Mieter konnten so gezwungen werden, einen neuen Mietvertrag abzuschließen. Das bisherige und von den Baumaßnahmen betroffene Mietverhältnis blieb daneben allerdings weiter bestehen; nur die Mietzahlung für die frühere Mietwohnung wurde dann (vorübergehend) ausgesetzt.[607]

c. Modernisierungsvereinbarung

Wollte der Vermieter die baulichen Arbeiten selbst durchführen, musste er nach § 110 Abs. 1 ZGB mit dem Mieter zwingend eine Modernisierungsvereinbarung treffen. Darin waren alle zu erwartenden Rechtsbeeinträchtigungen zu verein-

---

603 *Ministerium der Justiz,* ZGB-Kommentar § 110 Anm. 1.2.

604 *Ministerium der Justiz,* ZGB-Kommentar § 110 Anm. 1.2.

605 Die Duldungspflicht ergab sich aus der Anordnung selbst, vgl. *Mühlmann,* Miete, S. 47.

606 *Mühlmann,* Miete, S. 47.

607 *Ministerium der Justiz,* ZGB-Kommentar § 110 Anm. 2.2 und 2.4.: „suspendiert"; s. auch *Heinisch,* 5. Kap. B.VI.1. (S. 112).

baren. Er konnte sich auch im Gegenzug freiwillig dazu verpflichten, Unterstützungen zu leisten: So konnte er erforderlichen und zur Verfügung stehenden Ersatzwohnraum zur Verfügung zu stellen oder sonstige Überbrückungsmöglichkeiten für den Mieter schaffen. Auch konnte vereinbart werden, dass der Vermieter den Beginn der Arbeiten rechtzeitig im Vorfeld bekannt geben sollte, und auch die genannten Termine tatsächlich eingehalten würden usw.[608]

Auf Unterstützungshandlungen hatten Mieter allerdings keinen Anspruch. Welche Folgen es dann hatte, wenn die Vereinbarung überhaupt nicht zustande kam oder jedenfalls bis zum geplanten Beginn der Arbeiten noch keine Einigung erzielt werden konnte, war weder vom Gesetzgeber, noch von der Rechtsprechung entschieden. Ein Teil der Literatur nahm zumindest an, dass der Mieter sich dann jedenfalls gegen die Arbeiten zur Wehr setzen bzw. ihnen widersprechen können sollte.[609]

d. Mieterentschädigung bei staatlich angeordneter Modernisierung

Nur bei staatlich angeordneten Maßnahmen sah § 110 Abs. 2 ZGB eine Entschädigungsregelung für den Mieter vor: Im Zuge der Durchführung musste das zuständige staatliche Organ immer auch eine „Regelung über die Erstattung der notwendigen Aufwendungen" treffen, „die dem Mieter durch Aus- und Wiedereinzug, sowie zeitweilige Unterbringung in Ersatzwohnraum entstehen." Insofern mussten Höhe und Umfang von Erstattungen ausdrücklich geregelt sein. Dies erfolgte im Rahmen einer verwaltungsrechtlichen Umsetzungsvereinbarung; allerdings war die Vereinbarung keiner gerichtlichen Kontrolle zugänglich.[610]

3. Kein Anspruch auf Modernisierung

Eine Entscheidung des Obersten Gerichts der DDR aus dem Jahr 1964 warf, noch vor Inkrafttreten des ZGB, zumindest kurzzeitig die Frage auf, ob Mieter nicht möglicherweise über den Erhaltungsanspruch hinaus auch einen Anspruch auf Verbesserung der Mietsache haben könnten. Der Wortlaut der Entscheidung eröffnete Raum für Spekulationen. In den Entscheidungsgründen hieß es:

---

608 Weiterführend *Krüger*, NJ 1977, 631 (632).

609 *Mühlmann*, Miete, S. 48.

610 *Ministerium der Justiz*, ZGB-Kommentar § 110 Anm. 2.3.

„Der Vermieter hat dem Mieter die Wohnung in einem solchen Zustand zu übergeben bzw. zu erhalten, der einerseits den Wohnbedürfnissen in der sozialistischen Gesellschaftsordnung und andererseits den Möglichkeiten entspricht, die bei dem Stand der erreichten gesellschaftlichen Entwicklung für die Ausgestaltung der jeweiligen Wohnung gegeben sind. Diese Verpflichtung besteht auch dann, wenn der dadurch geforderte Zustand einer Wohnung denjenigen übertrifft, der Grundlage für die Mietpreisfestsetzung war.“[611]

Es hätte daraus geschlussfolgert werden können, dass sich eine „Modernisierungspflicht“ in der Form eines Anspruchs des Mieters gegen seinen Vermieter bzw. den Staat ergebe. Weder der Gesetzgeber, noch die weitere Rechtsprechung ging in der Folgezeit auf diese Fragestellung weiter ein. Die Rechtslehre der DDR verneinte allerdings einen solchen Anspruch.[612] Begründet wurde die Ablehnung in erster Linie mit ökonomischen Zwängen, nach denen ein solcher Anspruch von Vornherein keinen Bestand hätte haben können.[613]

4. Mietermodernisierung

Eine gesonderte Stellung hatten Modernisierungsarbeiten im ZGB. Die §§ 111–113 ZGB widmeten sich ausführlich diesen „baulichen Veränderungen durch den Mieter“, die nach dem gesetzgeberischen Willen grundsätzlich zulässig sein sollten.

Nach § 111 S. 1 ZGB bedurfte es zwar keiner gesonderten vertraglichen Vereinbarung mit dem Vermieter im Hinblick auf die Zulässigkeit einer baulichen (Um-)Gestaltung der Wohnung.[614] Gleichwohl sollte nach § 112 Abs. 1 ZGB eine gütliche Regelung in der Form einer (schriftlichen) Vereinbarung über alle im Vorfeld zu erwartenden Probleme getroffen werden. Dazu bedurfte es aber

611 Oberstes Gericht, Urteil vom 3.3.1964, NJ 1964, 501.

612 *Mühlmann*, Miete, S. 29: „Die gegenwärtig noch bestehende Diskrepanz zwischen dem Bedarf an Baureparaturen und den zur Verfügung stehenden Kapazitäten hat ihre Ursache in dem großen Nachholbedarf (...).“

613 Vgl. *Mühlmann*, a.a.O.: „Der (...) Zusammenhang zwischen Reparaturbedarf, planmäßigem Einsatz der Reparaturkapazitäten und Erfüllung der Erhaltungspflicht des Vermieters bewirkt, dass Schäden an Wohngebäuden nicht immer sofort behoben werden können.“

614 *Mühlmann*, Miete, S. 49.

grundsätzlich der Zustimmung des Vermieters.[615] Er durfte sie nicht verweigern, wenn die geplanten Maßnahmen des Mieters jedenfalls zu einer im gesellschaftlichen Interesse liegenden Verbesserung der Mietwohnung führten. Insofern hatten sich Vermieter im Falle von gewünschten Mietermodernisierungen ausschließlich von dem gesellschaftlichen Interesse an einer solchen Wertverbesserung leiten zu lassen.[616] Im Falle einer unberechtigten Verweigerung des Vermieters konnte nach § 111 S. 3 ZGB auch auf „Duldung" geklagt werden.

Wenn ein Mieter aber ohne die Zustimmung des Vermieters oder des Gerichts baute, stellte dies zwar vertragswidriges Handeln dar. Eine Konsequenz sah das Gesetz allerdings nicht vor. Ein Abwehranspruch des Vermieters gerichtet auf Wiederherstellung bestand nach § 112 Abs. 2 ZGB nämlich nur, wenn die Maßnahmen gerade *nicht* im gesellschaftlichen Interesse lagen. Das vertragswidrige Verhalten des Mieters sollte aber in jedem Fall zu einer „kameradschaftlichen" Auseinandersetzung im Rahmen der Mietergemeinschaft des Hauses führen.[617] Ob bauliche Maßnahmen schließlich im gesellschaftlichen Interesse lagen, wurde von der Rechtsprechung festgelegt: Bejaht wurde dies, wenn der Mieter alle nötigen baulichen bzw. bautechnischen Genehmigungen eingeholt hatte, die Maßnahme „gesellschaftlich anzuerkennenden Wohnbedürfnissen" entsprach und sie ohne wesentliche Beeinträchtigungen für Vermieter oder andere Mieter durchführbar war.[618]

IV. System der Mietpreisbildung

1. Preisregulierung

Nach den Zerstörungen des Zweiten Weltkriegs war die Wohnraumsituation in Ost- und Westdeutschland identisch. Die zu diesem Zeitpunkt herrschende Mietpreisbindung nach der Preisstoppverordnung von 1936 blieb auf dem Gebiet der ehemaligen DDR deshalb zunächst bestehen.[619] In der sowjetischen Zone erließ

615 Begründet wurde dies mit der Verantwortung des Vermieters für das Wohngebäude als Eigentümer sowie für die übrigen Mieter, *Ministerium der Justiz*, ZGB-Kommentar § 111 Anm. 2 und *Mühlmann*, Miete, S. 49.

616 *Göhring/Posch*, Lehrbuch Zivilrecht (1981), S. 305.

617 *Mühlmann*, Miete, S. 50.

618 Z. B. Oberstes Gericht, NJ 1975, 644; *Krüger*, NJ 1976, 619.

619 Zur PreisstopVO s. o. Kap. 4 A.I.1.

die sowjetische Militäradministration in Deutschland (SMAD) allerdings bald mehrere Befehle, die einen Höchstmietzins festlegten.[620] Weil die Preisstopverordnung die Mieten auf dem Stand von 1936 eingefroren hatte, galten auch im Jahr 1944 noch diesen alten Höchstgrenzen. Nach der Gründung der DDR am 7.10.1949 ersetzte schließlich eine Preisanordnung[621] die Befehle der SMAD.

§§ 1 und 3 dieser Verordnung bestimmten, dass jeder Mietpreis, der höher war als derjenige vom 1.8.1954, einer behördlichen Zustimmung bedurfte. Faktisch bedeutete dies den Beibehalt der Mieten aus dem Jahr 1936. Zugleich wurden die Mietpreise für Neubauwohnungen denjenigen für Altbauten angepasst. Qualitäts- und Ausstattungsunterschiede wurden durch bestimmte Zuschläge und Anpassungen berücksichtigt.[622] Eine erste Erhöhung erfolgte im Jahr 1966 für ab dem 1.1.1967 erbaute Neubauwohnungen.[623] Erst eine Verordnung aus dem Jahr 1972 senkte die Neubaumietwohnungspreise wieder, für Familien von Arbeitern, Angestellten und Genossenschaftsbauern.[624]

Das Inkrafttreten des ZGB beeinflusste das Mietpreisrecht der DDR zunächst nicht. Nach § 103 Abs. 1 ZGB war die Höhe des Mietpreises staatlich durch Höchstgrenzen festgelegt und nicht frei verhandelbar.[625] Im Jahr 1981 wurden die seit 1972 geltenden Neubaumietpreise auf alle Bürger der DDR erweitert; die vorherige Abhängigkeit von dem erzielten Brutto-Haushaltseinkommen wurde aufgegeben.[626] Für Neubauwohnungen lag der Mietpreis fortan bei 0,70–0,90 Mark/m² in den Bezirken, bei 1,00–1,25 Mark/m² in Ostberlin und bei 0,50–1,00 Mark/m² für Altbauwohnungen.[627]

620 Befehl Nr. 9 vom 21.7.1945, Nr. 63 vom 26.2.1946 und Nr. 337 vom 9.12.1946.

621 „Anordnung über die Forderung und Gewährung preisrechtlich zulässiger Preise" (Preisanordnung Nr. 415) vom 6.5.1955, GBl. 1955 (Nr. 39), S. 330.

622 *Hoffmann*, ZgS 1973, 246 (248); *Mühlmann*, Miete, S. 31.

623 Beschluss des Ministerrats der DDR vom 17.3.1966, vgl. *Hoffmann*, ZgS 1973, 246 (269 ff.) und *Melzer*, S. 161.

624 „Verordnung zur Verbesserung der Wohnverhältnisse der Arbeiter, Angestellten und Genossenschaftsbauern" vom 10.5.1972, GBl. II (Nr. 27), S. 318.

625 Eine niedrigere Miete war zwar vereinbar, ist letztlich in der Praxis allerdings nie vorgekommen; *Ministerium der Justiz*, ZGB-Kommentar § 103 Anm. 1.

626 „Verordnung über die Festsetzung von Mietpreisen in volkseigenen und genossenschaftlichen Neubauwohnungen", vom 19.11.1981, GBl. I (Nr. 34), S. 389.

627 So die Begründung zum Gesetzesentwurf des MÜG der CDU/CSU- und FDP-Fraktionen, BT-Drs. 13/783 S. 7; ausführlich auch: *Melzer*, S. 170 ff.

Das niedrige Mietpreisniveau ließ nur wenige Instandhaltungs- oder Instandsetzungsarbeiten zu. Die qualitative Verbesserung der Ausstattung durch private Investitionen blieb daher eine Ausnahme.[628] Seit den 1970er Jahren wurden deshalb Modernisierungsarbeiten, wenn überhaupt, überwiegend staatlich angeordnet.[629] Finanziert wurden diese in erster Linie durch Fremdkredite, aber auch Haushaltsmittel.[630] Das Mietrecht sah auch keine Möglichkeiten zur Mietanpassung infolge der Modernisierungen vor.

Nach dem Inkrafttreten des ZGB enthielt § 103 Abs. 2 ZGB als erstes Gesetz einen Hinweis auf die Berücksichtigung von Wertverbesserungsarbeiten in oder an der Mietsache:

> *„Wird Wohnraum durch Um- oder Ausbau erweitert oder der Wohnkomfort durch Modernisierung erhöht, können Vermieter oder Mieter beantragen, dass der zulässige Mietpreis neu bestimmt wird."*

Nach Modernisierungen musste demzufolge bei den örtlichen Räten ein neuer Mietpreis für die Mietwohnung festgelegt werden.[631] Die behördlich vorgeschlagene höhere Miete war allerdings nicht per se verbindlich, sondern bedurfte noch einer Einigung beider Mietvertragsparteien über die Änderung des bisherigen Vertrages.[632] Für den Fall, dass der Mieter die so vorgeschlagene Mieterhöhung verweigerte, musste der Vermieter auf Zustimmung klagen. Dann hatte wiederum die Rechtsprechung einzuschätzen, ob eine im Sinne des Gesetzes den Wohnkomfort erhöhende Modernisierung überhaupt vorlag. Nur dann war ein „maßgebender Umstand" im Sinne des § 78 Abs. 1 ZGB gegeben, der überhaupt eine Mietanpassung rechtfertigen konnte.[633]

---

628 Vgl. dazu bei *Thomsen*, 3. Teil, A.I.1.b).

629 Vgl. weiter oben zum staatlichen Beschluss, Altbausanierungen voranzutreiben.

630 *Melzer*, S. 133.

631 *Mühlmann*, Miete, S. 32.

632 *Mühlmann*, Miete, S. 32; Fragen und Antworten, NJ 1976, 141.

633 § 78 ZGB: „Das Gericht kann auf Klage eines Partners einen Vertrag ändern oder aufheben, wenn sich die für den Vertragsabschluss maßgebenden Umstände nach Vertragsabschluss so verändert haben, dass nach Stand der gesellschaftlichen Entwicklung und der Beziehungen zwischen den Partnern einem von ihnen die Erfüllung nicht mehr zuzumuten ist."

2. Mieterrechte bei Mietermodernisierung

Hatte der Mieter nach den §§ 111 ff. ZGB bauliche Verbesserungsarbeiten durchgeführt, hatte er diese in der Regel auch selbst finanziert. Für den Vermieter folgten daraus weder Vor- noch Nachteile. Allerdings war bei Beendigung des Mietverhältnisses ein finanzieller Ausgleich für die vom Mieter getätigten Investitionen vorgesehen, wenn der bisherige Mieter nicht mit dem Vermieter gemäß § 112 Abs. 1 ZGB oder aber dem neuen Mieter gemäß § 113 Abs. 2 ZGB eine Übernahmevereinbarung getroffen hatte. Nach § 112 Abs. 3 S. 1 ZGB hatten Mieter einen Anspruch auf *„angemessene Entschädigung"*, wenn die Maßnahmen dem Vermieter (wirtschaftliche) Vorteile einbrachten und die Maßnahmen außerdem gesellschaftlichen Interessen entsprachen. Ein solcher Vorteil wurde bejaht, wenn der Vermieter bei Neuvermietung eine höhere Anfangsmiete verlangen konnte oder hätte verlangen können.[634]

Falls die Parteien aber eine Modernisierungsvereinbarung im Sinne des § 112 Abs. 3 S. 1 ZGB getroffen hatten, die zwar eine Kostentragung des Mieters für die Maßnahmen vorsah, eine finanzielle Entschädigung beim Auszug des Mieters aber ausschloss, war die weitere Vorgehensweise umstritten. Unklar war, ob dies überhaupt zulässig war. Die Zulässigkeit einer solchen vermieterbegünstigenden Klausel wurde bejaht, wenn durch die Verbesserungsarbeiten des Mieters auch intakte Einrichtungen aus dem Eigentum des Vermieters entfernt oder überflüssig geworden waren.[635] Im Übrigen ging man von der Unvereinbarkeit eines solchen Ausschlusses mit den Grundsätzen der sozialistischen Moral im Sinne des § 68 Abs. 1 Ziff. 2 ZGB aus, so dass die Vereinbarung als nichtig eingestuft wurde.[636]

V. Bilanz sozialistischer Wohnungspolitik

1. Instandhaltungs- und Modernisierungsstau

Eine Besonderheit der DDR-Wohnungspolitik war das Desinteresse an der Förderung und Erhaltung der Altbausubstanz. So war es die Regel, die vorhandenen Altbaubestände bei minimalem Instandhaltungsaufwand bis zur Unbewohn-

634 *Mühlmann*, Miete, S. 52.

635 *Göhring/Posch*, Lehrbuch Zivilrecht (1981), S. 307; *Mühlmann*, Miete, S. 52.

636 *Göhring/Posch*, Lehrbuch Zivilrecht (1981), a.a.O.; *Mühlmann*, Miete, S. 52.

barkeit zu nutzen. Anschaulich wird dies auch an den spärlichen mietrechtlichen Vorschriften im ZGB zu der Frage einer Erhaltung oder Wertverbesserung der Immobilie. Anschaulich wird dies aber auch daran, dass selbst am ohnehin unterdurchschnittlichen Bauvolumen gemessen, der Anteil der privaten und staatlich gelenkten Bautätigkeit in den 1950er Jahren zwischen 30–35 % schwankte, während er im gleichen Zeitraum in der BRD bereits etwa 50 % ausmachte.[637] Infolge mangelhafter Qualität der Betriebsanlagen ergaben sich im Vergleich zu den Baukosten in der Bundesrepublik auch etwa doppelt so hohe Betriebs- und Instandhaltungskosten für die Mieter.[638]

Nach DDR-eigenen Angaben belief sich die tatsächliche Zahl der jährlich verbesserten Wohnungen im Jahr 1971 auf 21.756, im Jahr 1978 auf 55.890 und im Jahr 1988 auf 108.732 Wohnungen. Insgesamt seien durch staatliche Sanierungsprogramme zwischen 1971 und 1988 insgesamt 1.144.833 Wohnungen modernisiert worden.[639] Die Zahlen lassen sich nachweisen: Durch einen Vergleich des Ausstattungsgrades der vorhandenen Wohnungen ausgangs der 1980er Jahre mit demjenigen am Anfang der 1970er Jahre kann der tatsächliche Anteil des damaligen Altbaubestandes ermittelt werden, der modernisiert wurde.[640] Zum Ausstattungsgrad lauten demzufolge die als korrekt bestätigten Zahlen:

Tabelle 4: Ausstattungsmerkmale des Wohnungsbestandes der DDR

Jahr	Bestand	Anteil mit Bad/Dusche	Anteil mit Innen-WC
1971	6.057.032	2.362.242 (= 39 %)	2.362.242 (= 39 %)
1989	7.002.539	5.742.082 (= 82 %)	5.321.930 (= 76 %)
Zunahme	945.507	3.379.840	2.959.688

Quelle: Statistisches Jahrbuch der DDR 1990, Berlin 1990, S. 201f. (Prozentuale Angaben v.d. Verf.)

637 *Bundesministerium für innerdeutsche Beziehungen*, DDR-Handbuch, Stichwort: Bau- und Wohnungswesen, S. 152 ff. Gemeint ist die allgemeine Bautätigkeit, d. h. sowohl der Wohnungsneubau, als auch Investitionen in den Wohnungsbestand.

638 *Heinisch*, a.a.O.

639 *Jenkis*, S. 193 unter Verweis auf: Statistisches Jahrbuch der DDR 1989, S. 169.

640 Vgl. weiter oben, wonach eine Ausstattung „mit Innen-WC, mit Bad bzw. Dusche und mit moderner Heizungsanlage" als wesentlich für die Bejahung einer erhöhten Wohnqualität galt, so ausdrücklich in: *Donda*, Lexikon der Wirtschaft (1987), S. 307.

Der Zuwachs an Wohnungen mit Bad oder Dusche betrug im Zeitraum 1971 bis 1989 rund 3,3 Millionen. Der Anteil der Wohnungen, die bis 1989 mit einem Innen-WC ausgestattet wurden, wuchs um rund 3 Millionen. Subtrahiert man von den Zuwächsen an Wohnungen mit Bad/Dusche bzw. Innen-WC die zuverlässig ermittelten Zahlen über neu errichtete Wohnungen (die allesamt sowohl mit Bad/Dusche als auch Innen-WC gebaut wurden), so ergibt sich die (korrekte) Zahl der tatsächlich in ihrer Ausstattungsqualität verbesserten Altbauwohnungen.

Tabelle 5: Gebaute Wohnungen in der DDR

Jahr	Insgesamt (Neubau inkl. Um-/Ausbau, Rekonstruktion)
1971	76.020
1972	85.901
1973	96.218
1974	102.468
1975	107.347
1976	111.158
1977	113.846
1978	114.173
1979	110.446
1980	111.933
1981	120.545
1982	117.375
1983	118.592
1984	117.470
1985	115.722
1986	116.545
1987	109.754
1988	104.666
1989	92.347
Summe	2.042.526

Quelle: Statistisches Jahrbuch der DDR 1990, Berlin 1990, S. 198.

Rund 2 Millionen Wohnungen wurden mithin tatsächlich „gebaut" sei es als Neubau, oder sei es infolge eines Umbaus oder einer Rekonstruktion. Subtrahiert man diese von den Zuwächsen der jeweiligen Ausstattung, so ergibt sich für den Zeitraum 1971 bis 1989, dass 1,3 Millionen (mit Bad/Dusche) bzw. 0,9

Millionen (mit Innen-WC) vorhandene Altbauwohnungen in ihrer Qualität tatsächlich wesentlich verbessert wurden.

Tabelle 6: Ausstattungsmerkmale des Wohnungsbestands der DDR, 1989

Bad/Dusche	Innen-WC	Warmwasser	moderne Heizung	Telefon
82 %	76 %	82 %	47 %	16 %

Quelle: Institut für Wohnungs- und Gesellschaftsbau, Bauakademie der DDR (Hochrechnungen).

Das Ergebnis relativiert sich nach einem Blick auf den Ausstattungsgrad des gesamten Wohnungsbestandes im Jahr 1989: Nicht einmal die Hälfte der Alt- und Neubauwohnungen verfügte über eine nach damaligen Verhältnissen „moderne" Heizung. Ein Telefon galt als seltene Sonderausstattung und selbst in der Wohnung befindliche Toiletten fanden sich nur bei zwei von drei Wohnungen.[641] Etwa ein Viertel der vorhandenen Wohnungen hatte demzufolge überhaupt kein Bad, fast ein Drittel keine Innentoilette und mehr als die Hälfte keine funktionierende moderne Heizungsanlage. Sogar bis ins Jahr 2003 noch galten in Ost-Berlin eine Zentralheizung mit Warmwasserversorgung und eine „moderne" Sanitärausstattung als unüblich.[642]

2. Gebäudeverfall

Die Wohnungsversorgung in der DDR lag zuletzt bei 426 Wohnungen auf 1.000 Einwohnern, d. h. einem Gesamtwohnungsbestand von ca. 7 Millionen Wohnungen.[643] Rund die Hälfte hiervon datierte noch aus der Vorkriegszeit. Insgesamt 500.000 Wohnungen wurden als unbewohnbar eingestuft; von diesen standen 420.000 Wohnungen leer.[644] Ein Viertel des gesamten Wohnungsbestandes galt außerdem als „dringend renovierungsbedürftig".[645] Ende der

641 Zit. n. *Winkler*, S. 158.

642 LG Berlin, Urteil vom 10.4.2003 – 67 S 279/01, GE 2003, 1615.

643 *Heinisch*, 2. Kap., C.IV (S. 40).

644 *Kofner*, S. 194.

645 Der finanzielle Aufwand wurde unter der Regierung de Maizières auf rund 450 Milliarden DM eingestuft; zit. n. *Heinisch*, 2. Kap., C.IV (S. 40).

1980er Jahre wurde als Ergebnis dieser Verfallsproblematik etwa ein Drittel des Neubauvolumens allein durch den „Abgang" von Altbauwohnungen absorbiert.[646] Im Vergleich zum Wohnungsbestand der Bundesrepublik Deutschland wurde ein Entwicklungsrückstand von ca. 30 Jahren festgestellt.[647] Von den oben unter B.1. genannten bevorzugten Großstädten abgesehen war es in der DDR bis ausgangs der 1980er Jahre auch nicht mehr zu Abrissarbeiten größeren Umfangs gekommen: Der größte Teil der Vorkriegswohnungen blieb deshalb auf dem Gebiet der ehemaligen DDR erhalten, wenn auch in schlechtem baulichen Zustand.[648]

Abbildung 6: Altersstruktur des Wohnbestands der DDR 1989

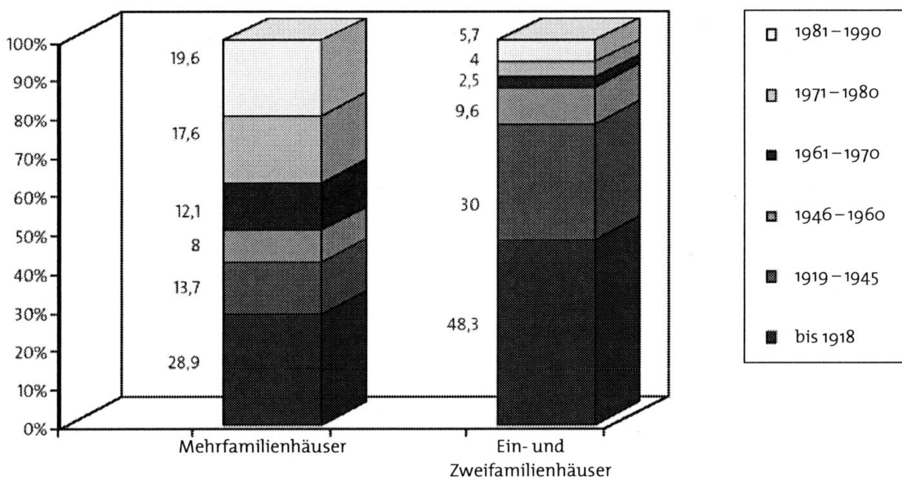

Quelle: Hochrechnungen des Instituts für Ökonomie, Bauakademie der DDR; Winkler, S. 162.

646 *Kofner*, S. 194.

647 *Mayer*, S. 329.

648 Vgl. *Kofner*, a.a.O.

C. Vergleich

I. Sicherung des Freien Mietwohnungsmarktes

Die Stellung des Wohnraummietrechts in den beiden ungleichartigen politischen und wirtschaftlichen Systemen geht auf ihre unterschiedliche Bewertung des Eigentums zurück.[649] Dabei liegt der Hauptunterschied in der rein ideologisch begründeten Frage, wem das Eigentum an Produktionsmitteln und Produktionsinstrumenten, zu denen auch Wohngebäude gehören, zustehen soll. Während nach den marxistischen Ideologien der ehemaligen DDR die Vergesellschaftung aller Produktionsmittel vorrangig war, stehen nach kapitalistischer Auffassung die Produktionsmittel und -instrumente, d. h. die Mietwohngebäude, grundsätzlich im Privateigentum.[650]

Zwar wurde auch im sozialistischen System das Privateigentum nicht vollständig negiert, doch diente es nicht primär der Aneignung, sondern nur noch der Befriedigung der eigenen materiellen und kulturellen Lebensbedürfnisse. Verfassungsrechtlich wurde das Privateigentum konsequenterweise nur so weit geschützt, als es dieser Befriedigung diente. Dogmatisch unterlag das subjektive Recht des Einzelnen in der DDR insofern einem völlig anderen Rechtsverständnis. Es hatte letztlich keinen umfassenderen Inhalt, als die staatlich geplanten Voraussetzungen für seine Realisierung. Damit widersprachen vermietete Gebäude sogar dem Rechtssystem der DDR. Gebäude, die vermietet wurden und im Privateigentum standen, waren nicht vom verfassungsrechtlichen Eigentumsschutz umfasst. Die staatliche Wohnraumlenkung einerseits und straffe Mietregulierungen andererseits hinderten den Vermieter vielmehr daran, wirtschaftlich zu handeln und Renditen zu erzielen.

Demgegenüber gewährleisten die Bundesrepublik und Frankreich einen weitgehend als gut funktionierend zu bezeichnenden „freien Wohnungsmarkt", der insbesondere von der freien Entscheidung des Bürgers gekennzeichnet ist. Gemeint ist nicht nur die Entscheidung, überhaupt eine Wohnung anzumieten und einen dahingehenden Vertrag abzuschließen. Gemeint ist auch die Frage nach einer Regelung der vertraglichen Modalitäten in den gesetzlichen Grenzen: Die

---

649 Die rechtliche Bedeutung des Privateigentums in der DDR wurde bereits vielfach untersucht, so z. B. bei Birk, Dieter, Das persönliche Eigentum des Bürgers in der DDR, 1973; Bohrisch, Dirk, Die sozialistische Grundeigentumsordnung und deren Überleitung in die bundesdeutsche Rechtsordnung, 1996; Rohde, Günther, Grundeigentumsrecht und Bodennutzungsrecht in der DDR, 1990.

650 Ausführlich *Heinisch*, S. 62.

Entscheidung für oder gegen die Durchführung von Wertverbesserungsarbeiten ist frei; wurde sie aber positiv getroffen, so fördert der Staat diese Entscheidung in mehrfacher Hinsicht. Ein ineinander greifendes System nimmt gleichermaßen Bezug auf Ausnahmesituationen des Einzelfalles, auf die wirtschaftlichen Interessen der einen Vertragsseite und die Schutzinteressen der anderen Vertragsseite.

Der freie Mietwohnungsmarkt entsteht mithin primär durch die Einräumung eines bestimmten Freiheitsrahmens, der dem Bürger einen (relativ) freien Umgang mit den Wohnimmobilien als Produktionsmitteln ermöglicht.

II. Lenkung der Modernisierungstätigkeit

Damit auf dem freien Mietmarkt Modernisierungsmaßnahmen möglich sind, bedienen sich das bundesdeutsche und das französische Mietrecht eines Bündels verschiedenster Anreize, die allesamt staatlicher Einflussnahme auf die Modernisierungstätigkeit darstellen.

Das ZGB konzentrierte sich dagegen primär auf den Schutz des Mieters vor ungerechtfertigten Kündigungen und Mietpreisüberforderungen, und machte Modernisierungen konsequenterweise allein davon abhängig, ob sie „gesellschaftlichen Interessen" entsprachen. Anders als in der Bundesrepublik und in Frankreich scheute sich der Gesetzgeber des ZGB davor, überhaupt ansatzweise eine Begriffsbestimmung für anerkannte und im staatlichen Interesse liegende Wertverbesserungen zu normieren. Stattdessen zeigte sich, dass in der DDR jegliches Handeln der Vertragsparteien in Bezug auf die Mietwohnung im Ergebnis immer dann vom Staat legitimiert war, wenn es gesellschaftlichen Interessen entsprach, und zwar selbst, wenn es im Einzelfall sogar eine Verletzung vertraglicher Pflichten darstellte; dies entsprach den verfassungsrechtlich verankerten Grundsätzen.[651]

Gebäudemodernisierungen sollten folgerichtig in der DDR primär über staatlich gelenkte Programme verwirklicht werden. Nach Auffassung der Staatsführung würde nur so eine „richtige Verbindung von wohnungspolitischen, bautechnischen und ökonomischen Gesichtspunkten" erfolgen; nur dadurch sei „ein hohe Nutzeffekt" zu gewährleisten.[652]

651 Wie am Beispiel der Zustimmung des Vermieters bei baulichen Maßnahmen des Mieters gemäß § 111 Abs. 1 ZGB.

652 Zitiert nach: *Mühlmann*, Miete, S. 50.

Überraschender sind dagegen die Übereinstimmungen zwischen der französischen Rechtslage und dem ZGB im Hinblick auf die Durchführung von „Schönheitsreparaturen": Während sich das BGB mit dem relativ kurz gehaltenen Hinweis begnügt, dass der Mieter Erhaltungs- und Modernisierungsarbeiten der Mietsache zu dulden hat, aber ansonsten nur die vom Vermieter durchzuführenden Modernisierungsarbeiten positiv gesetzlich regelt, widmen sich das französische Mietrecht und das ZGB immerhin auch der Umgestaltung der Mietsache durch den Mieter. In Frankreich müssen Mieter schon gesetzlich die Schönheitsreparaturen durchführen, haben andererseits aber auch zumindest das geschriebene Recht zur Durchführung von Energieeinsparungsmaßnahmen inklusive dem Investitionsersatzanspruch. Im ZGB sind erstaunlicherweise die auf Mieter bezogenen Regelungen zur baulichen und malermäßigen Betätigung im Grunde genommen die einzig detailliert ausformulierten, einmal abgesehen von den staatlich angeordneten Modernisierungsmaßnahmen, die ebenfalls im ZGB erwähnt werden.

Vor diesem Hintergrund erstaunt es sogar, dass es auch die Mieter waren, die im sozialistischen System der DDR zu einer eigenverantwortlichen Durchführung der „malermäßigen Instandhaltung" verpflichtet waren. Überraschend deshalb, weil das Mietrecht gezielt auch als ein Mittel der Sozialpolitik genutzt wurde.

Den Mietern eine solche Pflicht aufzuerlegen diente aber tatsächlich vor allem dazu, sie zu animieren, durch Eigeninitiative wiederum die Volkswirtschaft zu entlasten.[653] Statt Vermieter zu Investitionen zu motivieren, ließ sich ein Tätigwerden der Mieter leicht dadurch stimulieren, dass ihnen die erzielbaren Vorteile einer attraktiveren und individueller gestalteten Wohnung auch selbst zu Gute kamen. Insofern dienten – über diesen Umweg im Gesetz – wieder einmal die Bürger selbst der Gesellschaft.[654]

Im Ergebnis offenbart das ZGB im Hinblick auf die Durchsetzung gesellschaftlicher Interessen ein vollständig instrumentales Verständnis vom Recht. Der subjektive Wille des Einzelnen tritt nach dem ZGB hinter den vorrangigen Interessen der Gesellschaft zurück. Anschaulich verdeutlicht dies im Übrigen auch § 95 ZGB, wonach ein Vermieter die „Aufgabe" hat, an der Verbesserung der Wohnverhältnisse für die Bürger mitzuwirken.[655]

---

653 So jedenfalls *Mühlmann*, Miete, S. 34: „Insoweit eröffnet sich ein breites Betätigungsfeld für volkswirtschaftlich bedeutsame Initiativen."

654 So auch *Mühlmann*, Miete, S. 49.

655 § 95 ZGB: „Aufgaben der Betriebe als Vermieter zur Verbesserung der Wohnverhältnisse der Bürger".

III. Interessenausgleich

Während das bundesdeutsche und das französische Wohnraummietrecht von einem natürlichen Spannungsverhältnis zwischen Mieter und Vermieter ausgehen, dessen Ausgleich der Staat sich durch Verankerung geeigneter Regelungsinstrumente im Recht zur Aufgabe gemacht hat, anerkannte das sozialistische System einen solchen zwischen den Vertragsparteien bestehenden Interessenkonflikt von Vornherein nicht.

Im ZGB war das Verhältnis zwischen den Vertragsparteien nämlich von Vornherein von einem verfassungsrechtlichen Eigentumsbegriff geprägt, der primär der Erfüllung gesellschaftlicher, d. h. sozialistischer Interessen diente. Im Ergebnis finden sich deshalb auch keine bzw. kaum auf Interessenausgleich zielende Regelungen. Mietern standen deshalb auch weder bei privaten Arbeiten des Vermieters, noch bei staatlich angeordneten Modernisierungsmaßnahmen, die für sie eine Beeinträchtigung bedeuten konnten, eigene Entschädigungs- oder Ausgleichsrechte zu. Im Gegenteil auferlegte der ZGB-Gesetzgeber den Mietern bei einer staatlich angeordneten Modernisierung der bewohnten Wohnungen umfassende Duldungs- und Mitwirkungspflichten; es war die Aufgabe des Mieters, die Maßnahmen nach besten Kräften zu unterstützen. Die Mitwirkung an der ungehinderten Durchführung staatlicher Maßnahmen reichte dabei so weit, dass Mieter auf staatliche Anordnung hin zu einem Wohnungsumzug gezwungen werden konnten. Von (Sonder-)Kündigungsrechten, Mietminderungsansprüchen oder Härtefallklauseln wie hierzulande oder in Frankreich war im ZGB keine Rede.

Umgekehrt regelte das ZGB aber auch die Rechte der Vermieters nur spärlich: Zwar war es dem Vermieter grundsätzlich erlaubt, bauliche Maßnahmen an seinem (Privat)Eigentum durchzuführen. Ausdifferenzierte Regelungen oder ein Verfahren zur Durchführung und zum Abschluss dieser Baumaßnahmen lassen sich dem Gesetz jedoch nicht entnehmen. Derartige Fragen wurden im Gegenteil bewusst vollständig auf die Ebene der Vertragsparteien verlagert. Sie selbst sollten durch einvernehmliche Regelungen ihre wesentlichen Rechte und Pflichten vereinbaren. Scheiterte dies, gab es keinerlei gesetzliche Stütze, so dass letztlich auch das jeweilige Vorhaben mangels Einigung schon in der Planungsphase scheitern musste. Der Staat stellte damit Mieter und Vermieter in allen Belangen, die nicht staatlicher Anordnung entsprachen, auf eine Stufe. Zugleich proklamiert er über den Interessen der Vertragsparteien die gesellschaftlichen Erfordernisse, die jegliches Handeln bestimmten, und zwar sowohl ausdrücklich nach dem Gesetzeswortlaut, als auch indirekt über Generalklauseln.

In der Bundesrepublik und in Frankreich zeigt sich ein völlig anders Verständnis von der Funktion des privaten Zivilrechts. Denn im Sozialen Wohnraummietrecht wird regelmäßig Einfluss genommen, indem die gesetzlich geschützte Vertragsfreiheit zum Nachteil des Vermieters punktuell zugunsten des Mieters als dem sozial schwächeren Teil eingeschränkt wird. Zugleich werden aber auf der anderen Seite dem Vermieter als dem sozial stärkeren Teil Pflichten auferlegt oder jedenfalls der Verzicht auf gewisse Freiheiten zugemutet.[656]

IV. Wirtschaftliche Bedeutung

Die wirtschaftliche Bedeutung der mietrechtlichen Regelungsinstrumente lässt sich besonders deutlich an der Zuteilung der kleineren Reparaturarbeiten veranschaulichen:

Während die Durchführung von „Malerarbeiten" nach dem Recht der ehemaligen DDR originäre Aufgabe des Mieters waren und es auch nach dem französischen Mietrecht seit Inkrafttreten des Code Civils sind, entspricht diese Kosten- und Lastenverteilung heute in der Bundesrepublik nur einer rein faktisch etablierten Praxis. Hierzulande werden diese Arbeiten zwar regelmäßig vertraglich auf den Mieter abgewälzt. Die Regelungen des BGB gehorchen in diesem Punkt allerdings eher wirtschaftlichen Erwägungen, indem sie es grundsätzlich vollständig den Vertragsparteien überlassen, solche Arbeiten entweder der einen oder der anderen Vertragspartei nach eigenem Ermessen zuzuordnen. Insofern führt das ohnehin vorhandene, legitime Gewinnstreben des Vermieters dazu, dass er sich möglichst vieler Aufgaben und Ausgaben zur Profitsteigerung zu entledigen versucht. Letztlich ändert sich an diesem gesetzlich gewollten Modell auch nichts dadurch, dass es in der Praxis letztlich durch die strikte AGB-Kontrolle wieder zunehmend eingegrenzt wird.

Während dagegen die Übertragung der Schönheitsreparaturen auf den Mieter vom französischen Gesetzgeber aus rein praktischen Gründen gewählt wurde, weil der Mieter kleinere Abnutzungserscheinungen in den Bereichen, die seinem ausschließlichen Gebrauch und damit seiner Sphäre zuzuordnen sind, schneller und letztlich effektiver beheben kann, waren derartige praktische Erwägungen in der DDR von Vornherein unbedeutend. Daher verwundert es auch nicht, dass der Gesetzgeber des ZGB die Übertragung bestimmter Erhaltungsmaßnahmen auf den Mieter mit dessen „ästhetischem Empfinden", die Mietsache selbst gestalten zu wollen, begründet.

656 Vgl. *Lutz*, S. 108, spricht von „Sozialisierung des Privatrechts".

Selbst das System der Mietpreisbildung der DDR orientierte sich nicht nach wirtschaftlichen Erwägungen, obwohl die Frage der Preisbildung eine originär wirtschaftliche ist: Die Höchstmietenregelungen der DDR waren im Ergebnis weder kostendeckend noch hinreichend differenziert. Sie hatten vielmehr nur symbolisch niedrige Werte.[657] Bemerkenswert ist, dass die Mieten sanierungsbedürftiger Altbauten seit der Preisstoppverordnung von 1936 auch nicht mehr angepasst worden waren. Das Missverhältnis begründet sich auch dadurch, dass die Neubaumieten in der Nähe der Altbaumieten gehalten wurden, ohne dass Anpassungsmöglichkeiten im Laufe eines Mietverhältnisses vorgesehen waren. Das niedrige Mietpreisniveau konnte zwangsläufig nur auf Grund verstärkter staatlicher Subventionierung, also Einflussnahme, aufrechterhalten werden. Das ZGB kannte weder die Vertragsfreiheit, noch eine Privatautonomie, und so räumte es den Vertragsparteien auch keinerlei wirtschaftliche Freiräume ein, die eine eigenverantwortliche Gestaltung der Rechte und Pflichten oder jedenfalls der Vereinbarung über die Mietpreishöhe ermöglicht hätten.

Nicht nur die Ausgestaltung der Rechte und Pflichten bei baulichen Maßnahmen, sondern auch der politische Zuspruch zur industriellen Massenbauweise, offenbaren, dass die gesamte Wohnungsmarktpolitik der DDR letztlich von ökonomischen Zwängen beherrscht war. Freiheitsperspektiven, sozialen, wirtschaftlichen oder wenigstens kulturellen Werten wurde dagegen nur eine untergeordnete Rolle zuteil. Dieses Verständnis vom Recht spiegelt nicht zuletzt auch eine Anweisung der DDR-Staatsführung aus dem Jahre 1976 wider, in der es heißt, dass *„zwei Stunden Sonne am 21. Februar für mindestens einen Wohnraum jeder Wohnung ( ) ausreichend“* [658] sind. Dem kann nichts hinzugefügt werden.

657 Vgl. *Kofner*, S. 201.

658 *Dokumentationszentrum Alltagskultur der DDR*, S. 101.

5. Kapitel: Gesamtergebnis

A. Anregungen für das BGB?

Zur Beantwortung der Frage, welche Anregungen sich aus den durch den Vergleich gewonnenen Erkenntnissen für das Wohnraummietrecht des BGB ergeben können, müssen die systembedingten Unterschiede identifiziert werden. Sie zeigen, inwieweit überhaupt eine Übertragbarkeit der Rechtsinstrumente sinnvoll erscheint.

Zwar spielen Wertverbesserungsmaßnahmen im vermieteten Wohngebäudebestand in allen Volkswirtschaften, und deshalb auch in der Rechtsordnung der ehemaligen DDR, eine große Rolle. Dies schon allein deshalb, weil jede Volkswirtschaft letztlich auf ökonomischen Prinzipien basiert und mit der Problematik des Gebäudeverfalls konfrontiert wird. Doch der Umgang ist, wie das vierte Kapitel deutlich gezeigt hat, häufig unterschiedlich. Die Gesetzgeber haben weite Gestaltungsspielräume, die es zu füllen gilt. Die Untersuchung hat gezeigt, dass der bundesdeutsche und der französische Gesetzgeber diese Spielräume in vergleichbarem Umfang mit überwiegend den gleichen Regelungsinstrumenten ausgeschöpft haben. Ganz anders die DDR.

Der systembedingte Unterschied, der zur Verneinung der Frage nach einer Übertragbarkeit der Regelungsinstrumente der ehemaligen DDR führt, liegt in dem divergierenden Wirtschaftssystem: Die sozialistische Wirtschaft der DDR war nach ihrer Verfassung als eine totale Zentralverwaltungswirtschaft angelegt.[659] Damit waren alle wirtschaftlichen Vorgänge von Vornherein staatlich gelenkt. Deshalb stellte auch das Wohnraummietrecht als Vertragsrecht nur ein Instrument dar, mit dessen Hilfe auf der Grundlage der Übereinstimmung von individuellen und kollektiven Interessen, unter Berücksichtigung gesellschaftlicher Erfordernisse, die Versorgungsaufgabe des Staates zu erfüllen war. Das Gegenmodell von der sozialen Marktwirtschaft basiert auf Liberalismus und freier wirtschaftlicher Betätigung, oder anders formuliert, wie es Ludwig Erhard tat: „Je freier die Wirtschaft, umso sozialer ist sie auch."[660]

Die Regelungen des ZGB stellen deshalb für das geltende BGB keine ernsthafte Anregung dar. Nicht nachahmenswert ist vor allem die im ZGB veranlagte im-

---

659 Art. 9 der Verfassung; sie basierte auf der politischen Ökonomie des Marxismus-Leninismus. Vgl. *Bundesministerium für innerdeutsche Beziehungen*, DDR-Handbuch, Stichwort: Wirtschaft, S. 1485 ff.

660 *Mierzejewski*, S. 59.

manente Instrumentalisierung des Rechts für die politische Steuerung des gesellschaftlichen Lebens. Das ZGB sollte dem bundesdeutschen Bürger im Gegenteil vielmehr eine Warnung sein, das Individuum und seine Freiheiten nicht zu negieren, und das Recht nicht als Machtinstrument zu degradieren.[661]

Doch auch der Vergleich mit der französischen Rechtsordnung führt zu dem Ergebnis, dass es keiner Änderung des geltenden BGB bedarf. Die eingangs gestellte Frage[662] ist zu verneinen. Das französische Wohnraummietrecht bietet keine besseren rechtlichen Mittel, um Wohnungsmodernisierungen des privaten Vermieters umzusetzen. Das BGB kennt alle Regelungsinstrumente, die auch das französische Wohnraummietrecht kennt: Es stellt begrifflich auf dieselben objektiven Wertverbesserungsziele ab. Es verpflichtet Mieter ebenso zur Duldung der anerkannten Wertverbesserungsmaßnahmen. Das BGB regelt in ganz ähnlicher Weise die Ankündigungs-, Informations-, und Aufklärungspflichten des Vermieters. Dabei werden die mieterseitigen Interessen in effektiver Weise berücksichtigt, und auch auf subjektive Ausnahmekriterien können sich Mieter hierzulande berufen. Mit der Mietminderung bietet das BGB Mietern dagegen sogar das wirtschaftlich gesehen effektivere Mittel, um auf die zu erduldenden Beeinträchtigungen wirkungsvoll zu reagieren. Im Gegenzug bietet das BGB außerdem Vermietern die breitete Palette an Mieterhöhungsmöglichkeiten, um die einmal getätigten Kosten refinanzieren zu können.

B. Ausblick

Einerseits ist mit dem Modernisierungszuschlag hierzulande für Vermieter ein Regelungsinstrument geschaffen worden, das in Frankreich – und anderen Rechtsordnungen – in dieser Form völlig unbekannt ist. Tatsächlich stellt dieses einseitige Gestaltungsrecht eine Durchbrechung des ansonsten geltenden marktorientierten Vergleichsmietensystems dar. Ist ein solcher „Modernisierungszuschlag" also überhaupt erforderlich?

Daneben hat die Untersuchung andererseits gezeigt, dass auch in Frankreich Rechtsinstrumente existieren, die hierzulande unbekannt sind: Zu nennen ist dabei neben der paritätischen Schlichtungsstelle vor allem das im Gesetz festgeschriebene Recht des Mieters, selbst Modernisierungsmaßnahmen an der Mietsache durchführen zu dürfen und hierfür nach dem Auszug als Gegenleistung

661 Vgl. dazu auch *Schröder*, S. 1155 ff.

662 Vgl. oben Einleitung vor Kap. 1, C. a. E.

einen Investitionsersatz verlangen zu dürfen. Sollte sich ein solcher gesetzlicher „Mieteranreiz" nicht auch im BGB finden?

Letzteres kann mit Nein beantwortet werden. Das schon seit mehr als 40 Jahren im französischen Wohnraummietrecht verankerte Recht des Mieters auf Durchführung von energetisch sinnvollen Maßnahmen reicht inhaltlich nicht weiter als das, was Mietern auch hierzulande erlaubt ist, ohne dass es dazu einer gesetzlichen Regelung bedürfte. Denn das Recht des Mieters, die Mietsache für sich nutzbar zu machen und nach eigenen Wünschen umzugestalten, ist anerkannt. Zustimmungsbedürftig sind nur diejenigen Umgestaltungen oder baulichen Veränderungen, die das Eigentum des Vermieters beeinträchtigen und damit in sein Eigentumsrecht eingreifen, weil bspw. die Substanz des Gebäudes beschädigt oder umgestaltet wird. Hierin erschöpft sich auch die französische Regelung: Die Substanz beeinträchtigende oder andere Mieter störende Maßnahmen hängen von der Zustimmung des Vermieters ab. Das französische Gesetz stellt also im Wesentlichen nur klar, dass auch Energieeinsparmaßnahmen zu diesen im Übrigen zulässigen Maßnahmen zählen können. Einen „Investitionsersatz" als „Wertersatz" erhalten Mieter auch nach deutscher Mietrechts- bzw. Rechtsprechungspraxis.

Im Zuge der zur Zeit der Erstellung dieser Arbeit politisch geführten Klimaschutzdebatte[663] werden tatsächlich aber auch Forderungen laut, nach denen das Mietrecht des BGB im Nachgang im Nachgang zu der letzten Mietrechtsreform von 2001 erneut angepasst werden müsse. Ziel müsse es sein, gesetzliche Unzulänglichkeiten zu beseitigen, damit das BGB auch auf neuere Modernisierungsformen, wie sie die Industrie der Erneuerbaren Energien in den vergangenen Jahren hervorgebracht hätte, besser reagieren könne. Es bedürfe einer Klarstellung, dass bestimmte energetisch sinnvolle Maßnahmen, wie beispielsweise der Einbau einer Solarthermie- oder einer Photovoltaikanlage, aber auch das so genannte „Contracting", bei dem bestimmte Dienstleistungen vom Immobilieneigentümer an externe Dienstleister ausgelagert werden[664], zu den vom BGB anerkannten Modernisierungsmaßnahmen zählen. Des Weiteren wird z. T. gefordert, energetisch sinnvolle Maßnahmen nicht nur wie bisher nach der EnEV für den Wohnungsneubau verbindlich festzuschreiben, sondern auch eine gesetzliche Sanierungspflicht für den Bestandsbau einzuführen.

663 Vgl. dazu schon oben A. vor Kap. 1.

664 Ausführlich bei *Meyer*, Kap. 3 und 5.B.

Der Deutsche Mieterbund[665] als Vertreter der Mieterinteressen sieht zum Zeitpunkt der Erstellung dieser Arbeit zwar „keinen dringenden Bedarf" an einer Änderung des BGB.[666] Er fordert allerdings schon seit langem die Abschaffung des § 559 BGB. Begründet wird dies mit der Systemwidrigkeit dieses Mieterhöhungsrechts, denn der Modernisierungszuschlag passe nicht in das bestehende und europaweit etablierte Vergleichsmietensystem.[667] Auch sei das so genannte Nutzer-Investor-Dilemma, bzw. Mieter-Vermieter-Dilemma „eine Chimäre".[668]

Der Zentralverband der Deutschen Haus-, Wohnungs- und Grundeigentümer[669] sieht als Vertreter der Vermieterinteressen hingegen einen dringenden Bedarf, das BGB zu novellieren. Begründet wird diese Forderung u. a. mit Unzulänglichkeiten des geltenden BGB, da dieses in seiner derzeitigen Fassung die Durchführung energetischer Modernisierungen behindere bzw. unmöglich mache.[670] Es seien daher zumindest begriffliche Klarstellungen in § 554 Abs. 2 Satz 1 und in § 559 Abs. 1 Satz 1 BGB nötig.[671]

---

665 Deutscher Mieterbund e.V., http://www.mieterbund.de.

666 Vgl. *DMB-Pressemitteilung* vom 20.12.2007: „Es gibt objektiv keinen dringenden Bedarf, das geltende Mietrecht zu ändern."

667 Vgl. *DMB- Pressemitteilung* vom 20.5.2005: „Modernisierungen stellen häufig für Mieterhaushalte deshalb eine hohe Belastung dar, weil 11% der Modernisierungskosten als Jahresmieterhöhung unmittelbar an die Mieter durchgereicht werden können. Diese Mieterhöhungserklärung ist aus Sicht des DMB systemfremd, sie passt nicht in das Vergleichsmietensystem."

668 *DMB-Eckpunktepapier*, Punkt 6: „Dabei ist das vor allem von interessierter Vermieterseite immer wieder angeführte Nutzer-Investor-Dilemma eine Chimäre. Die populistische These, im Zweifel trägt der Vermieter die Kosten, den Nutzen hat der Mieter, ist falsch."

669 Zentralverband der Deutschen Haus-, Wohnungs- und Grundeigentümer e.V. (Haus & Grund), http://www.hausundgrund.de.

670 *Haus & Grund-Pressemitteilungen:* Vom 15.8.2007: „Mietrecht (...) verhindert notwendige und wünschenswerte Investitionen (...)." Vom 18.10.2007: „Die anvisierten Klimaschutzziele (...) verkommen zur Illusion, wenn sich die Bundesregierung weiterhin einer notwendigen Änderung des Mietrechts verweigert. (...) Ohne einen Abbau der mietrechtlichen Hemmnisse wird es in Deutschland keinen flächendeckenden Klimaschutz im Gebäudebereich geben können. Das derzeitige Mietrecht verhindert den Klimaschutz. Das muss die Bundesregierung endlich erkennen, um das enorme Potential energetischer Sanierungen im Gebäudebereich auszuschöpfen." Vom 11.7.2007: „Denn die theoretische Möglichkeit, den Mieter über die Modernisierungsmieterhöhung an den Investitionskosten zu beteiligen, scheitert in der Praxis häufig an den gesetzlichen und von der Rechtsprechung festgelegten Anforderungen."

671 *Warnecke*, DWW 2007, 282.

Der Deutsche Bundestag hat sich in der 16. Legislaturperiode ebenfalls mit der Frage nach einer Änderung des BGB beschäftigt.[672] Die Bundesregierung lehnt Änderungen am geltenden Mietrecht allerdings ab. Sie lieferte auf eine dahingehende „Kleine Anfrage" die folgende Antwort[673]:

> *„Jeder Vermieter hat ein wirtschaftliches Eigeninteresse, den Wert seiner Immobilie durch Sanierungsmaßnahmen zu erhalten bzw. nach Möglichkeit zu steigern. ( ) Die Bundesregierung beabsichtigt zum jetzigen Zeitpunkt keine Gesetzesänderungen im Mietrecht. Das geltende Mietrecht gibt ( ) bereits Anreize zur Durchführung von energetischen Modernisierungen durch den Vermieter. ( )"*

Schließlich sieht auch der Koalitionsvertrag zwischen CDU, CSU und SPD vom 11.11.2005 für die 16. Legislaturperiode keinen Bedarf an einer weiteren Mietrechtsreform.[674]

Abschließend sei erwähnt, dass im Rahmen des Gesetzgebungsprozesses um das seit 1.1.2009 in Kraft getretene Erneuerbare-Energien-Wärmegesetz[675] zuletzt auch über die Einführung einer allgemeinen Nutzungspflicht von erneuerbaren Energien für die Wärmeversorgung im Bestandsbau diskutiert wurde. Die Pflicht, bei der Wärmeversorgung des Gebäudes anteilig auf erneuerbare Energieressourcen zurück zu greifen, hätte für eine große Anzahl an Hauseigentümern eine faktische Sanierungspflicht bedeutet. Das inzwischen in Kraft getretene Gesetz sieht eine solche Pflicht letztlich (nur) für Eigentümer neu zu errichtender Gebäude vor. Allerdings hat das Bundesland Baden-Württemberg bereits schon heute mit dem am 1.1.2008 in Kraft getretenen Gesetz zur Nutzung

---

672 BT-Drs. 16/7175. Grund war ein Antrag der FDP-Fraktion vom 9./14.11.2007: „Mietrechtsänderungen zur Erleichterung klima- und umweltfreundlicher Sanierungen".

673 BT-Drs. 16/6730, Punkte 29–34.

674 Koalitionsvertrag einsehbar unter: http://www.bundesregierung.de/Webs/Breg/DE/Bundesregierung/Koalitionsvertrag/koalitionsvertrag.html.

675 Gesetz zur Förderung Erneuerbarer Energien im Wärmebereich (Erneuerbare-Energien-Wärmegesetz – EEWärmeG), vom 7.8.2008, BGBl. I Nr. 36 S. 1658.

erneuerbarer Wärmeenergie eine solche Sanierungspflicht für Eigentümer von bestehenden Gebäuden geschaffen.[676]

Eine generelle gesetzliche Sanierungspflicht wird, obwohl schon heute Ansätze in der EnEV vorhanden sind und zukünftig weiterhin sein werden, nach hier vertretener Auffassung abgelehnt. Sie ist, wenn sie umfassend ist, kontraproduktiv, weil sie die Problematik, nämlich die natürliche Hemmschwelle des Vermieters vor Investitionen, die sich refinanzieren lassen müssen, nicht löst, sondern nur verlagert. Denn Gebäudeeigentümer modernisieren nicht, weil sie nicht müssen, sondern weil es sich für sie unter Umständen wirtschaftlich nicht lohnt. Wie einleitend zu dieser Untersuchung erwähnt, gibt es Modernisierungen schließlich nicht zum Nulltarif.

Abbildung 7: Einstellung zu einer verpflichtenden Wohnungsmodernisierung

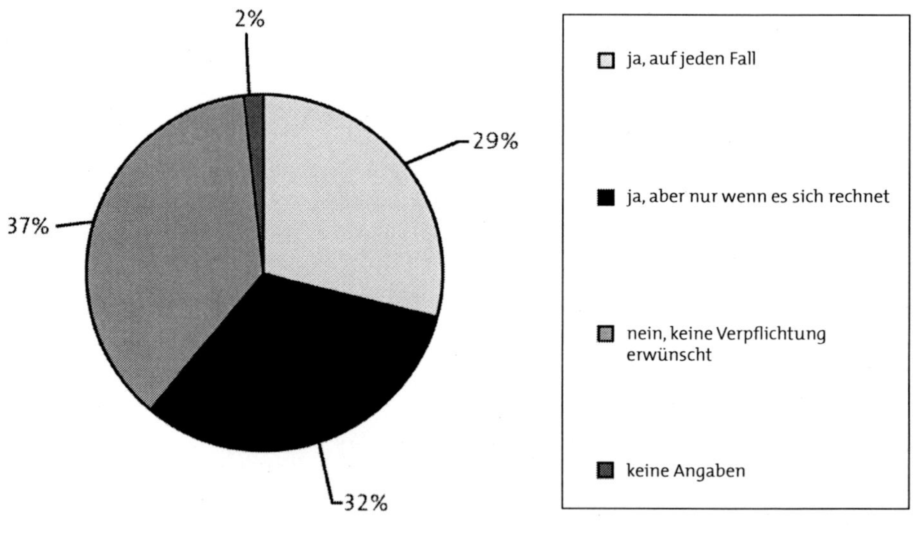

Quelle: tns emnid[677]

676 Gesetz zur Nutzung erneuerbarer Wärmeenergie in Baden-Württemberg (Erneuerbare-Wärme-Gesetz, EWärmeG), vom 7.11.2007, GBl. vom 23.11.2007, Nr. 19, S. 531 ff. (vgl. die Ermächtigungsnorm in § 3 Abs. 2 des Wärmegesetzes des Bundes). Ab dem 1.1.2010 gilt dort eine Nutzungspflicht erneuerbarer Energien für bestimmte Bestandsbauten mit einem Pflichtanteil von mindestens 10 % des jährlichen Wärmebedarfs. Wohngebäude, die diese Anforderungen nicht erfüllen, sind nachzurüsten.

677 *BMVBS*, CO2-Gebäudereport 2007, S. 6.

Nach hier vertretener Auffassung verankert das BGB für Vermieter insgesamt (noch) ausreichende und, wie die Statistiken zeigen, auch überwiegend vernünftige und funktionierende Anreize. Neuere Modernisierungsformen lassen sich grundsätzlich auch unter die schon geltenden Regelungen subsumieren[678]; dies ist die Aufgabe der Rechtsprechung. Das Gesetz selbst verschließt sich jedenfalls neueren Entwicklungen im Modernisierungsmietrecht nicht.

Positiv ist der im BGB verankerte Modernisierungszuschlag zu sehen: Als von den Investitionskosten abhängiges Mieterhöhungsrecht berücksichtigt er unmittelbar den finanziellen Aufwand des Vermieters. Zwar ist mit den Mieterinteressen auch Kritik an der so genannten 11 %-Klausel des § 559 BGB nachvollziehbar. Sie führt für Vermieter aber nach hier vertretener Auffassung nicht zu solchen Vorteilen, die es rechtfertigen würden, von diesem Mieterhöhungsrecht als eine „einseitige Vermieterprivilegierung"[679] zu sprechen. Eine Amortisationszeit von 9–11 Jahren kann nämlich unter Berücksichtigung zusätzlicher finanzieller Einbußen über die Mietminderung oder auf Grund zeitlicher Verzögerungen im Rahmen einer Auseinandersetzung um die Duldungspflicht gerade in wirtschaftlich angespannten Zeiten eine veritable Abschreckung bedeuten. Wie die Erfahrung der ehemaligen DDR gezeigt hat, sind fehlende Investitionen weder für die eine, noch für die andere Seite wünschenswert.

Der Gesetzgeber der letzten Mietrechtsreform aus dem Jahr 2001 hat sich jedenfalls noch gescheut, von der bestehenden 11 %-Klausel abzuweichen. Lieber bestätigte er noch einmal die Bedeutung des Modernisierungszuschlags für die Investitionstätigkeit allgemein:

> *„Die Durchführung von Wohnungsmodernisierungen ist volkswirtschaftlich und ökologisch sinnvoll. Gerade in den neuen Bundesländern besteht noch ein hoher Investitions- und Modernisierungsbedarf. Ein Anreiz zur Durchführung solcher Wohnungsmodernisierungen ist daher weiterhin erforderlich. Deshalb wird die Möglichkeit zur Erhöhung der jährlichen Miete um elf Prozent der auf die Wohnung entfallenden Modernisierungskosten beibehalten."*[680]

Es bleibt somit die Aufgabe des zukünftigen Gesetzgebers, verstärkt über eine Anpassung oder Neuformulierung dieses umstrittenen Mieterhöhungsrechts nachzudenken.

---

678 Vgl. ausführlich mit zahlreichen Verweisen auf die Rspr.: *Blank*, WuM 2008, 311–319; *Kramer*, ZNER 2007, 388 ff. und bei *Schmid*, ZMR 2002, 177 ff.

679 So z. B. *Thomsen*, 2. Teil L.1., S. 163 f.

680 BT-Drs. 14/4553, S. 36 f., 58 f.

Anhang: Gesetzesauszüge

I. Frankreich

1. Code Civil

Art. 1719

Le bailleur est obligé, par la nature du contrat, et sans qu'il soit besoin d'aucune stipulation particulière :

1° De délivrer au preneur la chose louée et s'il s'agit de son habitation principale, un logement décent ;

2° D'entretenir cette chose en état de servir à l'usage pour lequel elle a été louée ;

3° D'en faire jouir paisiblement le preneur pendant la durée du bail ;

4° D'assurer également la permanence et la qualité des plantations.

Art. 1720

Le bailleur est tenu de délivrer la chose en bon état de réparations de toute espèce.
Il doit y faire, pendant la durée du bail, toutes les réparations qui peuvent devenir nécessaires, autres que les locatives.

Art. 1723

Le bailleur ne peut, pendant la durée du bail, changer la forme de la chose louée.

Art. 1724

Si, durant le bail, la chose louée a besoin de réparations urgentes et qui ne puissent être différées jusqu'à sa fin, le preneur doit les souffrir, quelque incommodité qu'elles lui causent, et quoiqu'il soit privé, pendant qu'elles se font, d'une partie de la chose louée.
Mais, si ces réparations durent plus de quarante jours, le prix du bail sera diminué à proportion du temps et de la partie de la chose louée dont il aura été privé.

Si les réparations sont de telle nature qu'elles rendent inhabitable ce qui est nécessaire au logement du preneur et de sa famille, celui-ci pourra faire résilier le bail.

2. Wohnraummietengesetz von 1989

Art. 6

Le bailleur est tenu de remettre au locataire un logement décent ne laissant pas apparaître de risques manifestes pouvant porter atteinte à la sécurité physique ou à la santé et doté des éléments le rendant conforme à l'usage d'habitation.

Les caractéristiques correspondantes sont définies par décret du Conseil d'État pour les locaux à usage d'habitation principale ou à usage mixte mentionnés au premier alinéa de l'article 2 et les locaux visés au deuxième alinéa du même article, à l'exception des logements-foyers et des logements destinés aux travailleurs agricoles qui sont soumis à des règlements spécifiques.

Le bailleur est obligé :

a) De délivrer au locataire le logement en bon état d'usage et de réparation ainsi que les équipements mentionnés au contrat de location en bon état de fonctionnement ; toutesfois, les parties peuvent convenir par une clause expresse de travaux que le locataire exécutera ou fera exécuter et des modalités de leur imputation sur le loyer ; cette clause prévoit la durée de cette imputation et, en cas de départ anticipé du locataire, les modalités de son dédommagement sur justification des dépenses effectuées ; une telle clause ne peut concerner que les logements répondant aux normes minimales de confort et d'habitabilité définies par le décret prévu à l'article 25 de la loi n° 86-1290 du 23 décembre 1986 tendant à favoriser l'investissement locatif, l'accession à la propriété de logements sociaux et de développement de l'offre foncière ;

b) D'assurer au locataire la jouissance paisible du logement et, sans préjudice des dispositions de l'article 1721 du code civil, de le garantir des vices ou défauts de nature à y faire obstacle hormis ceux qui, consignés dans l'état des lieux, auraient fait l'objet de la clause expresse mentionnée au a) ci-dessus ;

c) D'entretenir les locaux en état de servir à l'usage prévu par le contrat et d'y faire toutes les réparations , autres que locatives, nécessaires au maintien en état et à l'entretien normal des locaux loués ;

d) De ne pas s'opposer aux aménagements réalisés par le locataire, dès lors que ceux-ci ne constituent pas une transformation de la chose louée.

Art. 7
Le locataire est obligé :

a) De payer le loyer et les charges récupérables aux termes convenues ; les paiement mensuel est de droit lorsque le locataire en fait la demande ;

b) D'user paisiblement les locaux loués suivant la destination qui leur a été donnée par le contrat de location ;

c) De répondre des dégradations et pertes qui surviennent pendant la durée du contrat dans les locaux dont il a la jouissance exclusive, à moins qu'il ne prouve qu'elles ont eu lieu par cas de force majeure, par la faute du bailleur ou par le fait d'un tiers qu'il n'a pas introduit dans le logement ;

d) De prendre à sa charge l'entretien courant du logement, des équipements mentionnés au contrat et les menues réparations ainsi que l'ensemble des réparations locatives définies par décret en Conseil d'État, sauf si elles sont occasionnées par vétusté, malfaçon, vice de construction, cas fortuit ou force majeure ;

e) De laisser exécuter dans les lieux loués les travaux d'amélioration des parties communes ou des parties privatives du même immeuble, ainsi que les travaux nécessaires au maintien en état et à l'entretien normal des locaux loués ; les dispositions des deuxième et troisième alinéas de l'article 1724 du code civil sont applicables à ces travaux ;

f) De ne pas transformer les locaux et équipements loués sans l'accord écrit du propriétaire ; à défaut de cet accord, ce dernier peut exiger du locataire, à son départ des lieux, leur remise en l'état ou conserver à son bénéfice les transformations effectuées sans que le locataire puisse réclamer une indemnisation des frais engagés ; le bailleur a toutefois la faculté d'exiger aux frais du locataire la remise immédiate des lieux en l'état lorsque les transformations mettent en péril le bon fonctionnement des équipements ou la sécurité du local;

g) De s'assurer contre les risques dont il doit répondre en sa qualité de locataire et d'en justifier lors de la remise des clés puis, chaque année, à la demande du bailleur. La justification de cette assurance résulte de la remise au bailleur d'une attestation de l'assureur ou de son représentant. Toute clause prévoyant la résiliation de plein droit du contrat de location pour défaut d'assurance du locataire ne produit effet qu'un mois après un commandement demeuré infructueux. Ce commandement reproduit, à peine de nullité, les dispositions du présent paragraphe.

3. Wohnraummietengesetz von 1948

Art. 14
Nonobstant les dispositions de l'article 1723 du code civil, les locataires ou occupants d'un immeuble ne peuvent mettre obstacle aux travaux que le propriétaire se propose d'entreprendre avec l'autorisation préalable du ministre de la construction ou de son délégué et qui ont pour objet d'augmenter la surface habitable, le nombre de logements ou le confort de l'immeuble ou d'améliorer le confort d'un ou de plusieurs logements dudit immeuble, lorsque ces travaux ne rendent pas inhabitable ce qui est nécessaire au logement du locataire ou de l'occupant et de leur famille.

Toutefois, cette autorisation n'est pas nécessaire pour les travaux figurant sur une liste fixée par décret. La liste des travaux énumérés pourra dépendre de la situation du patrimoine immobilier bâti et des conditions de son utilisation dans la ou les communes soumises aux dispositions de la présente loi. Selon la nature des travaux à exécuter et sous réserve d'un préavis de trois mois, les occupants sont tenus soit d'évacuer la partie des locaux intéressés par lesdits travaux, soit de permettre l'accès de leur logement et d'accepter notamment le passage de canalisations ne faisant que le traverser.

Si les travaux durent plus de quarante jours, le loyer sera diminué à proportion du temps et de la partie du local dont ils auront été privés.

Lorsque les travaux ont pour objet de diviser un logement insuffisamment occupé au sens des dispositions de l'article 10-7°, l'occupant ne peut prétendre qu'à l'occupation du nombre de pièces fixé en application de l'article 327 du code de l'urbanisme et de l'habitation.

En tout état de cause, lorsque les travaux visés au présent article n'affectent qu'un logement, le propriétaire doit notifier au locataire ou occupant, par acte extrajudiciaire ou par lettre recommandée avec demande d'avis de réception, son intention de les exécuter. Si le locataire ou occupant entend s'opposer aux travaux ou à leurs modalités d'exécution pour un motif sérieux et légitime , il doit saisir à peine de forclusion, la juridiction compétente, dans le délai de deux mois à compter de la réception de la notification qui lui a été faite.

Le préavis de trois mois prévu au troisième alinéa ci-dessus comporte, à peine de nullité, la reproduction du texte intégral des articles 14 et 59bis de la présente loi, la description sommaire des travaux, les conditions de leur exécution, l'indication des bases selon lesquelles le loyer sera calculé après leur achèvement, ainsi qu'une copie de l'autorisation visée au premier alinéa ci-dessus lorsqu'une telle autorisation est exigée.

En l'absence de l'autorisation ou de la notification prévues ci-dessus ou en cas d'exécution des travaux dans les conditions différentes de celles énoncées dans la notification ou encore plus généralement si les travaux, même non soumis à autorisation, présentent un caractère abusif ou vexatoire, le juge du tribunal d'instance, statuant par ordonnance de référé, est compétent pour prescrire l'interdiction ou l'interruption des travaux. Il peut ordonner l'interdiction ou l'interruption à titre provisoire s'il estime nécessaire une mesure d'instruction.

Art. 59bis

Quiconque exécute ou fait exécuter les travaux visés au premier alinéa de l'article 14 sans avoir obtenu l'autorisation ou sans avoir fait la notification, prévues audit article, ou sans respecter les conditions d'exécution figurant dans la notification ou encore malgré une décision d'interdiction ou d'interruption des travaux prononcée par le juge du tribunal d'instance, statuant par ordonnance de référé, sera puni d'un emprisonnement de deux ans et d'une amende de 4.500 €. Le tribunal pourra, en outre, ordonner la remise en état des lieux auf frais du condamné.

[...].

4. Décret 64-1356 du 30 décembre 1964

Art. 1er Dans les locaux affectés totalement ou partiellement à l'habitation, l'autorisation prévue à l'article 14 de la loi du 1er septembre 1948 modifiée n'est pas nécessaire pour les travaux suivants :

Installation de l'eau, du gaz, de l'électricité, d'une salle de bains ou d'une salle de douches ou d'un cabinet de toilette, avec eau courante chaude et froide, d'un W-C, du chauffage central, d'un vide-ordures et tous travaux de modernisation afférents à ces mêmes équipements.

Dans les locaux à usage exclusivement professionnel, cette autorisation n'est pas non plus nécessaire pour ces mêmes travaux sauf en ce qui concerne l'installation d'une salle de bains ou d'une salle de douches.

II. DDR

1. Zivilgesetzbuch vom 19.6.1975

§ 1 Grundlagen und Ziele

(1) Die weitere Erhöhung des materiellen und kulturellen Lebensniveaus des Volkes und die Entwicklung der Bürger zu allseitig gebildeten sozialistischen Persönlichkeiten sind wesentliche Aufgaben der sozialistischen Gesellschaft. Diesen Aufgaben dient auch das Zivilrecht der Deutschen Demokratischen Republik.

(2) Das Zivilrecht gestaltet die verfassungsmäßig garantierten Grundrechte und Grundpflichten der Bürger weiter aus. Es regelt Beziehungen, die von den Bürgern zur Befriedigung ihrer materiellen und kulturellen Bedürfnisse mit Betrieben sowie untereinander eingegangen werden. Es schützt das sozialistische Eigentum, die Persönlichkeit und das persönliche Eigentum der Bürger.

§ 22 Grundsatz

(1) Das sozialistische Eigentum, seine Mehrung und sein Schutz sind Grundlage für die Entwicklung des persönlichen Eigentums. Quelle des persönlichen Eigentums ist die für die Gesellschaft geleistete Arbeit.

(2) Das persönliche Eigentum dient der Befriedigung der materiellen und kulturellen Bedürfnisse der Bürger und ihrer Entwicklung zu sozialistischen Persönlichkeiten.

(3) Das persönliche Eigentum wird durch den sozialistischen Staat geschützt. Der Erwerb des persönlichen Eigentums und seine Nutzung haben in Übereinstimmung mit den Rechtsvorschriften zu erfolgen. Sein Gebrauch darf den gesellschaftlichen Interessen und den berechtigten Interessen anderer Bürger und Betriebe nicht zuwiderlaufen.

§ 94 Aufgaben und Ziele
(Zweites Kapitel: Wohnungsmiete; Erster Abschnitt: Allgemeine Bestimmungen)

(1) Der sozialistische Staat gewährleistet jedem Bürger und seiner Familie das Recht auf Wohnraum. Die staatliche Wohnungspolitik wird durch den Wohnungsneubau, die Modernisierung, den Um- und Ausbau, die Erhaltung und rationelle Nutzung des Wohnungsfonds sowie durch die gerechte Verteilung des Wohnraums verwirklicht.

(2) Die Bestimmungen über die Wohnungsmiete regeln die Beziehung zwischen Mieter und Vermieter, zwischen Mietergemeinschaften und Vermieter sowie zwischen Mietern untereinander. Sie fördern die Initiative der Betriebe und Bürger bei der Verwirklichung der staatlichen Maßnahmen zur Verbesserung der Wohnverhältnisse. Sie dienen der Sicherung der Rechte und der Erfüllung der Pflichten aus dem Mietverhältnis, der Pflege, Erhaltung und Modernisierung des Wohnraums und der Entwicklung sozialistischer Beziehungen zwischen den Bürgern im Wohngebiet.

§ 95 Aufgaben der Betriebe als Vermieter zur Verbesserung der Wohnverhältnisse der Bürger

Die Betriebe der Gebäude und Wohnungswirtschaft, die Wohnungsbaugenossenschaften und die Betriebe mit Werkwohnungen sind verpflichtet, die ihnen zur Verfügung stehenden Mittel planmäßig und mit hohem Nutzeffekt für die Pflege, Erhaltung und Modernisierung von Gebäuden und Wohnungen einzusetzen. Die Initiative der Mieter und Nutzer von Wohnungen und anderer Bürger ist hierbei durch geeignete Maßnahmen wie Einrichtung von Baureparaturstützpunkten und Bereitstellung von Bau- und Reparaturmaterialien, zu fördern. Die Bildung und Tätigkeit von Mietergemeinschaften ist zu unterstützen.

(2) Andere Vermieter sind verpflichtet, die Wohngebäude entsprechend den Grundsätzen des Abs. 1 zu verwalten. Sie haben dafür vorrangig die Mieteinnahmen zu verwenden. Sie sind durch die örtlichen Staatsorgane und die Betriebe der Bau- und Wohnungswirtschaft in die Gestaltung und Verbesserung der Wohnverhältnisse einzubeziehen und bei der Erfüllung ihrer Pflichten zu unterstützen.

§ 96 Staatliche Lenkung des Wohnraums
Zur Gewährleistung des Grundrechts der Bürger auf Wohnraum und zur Sicherung einer gerechten Verteilung unterliegt der gesamte Wohnraum der staatlichen Lenkung unter Mitwirkung von Kommissionen der Bürger in den Wohngebieten und Betrieben. Die Lenkung des Wohnraums erfolgt nach den dafür geltenden Rechtsvorschriften.

§ 97 Stellung der Mieter
(1) Die Stellung der Mieter wird bestimmt durch ihr Recht auf Wohnraum, ihr demokratisches Recht auf Mitgestaltung der Wohnverhältnisse, ihre gesellschaftliche Verantwortung für den Schutz und die pflegliche Behandlung der Wohngebäude und ihr Recht auf Schutz vor Kündigung.

(2) In Ausübung ihres demokratischen Rechts auf Mitgestaltung der Wohnverhältnisse wirken die Mieter im Rahmen der Mietergemeinschaft und in anderen Formen insbesondere bei der Pflege, Instandhaltung, Verschönerung und Modernisierung ihrer Wohnhäuser mit.

§ 101 Gebrauchsüberlassung und Instandhaltung
Der Vermieter ist verpflichtet, dem Mieter die Wohnung in einem zum vertragsgemäßen Gebrauch geeigneten Zustand zu übergeben, der es ihm gestattet, sie sofort zu nutzen. Die Wohnung ist während der Mietzeit in diesem Zustand zu erhalten. Die dafür erforderlichen Instandhaltungsmaßnahmen hat der Vermieter durchführen zu lassen. Kann ein Mangel der Wohnung, der die Nutzung beeinträchtigt, in angemessener Zeit nicht beseitigt werden, ist der Vermieter verpflichtet, durch vorläufige Maßnahmen die Auswirkungen des Mangels einzuschränken.

§ 104 Malermäßige Instandhaltung
(1) Der Vermieter ist zur Übergabe der Wohnung in einem zum vertragsgemäßen Gebrauch geeigneten Zustand verpflichtet. Die während des Mietverhältnisses in der Wohnung durch vertragsgemäße Nutzung notwendigen Malerarbeiten obliegen dem Mieter. Bei Beendigung des Mietverhältnisses ist § 107 Abs. 2 entsprechend anzuwenden.

(2) Im Mietvertrag können Vermieter und Mieter etwas anderes vereinbaren.

§ 110 Gestaltung des Mietverhältnisses infolge von Baumaßnahmen (Dritter Abschnitt: Baumaßnahmen)
(1) Kann die Wohnung wegen Maßnahmen zum Um- und Ausbau sowie zur Modernisierung von Wohnraum zeitweilig nur beschränkt genutzt werden, sollen Mieter und Vermieter vereinbaren, welche Rechte und Pflichten sich daraus für sie ergeben.

(2) Muss die Wohnung wegen staatlich angeordneter Baumaßnahmen geräumt werden, hat das zuständige staatliche Organ eine Regelung über die Erstattung der notwendigen Aufwendungen zu treffen, die dem Mieter durch Aus- und Wiedereinzug sowie zeitweilige Unterbringung in Ersatzwohnraum entstehen.

§ 111 Bauliche Veränderungen durch den Mieter
Bauliche Veränderungen, die der Mieter in seiner Wohnung durchführen will, bedürfen der Zustimmung des Vermieters, die schriftlich erteilt werden soll. Der Vermieter ist verpflichtet zuzustimmen, wenn die baulichen Veränderungen zu einer im gesellschaftlichen Interesse liegenden Verbesserung der Wohnung führen. Verweigert der Vermieter

seine Zustimmung unbegründet, kann sie auf Antrag des Mieters durch Entscheidung des Gerichts ersetzt werden.

§ 112

(1) Mieter und Vermieter sollen sich über die gegenseitigen Rechte und Pflichten einigen, die sich aus baulichen Veränderungen ergeben, insbesondere darüber, ob und in welcher Höhe die Kosten erstattet werden. Die Vereinbarung soll schriftlich getroffen werden.

(2) Sind bauliche Veränderungen vom Mieter ohne Zustimmung des Vermieters vorgenommen worden, ist der Mieter auf Verlangen des Vermieters verpflichtet, den ursprünglichen zustand wiederherzustellen. Diese Pflicht entfällt, wenn die baulichen Veränderungen zu einer Verbesserung der Wohnung geführt haben, die im gesellschaftlichen Interesse liegt.

(3) Ist über die Erstattung der Kosten nichts vereinbart worden, hat der Mieter bei Beendigung des Mietverhältnisses einen Anspruch auf angemessene Entschädigung durch den Vermieter, soweit dieser infolge der baulichen Veränderungen wirtschaftliche Vorteile erlangt. Der Anspruch besteht nicht, wenn der Mieter verpflichtet ist, den ursprünglichen Zustand wiederherzustellen.

2. Verordnung über die Lenkung des Wohnraums (WLVO) vom 16.10.1985

§ 1

(1) Diese Verordnung regelt die staatliche Lenkung des Wohnraumes (nachfolgend Wohnraumlenkung genannt) und beinhaltet Festlegungen über die Wohnraumbewirtschaftung, die Instandsetzung, Instandhaltung und Modernisierung von Wohnungen sowie den Um- und Ausbau mit dem Ziel der Gewinnung oder besseren Auslastung von Wohnraum. Die Wohnraumlenkung umfasst die Erfassung, Verteilung und Auslastung des Wohnraumes.

(2) ...

(3) Wohnraum im Sinne dieser Verordnung ist der für Wohnzwecke bestimmte Raum, der die in Rechtsvorschriften festgelegten Merkmale aufweist, auch wenn er für andere als zu Wohnzwecken genutzt wird.

(4)...

(5) ...

§ 12

(1) Die Entscheidungen über die Zuweisung von Wohnraum an Bürger sind auf der Grundlage des beschlossenen Wohnraumvergabeplanes zu treffen.

(2) Über die Zuweisung von Wohnraum erhalten der Bürger sowie der Rechtsträger, Eigentümer, Verwalter oder sonstige Verfügungsberechtigte des Wohngebäudes einen schriftlichen Bescheid. Mit der Zuweisung verliert die für den bisher genutzten Wohnraum erteilte Zuweisung ihre Gültigkeit, wenn nichts anderes mit der neuen Zuweisung festgelegt ist. Erfolgt die Zuweisung durch einen anderen örtlichen Rat, hat dieser den örtlichen Rat am bisherigen Wohnsitz des Bürgers darüber schriftlich zu informieren. Eine Entscheidung über die weitere Gültigkeit der bisher erteilten Zuweisung ist zwischen den beteiligten örtlichen Räten vorher abzustimmen.

(3) Die Zuweisung enthält Angaben über
- die genaue Bezeichnung der Wohnung (Anschrift, Wohnungsnummer),
- die Anzahl und Größe der Wohnräume,
- die Nutzung oder Mitnutzung von Nebenräumen und Zubehör,
- die Zweckbestimmung der Wohnung (Haupt- oder Nebenwohnung),
- den von ihr erfassten Personenkreis,
- den Vermieter und
- den bisherigen Mieter.

(4) Auf der Grundlage der Zuweisung sind der Bürger und der Rechtsträger, Eigentümer, Verwalter und sonstige Verfügungsberechtigte des Wohngebäudes verpflichtet, innerhalb von 4 Wochen einen Mietvertrag

abzuschließen. Wird es erforderlich, Bürgern einen Teil einer Wohnung zuzuweisen, ist durch den örtlichen Rat gleichzeitig festzulegen, ob der Mietvertrag mit dem Rechtsträger, Eigentümer, Verwalter oder sonstigen Verfügungsberechtigten des Wohngebäudes oder mit dem Mieter der betroffenen Wohnung abgeschlossen werden soll. Fehlt eine Bereitschaft zum Abschluss eines Mietvertrages oder kommt keine Einigung über seinen Inhalt zustande, werden die gegenseitigen Rechte und Pflichten auf Antrag durch die Räte der Städte, Stadtbezirke oder Gemeinden verbindlich festgelegt.

Literaturverzeichnis

Aubert, Jean-Luc/Bihr, Philippe, La Location d'habitation – Loi du 6 juillet 1989, Paris 1997

Beltz, Karl-Heinrich, Wohnungsmietrecht in Frankreich, WM 1990, S. 1-3

Blank, Hubert/Börstinghaus, Ulf P., Miete, Kommentar, 3. Auflage München 2008

Blank, Hubert, Mietrecht und Energieeffizienz, WuM 2008, S. 311–319

Börstinghaus, Ulf P., Die aktuelle Rechtsprechung des BGH zum Mietrecht – Berichtszeitraum Juli 2006 bis Juli 2007, NZM 2007, S. 897–909

Bub, Wolf-Rüdiger/Treier, Gerhard, Handbuch der Geschäfts- und Wohnraummiete, 3. Auflage München 1999; zitiert: Bub/Treier/*Bearbeiter*

Bundesamt für Bauwesen und Raumförderung, Abbau von Hemmnissen bei der energetischen Sanierung des Gebäudebestandes, Forschungsbericht des Bundesamts für Bauwesen und Raumförderung, Förderzeichen: Z6 – 10.7.03-03.14/ II 13-80 01 03 14, Fraunhofer IRB, 2005; zitiert: Abbau von Hemmnissen

Bundesministerium für innerdeutsche Beziehungen (Hrsg.), DDR-Handbuch, 3. Auflage, Köln 1985; zitiert: DDR-Handbuch

Bundesministerium für Verkehr, Bau und Stadtentwicklung (BMVBS), Bundesamt für Bauwesen und Raumordnung, Investitionsprozesse im Wohnungsbestand – unter besonderer Berücksichtigung privater Vermieter, Schriftenreihe Forschungen, Heft 129/2007; zitiert: Investitionsprozesse im Wohnungsbestand

Bundesministerium für Verkehr, Bau und Stadtentwicklung (BMVBS), Bundesamt für Bauwesen und Raumordnung, CO_2-Gebäudereport 2007; Online im Internet abrufbar unter http://www.bmvbs.de (Stand: 28.11.2008); zitiert: CO_2-Gebäudereport 2007

Dalloz, Code des Baux, Commenté, 19e Edition Paris 2008; zitiert: Code des Baux

Dauner-Lieb, Barbara/Heidel, Thomas/Ring, Gerhard, AnwaltKommentar BGB, Schuldrecht, Band 2, Teilband 1 §§ 241 bis 610 BGB, Bonn 2005; zitiert: AnwK-BGB/*Bearbeiter*

De Belot, Philippe/Legrand, Jacques, Commentaire de la Loi Quilliot, Gazette du Palais 1982, II, Doctrine, S. 397–411

Deutscher Mieterbund, Eckpunktepapier des DMB vom 8.8.2007 zur „Energieeffizienz in Wohngebäuden"; online im Internet abrufbar unter: http://www.dmb.de (Stand: 28.11.2008); zitiert: DMB-Eckpunktepapier

Deutscher Mieterbund, Pressemitteilungen, vom 6.11.2007, „Mieterbund für strengere Anforderungen im Wohnungsbestand"; vom 20.12.2007: „Neuer Betriebskostenspiegel für Deutschland"; vom 30.5.2007 „Wohnungsmarkt 2007 – Sechs Eckpunkte für eine soziale, gerechte und nachhaltige Politik"; m.w.N. online im Internet abrufbar unter http://www.dmb.de (Stand: 28.11.2008)

Dokumentationszentrum Alltagskultur der DDR (Hrsg.), Alltagskultur in der DDR, Berlin 1996

Donda, Arno (Hrsg.), Lexikon der Wirtschaft, Band: Rechnungsführung und Statistik, 2. Auflage Berlin 1987; zitiert: *Donda,* Lexikon der Wirtschaft (1987)

Donner, Christian (Hrsg.), Wohnungspolitiken in der Europäischen Union, Wien 2000; Kurzfassung online im Internet abrufbar unter: http://www.donner.at/christian/html/d_core.html (Stand: 28.11.2008); zitiert: *Donner,* Wohnungspolitiken in der EU

Donner, Christian (Hrsg.), Ökonomische Aspekte des Wohnungswesens, Institut für Finanzwissenschaft und Infrastrukturpolitik der TU Wien, Wien 2005; Kurzfassung online im Internet abrufbar unter: http://www.donner.at/christian/downloads/TU-VO%20Skriptum%202005%20Kap%201-11.pdf (Stand: 28.11.2008); zitiert: *Donner,* Ökonomische Aspekte des Wohnungswesens

Eisenschmid, Norbert, Die Energieeinsparung im Sinne des §§ 554, 559 BGB, WuM 2006, S. 119

Emmerich, Volker, Beseitigung der Wohnungsengpässe durch mehr Marktwirtschaft in der Wohnungswirtschaft? DWW 1993, S. 185

Ferid, Murad/Sonnenberger, Hans-Jürgen, Das Französische Zivilrecht, Band 2, Schuldrecht, Die einzelnen Schuldverhältnisse und Sachenrecht, 2. Auflage Heidelberg 1986

Ferid, Murad/Sonnenberger, Hans-Jürgen, Das Französische Zivilrecht, Band 4/1.Teil Ergänzungen, 2. Auflage Heidelberg 1993

Göhring, Joachim/Posch, Martin (‚Autorenkollektiv'), Zivilrecht – Lehrbuch I, Berlin (Ost) 1981; zitiert: Lehrbuch Zivilrecht (1981)

Haus & Grund, Pressemitteilungen vom 11.7.2007/15.8.2007 „Mieterschutz verhindert Klimaschutz“; online im Internet abrufbar unter http://www.haus-und-grund.de/presse_524.html (Stand: 28.11.2008);
Heilmann, Beate, Juris Praxis-Kommentar-BGB, § 559 BGB, 3. Auflage 2006, Online Stand v. 28.09.2006; zitiert: JurisPK-BGB/*Heilmann*
Heinisch, Jan, Wohnraummiete im politischen System von BRD und DDR, Baden-Baden 2004
Hermann, J., Wohnungsmarkt und Mietenpolitik in Frankreich, WuM 1988, S. 201–203
Hinkelmann, Beate, Die ortsübliche Miete – Zur historischen Entwicklung, Auslegung und prozessualen Handhabung des Vergleichsmietenbegriffs, Schriften zum Bürgerlichen Recht Band 224, Berlin 1998
Hök, Götz-Sebastian, Das französische Grundstücksrecht im Überblick, GuG 2000, S. 349
Hoffmann, Manfred, Wohnungspolitik in der DDR, Düsseldorf 1972
Hoffmann, Manfred, Sozialistische Mietenpolitik in der DDR, ZgS 1973, S. 246 ff.
Honecker, Erich, Neue Maßnahmen zur Verwirklichung des sozialistischen Programms des VIII. Parteitages, 5. Tagung des Zentralkomitees der SED vom 27./28.4.1972. Gemeinsamer Beschluss des ZK der SED, des Bundesvorstands des Freien Deutschen Gewerkschaftsbundes (FDGB) und des Ministerrates der DDR über sozialpolitische Maßnahmen in Durchführung der auf dem VIII. Parteitag beschlossenen Hauptaufgabe des Fünfjahresplanes; Berlin, 1972
Honecker, Erich, Der VIII. Parteitag und unsere nächsten Aufgaben, Rede auf einer Großveranstaltung der Bezirksparteiorganisation der SED im März 1972 in Leipzig, Berlin 1972
Honecker, Erich, Reden und Aufsätze, Schriftenreihe Band 3, Berlin 1976
Honecker, Erich, Bericht des Zentralkomitees der SED an den IX. Parteitag der SED vom 18.-22.5.1976, Berichterstatter Erich Honecker, Berlin 1976
Horst, Hans Reinold, Wohnungsmodernisierung – Planung, Ankündigung, Durchsetzung und Mieterhöhung, Wohnen – Recht und Praxis, 5. Auflage, Berlin 2003; zitiert: *Horst,* Wohnungsmodernisierung
Horst, Hans Reinold, Praxis des Mietrechts, Wohnraum- und Geschäftsraummiete, NJW-Schriftenreihe Band 19, München 2003
Horst, Hans Reinold, Modernisierung – Durchsetzung, Abwehr und Rechtsfolgen, NZM 1999, S. 193–196
Hübner, Ulrich/Constantinesco, Vlad, Einführung in das französische Recht, 4. Auflage München 2001

Huet, Jérôme, Traité de Droit Civil, Les principaux contrats spéciaux, LGDJ, 2. Auflage, Paris 2001

Integriertes Klima- und Energieprogramm, der Bundesregierung vom 23./24.08.2007. Die „Eckpunkte" vom 23./24.08.2007 sind online im Internet abrufbar unter http://www.bmu.bund.de/klimaschutz/downloads/doc/39875.php (Stand: 28.11.2008). Das „Erste Maßnahmepaket" vom 05.12.2007 ist abrufbar unter http://www.bmu.bund.de/klimaschutz/downloads/doc/39875.php (Stand: 28.11.2008). Das „Hintergrundpapier" vom 13.12.2007 ist abrufbar unter http://www.bmu.bund.de/klimaschutz/downloads/doc/40515.php (Stand: 28.11.2008).

Jaedicke, Wolfgang, Wirkungen wohnungspolitischer Instrumente, in: Jenkis, Helmut W. (Hrsg.): Kompendium der Wohnungswirtschaft, 4. Auflage München 2001, S. 184-213

Jenkis, Helmut W., Wohnungswirtschaft und Wohnungspolitik in beiden deutschen Staaten, Versuch eines Vergleichs, 2. Auflage, Hamburg 1976

Kästner, Annett, Eingaben in das Zivilrecht der DDR, Berlin 2006

Kinne, Harald, Rechtliche Konsequenzen der Energieeinsparverordnung, GE 2007, S. 827 ff.

Kinne, Harald, Mietrechtliche Konsequenzen der Energieeinsparverordnung, ZMR 2004, S. 397 ff.

Kinne, Harald, Die rechtlichen Auswirkungen von Mieterinvestitionen, GE 2007, S. 30-37

Kinne, Harald/Schach, Klaus/Bieber, Hans-Jürgen, Miet- und Mietprozessrecht, Kommentar zu den §§535–580a BGB, 5. Auflage, Berlin 2007

Kirchner, Joachim, Wohnungsversorgung für unterstützungsbedürftige Haushalte, Deutsche Wohnungspolitik im europäischen Vergleich, Wiesbaden 2006

Kofner, Stefan, Wohnungsmarkt und Wohnungswirtschaft, München 2004

Kramer, Dennis, Einführung von Wärme-Contracting in Mietverhältnisse des preisfreien Wohnraums, ZNER 2007, S. 388–397

Kroeschell, Karl, Rechtsgeschichte Deutschlands im 20. Jahrhundert, Göttingen 1992

Krüger, Hartwig, Rechtsfragen bei der komplexen Modernisierung und Rekonstruktion von Wohnungen", NJ 1976, S. 631 ff.

Lammel, Siegbert, Wohnraummietrecht Kommentar, 3. Auflage, Heidelberg 2007

Lefebvre, Francis (Hrsg.), Éditions Francis Lefebvre, Mémento pratique Urbanisme Construction 2008–2009, Paris 2008

Lefebvre, Bruno/Mouillart, Michel/Occhipinti, Sylvie, Politique du logement, 50 ans pour un échec, Paris 1991

Leist, Carl/Sammet, Hermann, Das Preisrecht für Mieten und Pachten bei Wohn- und Geschäftsräumen einschließlich Untervermietung, Stuttgart/Köln 1949

Lüdecke, Henri, Warum lohnt es sich, Energie zu sparen? Anforderungen an die Energieeffizienz aus Sicht der Wohnungswirtschaft, Berliner Energietage 2006, Vortrag vom 3.5.2006; Online im Internet abrufbar unter http://www.berliner-impulse.de/195.0.html (Stand: 28.11.2008)

Lutz, Hans-Joachim, Der Mieterschutz der Nachkriegszeit – Einfluss des Mietrechts auf den Wohnungsbau, Frankfurt 1998

Mankiw, Nicholas Gregory, Grundzüge der Volkswirtschaftslehre, 3. Auflage, Stuttgart 2004

Mayer, Annette, Theorie und Politik des Wohnungsmarktes, Berlin 1998

Mazeaud, Henri und Léon/Mazeaud, Jean/De Juglart, Michel, Lecons de Droit Civil, Band III, Paris 1980

Melzer, Manfred, Wohnungsbau und Wohnungsversorgung in beiden deutschen Staaten – ein Vergleich. Beiträge zur Strukturforschung des Deutschen Instituts für Wirtschaftsforschung Heft 74, Berlin 1983

Meyer, Mira, Ökologische Zielsetzung des Mietrechts, Berlin 2009

Mierzejewski, Alfred C., Ludwig Erhard, Der Wegbereiter der Sozialen Marktwirtschaft, München 2005

Ministerium der Justiz (Hrsg.), Kommentar zum Zivilgesetzbuch der DDR, 2. Auflage, Berlin 1985; zitiert: ZGB-Kommentar

Mühlmann, Manfred, Miete, Berlin 1977

Münchener Kommentar zum Bürgerlichen Gesetzbuch, Band 3: Schuldrecht – Besonderer Teil I, §§ 433–610, 5. Auflage, München 2007; zitiert: MüKo-BGB/*Bearbeiter*

Nissel, Reinhard, Die Gestaltung des Mietverhältnisses bei Baumaßnahmen in bewohnten Wohnungen, NJ 1986, S. 363 ff.

Nörr, Knut Wolfgang, Die Republik der Wirtschaft, Teil I, Tübingen 1999

Nörr, Knut Wolfgang, Die Republik der Wirtschaft, Teil II, Tübingen 2007

Palandt, Otto, Bürgerliches Gesetzbuch, Kommentar, 67. Auflage, München 2008; zitiert: Palandt/*Bearbeiter*
Pfleiderer, Tilmann, Einführung in das französische Immobilienrecht, München 2003
Protokoll der Babelsberger Konferenz, Staats- und rechtswissenschaftliche Konferenz in Babelsberg am 2. und 3. April 1958, Berlin 1958

Rozès, Louis, Baux d'habitation et mixtes, Receuil Dalloz, Répertoire de droit civil, Band 2, Paris 1990

Schläger, Edwin, Wohnraummietrecht und Umweltschutz, Gesetzgebung, Rechtsprechung und aktuelle Probleme (im Anschluss an ZMR 2002, 85), ZMR 2007, S. 830
Schmid, Michael J., Neue Aspekte zum Wärmecontracting, ZMR 2002, S. 177–179
Schmidt-Futterer, Wolfgang (Hrsg., u. a.), Mietrecht, Kommentar, 9. Auflage München 2007; zitiert: Schmidt-Futterer/*Bearbeiter*
Schmitz-Schlär, Michaela, Dauer und Beendigung von Mietverhältnissen bei Wohn- und Gewerberäumen in Frankreich, Berlin 1996
Schröder, Rainer, Marxismus und Recht am Beispiel des Zivilrechts in der DDR, in: Wirkungen europäischer Rechtskultur, Festschrift für Karl Kroeschell zum 70. Geburtstag, hrsg. v. G. Köbler/H. Nehlsen, München 1997, S. 1155–1181
Soinne, Bernard/Warembourg-Auque, Francoise, La Loi Quilliot, Commentaire de la loi 82-526 du 22 juin 1982, in: La semaine juridique 1983, I, p. 3098
Sonnenberger, Hans-Jürgen/Autexier, Christian, Einführung in das französische Recht, 3. Auflage Heidelberg 2000
Sotelo, Ramon, Mietrecht als Institution zur Förderung des Mietwohnungsmarktes: Grundlegende Überlegungen zur Mietrechtsreform, WuM 1997, S. 84
Sotelo, Ramon/Waltz, Ulrich, Ökonomische Fundierung des Mietensystems – Die dynamische ortsübliche Vergleichsmiete, GE 1995, S. 1513
Stabentheiner, Johannes, Mietrecht in Europa, Wien 1996
Stagel, Wolfgang, Wohnbauförderung und Wohnversorgung im internationalen Vergleich, Institut für Sozial- und Wirtschaftswissenschaften Linz, 2005; Online im Internet abrufbar unter: http://www.isw-linz.at/ISW_Forschungsarbeiten.html (Stand: 28.11.2008)

Staudinger, Julius von, Kommentar zum Bürgerlichen Gesetzbuch, 2. Buch, Recht der Schuldverhältnisse, §§ 535–562d (Mietrecht 1), 14. Auflage Berlin 2006; zitiert: Staudinger/*Bearbeiter*

Steiner, André, Die DDR-Wirtschaftsreform der sechziger Jahre, Konflikt zwischen Effizienz- und Machtkalkül, Berlin 1999

Terneyre, Phillipe, „Le législateur peut-il abroger les articles 6 et 1123 du Code Civil? Sur la valeur constitutionelle de la liberté contractuelle", in: Mélanges en l'honneur du Professeur Gustave Peiser, P.U.G., 1993, S. 473–486

Thomsen, Kai, Modernisierung von preisfreiem Wohnraum durch den Vermieter – Zur Duldungspflicht des Mieters und zum Mieterhöhungsrecht des Vermieters, Berlin 1998

Vial-Pedroletti, Béatrice, Locations régies par le droit commun du louage, Code Civil Domaine d'application Juris Classeur civil, Bail à loyer, Articles 1708–1762, Fasc. 210, 1988

Warembourg-Auque, Francoise, La réforme des rapports locatifs par la Loi 86-1290 du 23 décembre 1986, in : La Semaine Juridique 1987, I, Doctrine 3290

Warnecke, Kai H., Die Notwendigkeit der Modernisierung des Mietrechts am Beispiel energetischer Sanierungen, DWW 2007, S. 282 ff.

Winkler, Gunnar (Hrsg.), Sozialreport DDR, Stuttgart/München/Landsberg 1990

Wolter, Udo, Mietrechtlicher Bestandsschutz, Frankfurt am Main 1984

Zweigert, Konrad/Kötz, Hein, Einführung in die Rechtsvergleichung, Auf dem Gebiete des Privatrechts, 3. Auflage Tübingen 1996

ohne Autor : „Fragen und Antworten", NJ 1976, 141

Der juristische Verlag
lexxion
Berlin

www.lexxion.de

Die Schriftenreihe *„Praxis und Theorie des Bau- und Immobilienrechts"* wird herausgegeben von Professor Dr. Rainer Schröder, Humboldt-Universität zu Berlin.

Bislang sind erschienen:

Christoph Morgen
Mitwirkungshandlungen des Auftraggebers im VOB/B-Vertrag
VIII, 208 Seiten · 2005 · ISBN 10: 3-936232-64-4 · ISBN 13: 978-3-936232-64-6 · Band 1

Jens Döhler
Gewährleistungsbürgschaften auf erstes Anfordern in AGB von Bauauftraggebern
V, 152 Seiten · 2005 · ISBN 10: 3-936232-67-9 · ISBN 13: 978-3-936232-67-7 · Band 2

Alexander Holmer
Die Gesellschaft bürgerlichen Rechts als Grundlage geschlossener Immobilienfonds
XII, 208 Seiten · 2006 · ISBN: 978-3-936232-85-1 · Band 3

Daniel Fitterer
Systemrisiko und Erfolgsverpflichtung im Baurecht
V, 135 Seiten · 2006 · ISBN: 978-3-936232-86-8 · Band 4

Juliane Reichelt
Die „Zwei-Fronten-Stellung" des Generalunternehmers im Lichte der Verjährungsproblematik
VI, 184 Seiten · 2007 · ISBN: 978-3-939804-09-3 · Band 5

Dirk Winkler
Die Pflicht des Notars zur Belehrung über steuerrechtliche Folgen und zur steueroptimierten Urkundsgestaltung
X, 220 Seiten · 2007 · ISBN: 978-3-939804-21-5 · Band 6

Alexandra Dinale
Architekt – Sachwalter des Bauherrn
X, 164 Seiten · 2007 · ISBN: 978-3-939804-22-2 · Band 7

Karola Knauthe
Rechtliche Rahmenbedingungen für die Privatisierung von öffentlichen Wohnungsbaugesellschaften in deutsche REITs
XI, 254 Seiten · 2007 · ISBN: 978-3-939804-23-9 · Band 8

Birgit Topp-Blatt
Die Verfahren zur Vergabe öffentlicher Aufträge
IX, 173 Seiten · 2008 · ISBN: 978-3-939804-59-8 · Band 9

Susanne Gunia
Grenzüberbau und Akzessionsprinzip
XIII, 258 Seiten · 2008 · ISBN: 978-3-939804-67-3 · Band 10

Mira Meyer
Ökologische Zielsetzungen des Mietrechts
XIII, 211 Seiten · 2009 · ISBN: 978-3-939804-70-3 · Band 11

Sara Sotelo-Lubig
Doppeltätigkeit des Immobilienmaklers
XII, 212 Seiten · 2009 · ISBN: 978-3-939804-77-2 · Band 12

Susanne Fairlie
Die Beweissicherung im Bauverfahren
X,154 Seiten · 2009 · ISBN: 978-3-939804-76-5 · Band 13